激荡十年，水大鱼大

中国企业
2008－2018

吴晓波 著

中信出版集团 · 北京

图书在版编目（CIP）数据

激荡十年，水大鱼大 / 吴晓波著. -- 北京：中信出版社，2017.12（2025.7重印）
ISBN 978-7-5086-8262-4

I. ①激… II. ①吴… III. ①企业史 – 中国 –2008–2017 IV. ①F279.297.3

中国版本图书馆CIP数据核字（2017）第255583号

激荡十年，水大鱼大

著　　者：吴晓波
出版发行：中信出版集团股份有限公司
（北京市朝阳区东三环北路27号嘉铭中心 邮编 100020）
承 印 者：北京盛通印刷股份有限公司

开　　本：880mm×1230mm 1/32　　印　　张：11.25　　字　　数：317千字
版　　次：2017年12月第1版　　印　　次：2025年7月第35次印刷
书　　号：ISBN 978-7-5086-8262-4
定　　价：58.00元

谨以此书献给正在改变自己命运的中国人

题 记

我们的国家就是一艘驶往未来的大船，途经无数险滩、渡口，很难有人可以自始至终随行到终点。每一代人离去之时，均心怀不甘和不舍，而下一代人则感念前辈却又注定反叛。

——2017 年 11 月 22 日，小雪。
杭州枫叶正红时。

目 录

序

除非经由记忆之路，人不能抵达纵深[①]

历史的目的就是把时间收集到一起，从而所有的人都在对时间的同一探求和征服中成为兄弟和伙伴。

——奥西普·曼德尔施塔姆

一

“对于过往的十年，如果用一个词来形容，您的答案是什么？”

2017年4月，在杭州举办的一场“互联网+”峰会上，我与北京大学国家发展研究院教授周其仁

① 序言标题出自汉娜·阿伦特。这位德国女政治学家认为，“我们处在忘记过去的危险中，而且这样一种遗忘，更别说忘却内容本身，意味着我们丧失了自身的一个向度，一个在人类存在方面纵深的向度，因为记忆和纵深是同一的，或者说，除非经由记忆之路，人不能抵达纵深”。(《过去与未来之间》，[德] 汉娜·阿伦特著，1961年)

同席，向他请教了这个问题。此时，我已经开始着手这部作品的调研写作，与十年前的《激荡三十年》不同的是，我一直找不到一个准确的词来定义刚刚逝去的这段历史，它变得更加的多元、复杂和令人难以言表。

周其仁，这位曾在东北长白山当过八年狩猎人的学者是中国经济最杰出的观察家之一，他总是能用简洁的表述把深刻的真相揭示出来，好像用一粒铅弹击穿遮蔽森林的迷雾。

他略沉思了一下，然后回答我。果然，他只用了四个字——“水大鱼大”。

的确是水大鱼大。

在这十年里，中国的经济总量增长了2.5倍，一跃超过日本，居于世界第二，人民币的规模总量增长了3.26倍，外汇储备增加了1.5倍，汽车销量增长了3倍，电子商务在社会零售总额中的占比增长了13倍，网民数量增长了2.5倍，高铁里程数增长了183倍，城市化率提高了12个百分点，中国的摩天大楼数量占到了全球总数的七成，中产阶层人口数量达到2.25亿，每年出境旅游人口数量增加了2.7倍，中国的消费者每年买走全球70%的奢侈品，而他们的平均年龄只有39岁。

急速扩容的经济规模和不断升级的消费能力，如同恣意泛滥的大水，它在焦虑地寻找疆域的边界，而被猛烈冲击的部分，则同样焦虑地承受着衍变的压力和不适。它既体现在国内各社会阶层之间的冲突、各利益集团之间的矛盾与妥协上，也体现在中国与美国、日本、欧盟，以及周遭邻国之间的政治及经济关系上。

如同塞缪尔·亨廷顿所揭示的那样，一个大国的崛起，意味着新的利益调整周期的开始。[①]这是一个漫长而充满着不确定性的调适周期，迄今，身处其间的各方仍未找到最合适的相处之道。

---

① 《文明的冲突与世界秩序的重建》，[美] 塞缪尔·亨廷顿著，新华出版社，2010年。

大水之中，必有大鱼。

在这十年里，中国公司的体量也发生了巨大的变化，在《财富》世界500强（2017）的名单中，中国公司的数量从35家增加到了115家，其中，有4家进入了前十大的行列。在互联网及电子消费类公司中，腾讯和阿里巴巴的市值分别增加了15倍和70倍，闯进全球前十大市值公司之列；在智能手机领域，有4家中国公司进入前六强；而在传统的冰箱、空调和电视机市场上，中国公司的产能均为全球第一；在排名前十大的全球房地产公司中，中国公司占到了7家。全球资产规模最大的前四大银行都是中国的。

也是在这十年里，中国公司展开了激进的跨国并购，它们买下了欧洲最大的机器人公司、曼哈顿最豪华的五星级酒店、好莱坞的连锁影院、比利时的保险公司和日本的电器企业，还在世界各个重要的枢纽地带拥有了起码30个港口和集装箱码头。

在刚刚过去的十年里，世界乃至中国的商业投资界发生了基础设施级别的巨变，如巴菲特所言，“今天的投资者不是从昨天的增长中获利的”，几乎所有的产业迭代都非“旧土重建”，而是“新地迁移”。以互联网为基础性平台的生态被视为新的世界，它以更高的效率和新的消费者互动关系，重构了商业的基本逻辑。

在十年时间里，中国人的信息获取、社交、购物、日常服务以及金融支付等方式都发生了令人难以置信的改变。甚至在文化趣味上，中国式的自信也正在复苏，国学和“中国风”重新复活，人们回顾更值得赞美的过去，并呼唤它的内在精神回归。很多人觉得“天”变得比想象的快，旧有的人文环境和商业运营模式正在迅速式微，人们所依赖的旧世界在塌陷，而新的世界露出了它锋利的牙齿，我们要么被它吞噬，要么骑到它的背上。

大鱼的出现，造成了大水的激荡，并在鱼群之间形成了新的竞合格局，它同样是让人不安的。

有人在警告新的垄断出现，有人提出了新的“中国威胁论”，也有人在惊羡大鱼肥美的同时，小心翼翼地预测它的虚胖和死亡。甚至连大鱼自己，也对陡然发育的体量无法适应。巨型央企的出现引发了新的争议，大型互联网公司以及与之携行的万亿级风险投资集团对产业经济和公共社会的渗透和控制，造成了新的惊恐和反弹。

这就是我们在过去十年看到的景象，它既波澜壮阔又混沌失控，充满了希望又令人疑惑。大水对速度的渴望以及恐惧，大水与其他大水之间的博弈，大水与大鱼之间的适应，以及大鱼与其他大鱼、小鱼之间的冲撞，构成了一幅难以理性静察的壮观景象。

二

在 2008 年到来之前，全球化的浪潮已经高涨了整整六十年，人类学习着用和平竞争的方式推动物质文明的进步。1946 年才发明的计算机用一代人的时间完成了信息世界的建设，互联网不但改变了资讯流动的方式，更推动了新的公司范式和财富积累运动。

但是，在 2008 年之后的十年间，全球经济出现了两个新的特征。

其一，互联网经济的技术变革周期结束，阿尔文·托夫勒所定义的“第三次浪潮”谢幕，“杀龙青年”长出龙鳞，成为新的巨龙统治者，信息化革命的推动力日渐式微，而新的产业变革仍在黎明前的暗黑通道之中，全球经济出现了以通货紧缩为共同特点的产业“空窗期”。

其二，由美国次贷危机转化而成的全球金融危机改变了潮汐的走向，“反全球化”成为新的趋势，国际贸易的增长在这一阶段几乎陷于停滞，各国相继通过货币竞赛和贸易保护主义来维持自己的利益，由此，“黑天鹅”频飞，民粹主义再度流行，2016 年的英国脱欧和特朗普当选更是让新保守主义甚嚣尘上。

世界发生新的动荡和对峙，在这一时期，作为全球化的最大获益国，中国的处境不无尴尬。

开始于2008年的外贸下滑，在溅起一片惊呼的同时，也被动地推进了国内的基建投资和产业转型，宏观经济的增速从9%陡降到6%~7%的“新常态”。与此同时，人民币与美元之间的币值竞赛充满了火药味，中央政府提出的“一带一路”倡议引发了种种新猜想。对中国的依赖与遏制，构成了一种充满矛盾的并生现象。

随着特朗普的当选，华盛顿宣布“回到美国”，中国似乎成了唯一一个仍然在全力推动全球化的超级大国。无论是2008年的北京奥运会、2010年的上海世界博览会，还是2014年提出的“一带一路”倡议以及2016年在杭州举办的G20峰会，都是一些标志性的重大事件，它们代表了中国的一贯立场和姿态。不过，有一些时刻，中国是孤独的。

“是世界更需要中国，还是中国更需要世界？”这是一个无解却又时常被提及的问题，在这一纠结的背后，体现出了西方世界及周遭各国对中国崛起的复杂心态。

在这十年里，中国经济总量超越了日本，制造业规模超过了美国，汽车产销量在2009年的赶超更是在底特律引起了巨大的心理震撼。中国成了互联网普及度最高的国家，每一个到中国旅游的欧洲人都对4G网速羡慕不已。几乎把巴黎老佛爷店挤爆的中国游客让法国人又爱又恨，甚至连中国大妈们对黄金的热爱，都构成了期货市场的一个非常规性指标。

三

在历时四十年的中国改革史上，我们发现，所有的重大变革主要是由两个因素造成的。

其一是制度的创新与勇气，如20世纪70年代末的农村改革、90年代末的外向型经济和城市化运动，以及数十年间一直处于徘徊探索中的国有企业改革和金融改革，都展现出中国式制度创新的独特性和复杂性。其二是技术带来的破壁效应，它绕过了既有的政策和管制壁垒，从而在一个貌似固化的产业里别开生面，譬如微博、微信对公共舆论和思想市场的促进，以及电子商务对制造、流通和金融业的再造。

这两种因素中，前者是可逆的，后者则绝不可逆。在某些领域，它们同时发挥作用，例如在金融领域中，既发生了互联网金融、移动支付和大数据革命对传统银行及证券产业的颠覆，同时，政府也打开了民资进入银行业的准入门槛，出现了共和国历史上的第一批民营银行。速度可以掩盖很多的矛盾，其中有一部分，可以通过发展的方式冲决过去，可是也有相当的一部分——尤其是制度建构层面的，却始终无法绕将过去，你不得不勇敢直面。

在这一渐进式的中国变革之路上，我们看到了一系列的战略性矛盾，它们有的从改革开放第一天起便已存在，有的则是近十年来出现的新景象。

经济增长方式的彷徨：在 2008 年的全球经济危机中，中国快速推出四万亿元振兴计划，在各国经济体中率先冲出衰退的低谷，而同时也固化了靠投资来振兴经济的路径依赖，它在日后引起极大的争议。在这十年里，产业转型升级的压力一直难以纾解。①

政府之手与市场之手的博弈：中央集权制的治理模式是最富中国特色的制度架构，几乎所有关于市场化的争论均与此有关。清华大学钱颖一教授曾经一言以蔽之曰，四十年中国改革无非两个主题：开放与放开。在 2013 年召开的中共第十八届三中全会上，新一届领导人提出“发挥市场在资源配置中的决定性作用”，不过，其进程及成效却比想象中的要艰难得多。在 2017 年 10 月的中共十九大上，决策者再次表达了市场化改革的决心。

制造能力与消费升级之间的冲突：中国的制造产业长期依赖于成本优

---

① 路径依赖：指经济、社会和技术系统一旦进入某一路径，由于惯性的力量而不断自我强化，使得该系统锁定于这一特定路径。道格拉斯·诺斯由于用“路径依赖”理论成功地阐释了经济制度的演进，于 1993 年获得诺贝尔经济学奖。

势，并形成了“价廉物美”的固有模式。近十年间，中产阶层的消费能力井喷是一个让人措手不及的景象，它对供给侧造成了巨大的错配性压迫，转型升级的效率和代价决定了中国产业变革的未来。

中国崛起与世界经济新秩序的调适：在过去的十年里，中国改变了坚持三十年的“韬光养晦”战略，表现出参与国际事务的极大热情。特别是“一带一路”倡议的提出，向世界展示了中国在经济能力输出上的雄心。而与此同时出现的是，反全球化的趋势以及列国对中国资本的羡慕与恐惧。

四

一个国家的成长高度，当然不是由摩天大楼决定的，它取决于全体国民的现代性。与高楼、高铁和奢侈品相比，中国近十年的变化，更多地体现在阶层丰富化和价值观的衍变上。

出生于20世纪50年代到70年代的中国人，无疑是过往四十年改革开放最大的获益族群，他们经历了野蛮生长的财富大爆炸，当今中国的几乎所有商业场景和价值观模型，都来自他们的创造。相映成趣的是，他们的子弟是另外一类“中国人”。

受计划生育政策的影响，中国的“80后”一代比“70后”少了500万人，“90后”比“80后”少了3 100万人，“00后”又比“90后”少了4 100万。[①]作为特殊时代的出生者，“80后”和“90后”既是独生子女的一代，更是第一批中产阶层家庭的子弟和在少年时期就上网的互联网原住民。在本书所描述的十年中，正是“80后”和“90后”进入职场和开始创业，并试图主导公共社会的微妙时期，代际冲突比人们想象的更富戏剧

① 2010年中国人口普查数据显示，“70后”的人口总数是2.24亿，“80后”是2.19亿，“90后”是1.88亿，“00后”是1.47亿。

性和突变性。

不过，与此同时，那些上半场的英雄并不甘心退出舞台。在很多人看来，柳传志、张瑞敏们都已是旧世界里的经典物种，甚至正是过往的巨大成功和声望，让他们的形象被彻底“石化”，他们变得不再“性感”，进而成为被革命的对象。但你即将看到的事实是，他们成了勇气可嘉的“自我革命者”。在变革的中国，年轻态一直是一个与年龄无关的概念。

在过去的十年里，深圳市的平均房价从1.3万元/平方米暴涨到6万元/平方米，北京金融街的写字楼租金超过了曼哈顿。在整个大中华地区，10亿美元富豪人数为749人，[①]超过美国的552人。站在上海黄浦江的外滩边，眺望两岸的摩天大楼和璀璨灯光，你会发现，这里是当今世界最繁华和喧嚣的流动盛宴。

同时，这个国家也正在被“折叠”。

一部名为《北京折叠》的科幻小说获得2016年度雨果奖，在三个不同的空间里，分门别类住着不同的人，第三空间是底层蓝领，第二空间是中产白领，第一空间则是掌握权力和财富的金领阶层。这是典型的反乌托邦设定，在可以折叠的空间里，阶层的鸿沟越来越宽，最终人们在物理的意义上完全隔离。

对财富的焦虑和阶层固化的恐惧，使得物质追求成为当代最显赫的“道德指数”。中国每天有一万家新的创业公司诞生，它们中的90%会在18个月里失败。在淘宝平台上，活跃着600万名大大小小的卖家，他们不分昼夜地叫卖着自己的商品。在政府的鼓励之下，全国各地出现了8 000多家创业孵化器。在每一个星巴克咖啡店里，每天都有人开着电脑，热烈地讨论一个又一个稚嫩却野心勃勃的计划书。

这一近乎疯狂的创富运动，在人类近现代史上并非仅见。早在一百

① 根据胡润研究院发布的《36计·胡润百富榜2017》，2017年10月12日。

多年前，美国诗人沃尔特·惠特曼曾用矛盾重重的心态写道："我明确意识到，美国普遍存在的极端商业活力，近乎疯狂的求富欲望，正是美国社会改善和进步的组成部分。"[1] 而在1975年，哈维尔在一封写给总统胡萨克的信中说："在人们高涨的、从未有过的消费热情背后，是精神上和道德上的屈从和冷漠，越来越多的人变得什么都不相信，除了已经到手和即将到手的个人利益。"[2]

这个时代的两面性，惠特曼和哈维尔各自说对了一半。

也许你读过《激荡三十年》，在那部完成于十年前的作品中，我用颇为激越的文字描述了一段野蛮生长史。在那些岁月，一切秩序都是进步的枷锁，对现状的背叛充满了乐观主义的自信，即便是失败者也仍然那么迷人。那是一段从0到1的创世纪，你若参与，即是荣幸。

然而，在这一部即将展开的新十年里，你会看到一段迥然不同的历史。

希腊神话般的"诸神诞生"不再出现，遍地英雄皆凡人，商业回归到世俗的本意，体制突破的戏剧性下降，模式创新、资本驱动和法治规范成为商业运营的主轴。在某种意义上，感性突变的"艺术时代"结束了，诸神黄昏，理性的"科学时代"降临。

今日中国变得更加壮观，却也更加扑朔迷离。"让一部分人先富起来"——每一个人都在问，这部分人中包括我在内吗？"不管白猫黑猫，抓住老鼠就是好猫"——因"抓老鼠"而造成的环境破坏和伦理沦丧已经伤害了很多人的利益和身体，发展的代价成为新的社会命题，人们必须在个人自由与公共秩序之间做出选择。"摸着石头过河"——改革早已进入深水区，底不可及，无石可摸。

换而言之，我们进入了一个失去共识的年代，或者说，旧的共识已经瓦解，而新的共识未曾达成。

---

① 《民主的前景》(*Democratic Vistas*)，[美] 沃尔特·惠特曼著，发表于1871年。

② 瓦茨拉夫·哈维尔致当时捷克斯洛伐克总统胡萨克的公开信，1975年。

五

作为第一位出访新中国的美国外交官，基辛格（他曾经52次到访这个东方国家）对中国有一种类似百年前的赫德式的态度。曾担任晚清海关总税务司近50年之久的英国人赫德，在去世前的信函中写道："中国人是很善良的，心胸宽大，能很好地一起共事，不要催促他们，但是要一步一步地来，你就会觉得很容易，目标最终可以达到。"[①]在2011年出版的《论中国》里，基辛格引用了唐代诗人李白的诗句："却顾所来径，苍苍横翠微。"

这也正是我创作本书时的心境写照。

在过去的十年里，我三迁居所，由一个人车混杂的小区搬进了有中央园林庭院的"高档住宅区"。我的工作也发生了诸多戏剧性的改变，从一个纯粹意义上的财经作家，成了自媒体创业者，甚至是一些人口中的"知识网红"。不过，我一直在写作，我的窗下一直流淌着那条京杭大运河，两岸风景日新月异，那床河水却由隋唐缓缓而来，千年不动声色。

我有时候在想，当一代人在用自己的方式创造和记录历史的时候，历史本身也许有它的思考和评价逻辑。就如同这条大运河，它的历史性和当代性在不同的空间和语境中，一定会呈现出不一样的解读。

"任何一个当代人欲写作20世纪历史，都与他处理历史上其他任何时期不同，不为别的，单单就因为我们身处其中……我以一个当代人的身份，而非学者角色，聚积了个人对世事的观感和偏见。"[②]当霍布斯鲍姆以77岁的高龄创作《极端的年代：1914—1991》时，他的笔端充满了迟疑，过于近距离的观察和判断，无疑让他心生畏惧。

---

① 参见《跌荡一百年：中国企业1870—1977》，吴晓波著，中信出版社，2017年版。

② 《极端的年代：1914—1991》，[英]艾瑞克·霍布斯鲍姆著，中信出版社，2014年。

你即将展开阅读的本书，也许正是一次鲁莽的冒险。它的价值在于你我的亲身参与和对之的全部好奇。“文字有一个极大的好处，它是水平和无限的，它永远不会到达某个地方，但是有时候，会经过朋友们的心灵。”[①]

① 语出马尔克斯。

2008 不确定的开始

天地虽宽，这条路却难走

我看遍这人间坎坷辛苦

我还有多少爱，我还有多少泪

要苍天知道，我不认输……

——汶川大地震赈灾歌曲，《感恩的心》

“一路高涨的房价是否走到了一个下跌的拐点？”

2008 年 1 月底，中央电视台《新闻调查》记者柴静采访房地产界的三位明星企业家——王石、任志强和潘石屹，向他们提出了同样的一个问题。

在刚刚过去的 2007 年，各大城市房价又上演了一波脱缰暴涨的行情。全国土地开发面积只增长了 1%，而完成的房地产开发投资额则达到 2.5 万亿元，增长 30%。在大量资金的涌入下，房价一路上涨，深圳住宅价格同比上涨 51%，北京为 45%，津、渝、沪三地的同比涨幅也都超过了 15%。在民怨沸腾之下，中央政府开始了严厉的宏观调控，到下半年，一些中心城市陷入有价无市的僵局，业界恐慌开始蔓延。

王石是“拐点论”的提出者，在他看来，现在的房价已经让他心惊肉跳，不再具有继续上涨的理性空间。有一次在长沙做活动，一个小女孩让王石帮她参谋是否要购房。他问：“你准备结婚吗？”女孩说没有，但是担心三四年之后就买不起房子了。王石脱口而出：“如果三四年之后你买不起了，那是市场的问题。”又有一次，王石在深圳参加地产论坛，他在台上足足用了40分钟分析眼下的形势，劝大家不要抱幻想。末了，一位老板站起来说：“王总啊，我求求你，你能不能在公开场合说房地产走势就要开始上升？”

王石的悲观态度对市场造成了巨大的心理压力，同时也形成了两派截然不同的观点。

当柴静问到任志强的时候，他不同意王石的判断，这位地产界的“任大炮”认为，从长远看，持续上涨是趋势，至于是今天反弹还是明天反弹，则需要看宏观政策。他甚至认为房价涨得还不够快，1978年全国平均月工资28.6元，到现在增加了一百倍，2分钱一棵的大白菜，现在卖2元钱，也增加了一百倍，而房价只增加了16.6倍。

当问到潘石屹的时候，他显得坐立不安，被逼得急了，他索性站起来说：“你老追问我，我都不知道说到哪儿了。我去找水喝！”

正在路上的2008年，从一开始就散发出这种不确定的气息，同时充满了对峙和相互矛盾的焦虑。

一方面，在经历了长达三十年的高速成长之后，中国变得空前自信，即将在8月8日举办的北京奥运会被认定是宣示“大国崛起”的标志性时刻。另一方面，全球经济，特别是美国经济，似乎正在发生一些让人不安的变化。

2007年2月，汇丰银行宣布北美住房抵押贷款业务遭受巨额损失，减记108亿美元相关资产，次贷危机由此拉开序幕。4月，美国第二大次级抵押贷款公司新世纪金融公司申请破产保护，随后30余家次贷公司陆续停业。当年8月，美国第五大投行贝尔斯登宣布旗下两支对冲基金倒闭，随后花旗、美林证券、摩根大通、瑞银等相继爆出巨额亏损。

2008年3月中旬，贝尔斯登因流动性不足和资产损失被摩根大通收购。投资者的恐惧情绪像一锅热水突然逼近沸点。

在一年多的时间里，中国的决策层及经济界一直以“观影团”的姿态观望华尔街正在上演的这出崩盘大戏。次贷危机被认为是美国的危机，是流动性过剩闯的祸。如果中国要从中吸取什么教训的话，也是应当警惕通货膨胀。在全国两会的记者见面会上，温家宝总理很明确地表示：“我们在确定今年的经济政策时，第一个防止就是要防止经济增长由偏快转为过热。我们必须在经济发展和抑制通货膨胀之间找出一个平衡点。”

这一决策思路投射到具体的经济政策上，便是放出两个大招。首先是勒紧货币投放的绳子，从1月25日到5月20日，央行连续四次上调人民币存款准备金率，银行的准备金率达到16.5%的历史高位。其次，便是在产业经济层面抑制股市和楼市的投机泡沫。

上证综指从上一年10月16日的6 124点开始掉头下跌，这被认为是去泡沫化的过程。而在房地产市场上，很多大佬都认为顶点已达，无可作为，王石的“拐点论”便是在这样的政策背景下提出的。

从4月开始，万科在杭州率先降价促销，继而在全国30多个城市推广，这引起了已购房者的愤怒，一些楼盘的预售处遭围堵，甚至被砸烂，警察来了，却只站在一旁。在南京、上海等城市，政府派出调查组进驻万科查税、查账。到2008年9月，与2007年11月比较，万科的股价跌去88%，保利地产跌去75%，碧桂园跌去87%，中海发展跌去70%，可谓惨不忍睹。

从今年1月1日起，北京市公安局将不再给京字轿车上黑色牌照了。这个通知的背后，意味着一项重大的经济政策的悄然转变。

黑底白字白框的黑色车牌是一种特权的象征，凡是注册为中外合资（包括港、澳）的企业，都有资格以免税的方式进口一辆轿车，而在日常通行中，又可以享受种种非常优待。在很长时间里，它是身份的代表，也是国家给予外资企业“超国民待遇”的标志。随着北京市的新规定，各地也相继取消了黑色牌照政策。

在今年的全国两会上，“为反映公平竞争的市场呼声”，颁布了新的《企业所得税法（草案）》，规定内、外资企业税率分别由现在的33%、15%统一为25%。路透社在一则消息中评论说，中国试图打破内外资税收不公平的规则，意味着这个最激进的外资引进国正逐步终结国际资本的“超国民待遇”。自1992年起，中国已连续十六年成为世界上吸收外资最多的国家，全球《财富》500强企业中有480多家在中国落户，注册外商投资企业28万家。

大规模的外资引进，一方面补充了国内资金的不足，引进了先进技术和管理，另一方面也造成某些领域被外资控制或垄断的景象。中国社科院的一份报告显示，在22个领域里，外资已占据了70%以上的绝对控制，如东南沿海一线城市的大卖场业态已经被外资占领了90%。在医药领域，一些外资企业在定价方面不受政策性限价的限制，同样疗效的药品价格远远超出国内企业。按照《中国药典》标准进行生产，同样的药，外资企业生产的却比国产的贵十几倍，据不完全统计，外资药平均价格相当于国产药的1 311%。

对外资“超国民待遇”的取消，是一项悄然而有序进行的工作。到两年后的2010年12月1日，中国宣布对外企正式征收城市建设维护费和教育附加费，这意味着中国境内的所有企业统一了税制。

在这一年，另外一个引人瞩目的事件是《劳动合同法》的全面施行。根据新的法律，所有企业主雇用员工必须签署劳动合同，而一旦解雇，则必须给予员工补偿。

这个法案被一些媒体视为“良心法案”。在此之前，签订劳动合同的农民工只有 7.3%，六年后，这个数字达到了 21.9%，农民工被拖欠工资的比例从 4.1%降至 2014 年的 0.8%，农民工工伤保险参保率从 3.5%提升到 26.2%。[①]

不过，在一些经济学家看来，这项法案将导致中国制造最核心的优势——劳动力成本优势从此丧失殆尽。2 月 13 日，经济学家张五常在博客中称："政府立法例，左右合约，有意或无意间增加了劳资双方的敌对，从而增加交易费用，对经济整体的杀伤力可以大得惊人。"

张五常写这篇博客的时候，正在广东东莞做调研。在过去的很多年里，他一直用自己独特的方式关注中国经济的衍变。他不太相信别人提供的数据，包括产值、货运量乃至用电量。每到一地，他最喜欢问的两个数据是厂房租金和生产线工人的工资，在他看来，这是最无法伪造的真实数据。在东莞，他看到了两个令他担忧的景象，一些企业主正打算把工厂迁到劳工价格更低的东南亚国家，例如越南、印尼等，"在未来几年，工厂南迁是一个似乎很难阻挡的趋势了"。而同时，外贸订单突然发生了断崖式的下滑，在这一年，东莞外贸增速大幅下滑 20.7 个百分点，这是前所未有的景象。

如果说，发生在房地产行业的"闹剧"是银根紧缩造成的心理恐惧，那么出现在外贸领域的险象，则是美国次贷危机扩散为全球金融危机的前兆。支撑中国经济"三驾马车"之一的 600 万家外贸企业，对正在发生的突变毫无准备，张五常在东莞看到的事实很快像瘟疫一样传遍东南沿海。

4 月底，在浙江台州地区，一位被称为"国宝"的缝纫机企业主提出了破产申请。

邱继宝的飞跃集团创办于 1986 年，是全球最大的缝纫机专业厂商，

---

① 《2005—2015 年农民工法律援助十年变迁调研报告》，北京致诚农民工法律援助与研究中心。

曾被评为“中国制造业民营企业品牌竞争力50强”的第一名。2000年，朱镕基总理在杭州听取他的报告后，很赞赏地说：“你邱继宝是个‘宝贝’，是‘国宝’。”①三年后，朱镕基更是亲赴台州工厂考察，再次称赞飞跃是“世界名牌”。②在过去的几年里，飞跃一直处在高速扩张的通道里，邱继宝在美国的迈阿密、洛杉矶以及欧洲等地成立了18家分公司。

▲ 邱继宝

2008年，受次贷危机影响，中国纺织业出口萎缩，飞跃的海外订单大幅减少，1月至4月的出口总额同比下跌44%，同时，飞跃欠银行贷款约18亿元，陷入停贷逼债的绝境。邱继宝向政府提出破产申请，在接受《财经》记者采访时，他用四个字形容自己当下的境地——“焦头烂额”。

飞跃所在的台州市是最大的缝制设备制造和出口基地，生产了全国三分之一的缝纫机，年工业产值230亿元。当地有各种缝纫机、其他服装机械及零配件生产企业近200家，小家庭作坊超过1 000家，仅为飞跃供应零配件的企业就有几百家。飞跃之难顿时有蔓延之势。

“飞跃危机”曝光后，围绕政府是否应该出手拯救，舆论界发生了激烈的争论。

有人认为应该遵循市场规律，让市场决定飞跃的生死。《第一财经日

---

① 《瞭望》，新华出版社，2001年。

② 《21世纪经济报道》，“‘国宝’邱继宝：他做了30多场报告”，2003年12月27日。

报》在一篇题为《让它破产吧，请不要担心》的评论中称："飞跃集团系邱继宝的私营企业，他享有'破产'的权利，同样也由他来承担责任。政府应该清楚，介入私营企业的运营和重组可能面临的风险，除了道德风险，一旦政府资金介入，没人能够保证这家企业不会越陷越深。多年来政府想方设法挽救龙头企业，这剥夺了其他公司获取廉价资产的权利。"

也有人认为"飞跃非救不可"，邱继宝的倒掉可能引发连锁效应，台州工业可能整体崩盘，同时失业潮可能诱发严重的社会并发症。

双方激辩的纷争态势，与几个月后华尔街关于雷曼兄弟的争论非常类似。

最终的结果是中国式的。邱继宝要求破产的申请被当地政府驳回。5月，浙江省经委牵头紧急召开"债权银行会议"，要求各家银行维持现状，不要切断飞跃的资金链，"一切都不要变"，同时，台州市政府派员进驻飞跃，全面接管飞跃的账目。

在整个 2008 年，飞跃事件仅仅是长三角外贸危机的一个缩影。

8 月，全球最大的纺织工业集散地、曾经在"全国百强县"中排名第八的绍兴县风波陡起，四家大型工厂——金雄轻纺、华联三鑫石化、江龙控股以及五环氨纶相继停产，涉及各类负债 146 亿元，其中银行类负债 113 亿元，引发了当地纺织业和银行业的地震。

始创于 2003 年的华联三鑫是国内最大的PTA（精对苯二甲酸）生产商，也是绍兴首家销售收入超过百亿元的企业。全球PTA产能从 2006 年开始过剩，2008 年 9 月，华联三鑫资金链断裂，宣布停产。根据企业上报的资料，它的银行贷款及相关联保企业的涉及资金高达 105 亿元，仅工行绍兴分行的贷款就超过 20 亿元。

在毗邻的江苏省，多米诺骨牌式的倒闭歇业事件也正在发生。

10 月 8 日，在新加坡交易所上市的中国金属突然停牌，其下属的主力工厂——位于常熟工业园区的科弘材料宣告倒闭，给当地 20 余家商业银行留下了 52 亿元的财务黑洞。受能源价格上涨和下游销量受限影响，中国最大的化纤原料基地——苏州市盛泽镇有三分之一的织造厂停产，苏州家纺产能削减三成，利润率下降一半。

7月，温家宝总理南下到江苏无锡国棉一厂视察。在小型座谈会上，总理问董事长李光明：“你讲讲纺织工业怎么了，出现了什么问题？”李光明是一个“老纺织”，他说：“总理，你让我讲真话还是让我讲假话？”总理说：“当然讲真话，怎么能讲假话？”[①]

李光明说，现在的纺织行业是改革开放以来最困难的一年。

一位现场与会的部长后来回忆说：“我们当时一听都一震。改革开放三十年形势大好，你怎么说最困难？”

李光明细数从2007年年底出现的国际经济低迷景象，他说：“我们无锡国棉一厂是全国纺织行业的排头兵，我现在都是这么个状况，整个行业可想而知了。”

同样感受到外贸寒意的，还有从事平台生意的阿里巴巴。

在7月的一份内部邮件中，马云用严峻的口吻写道：“经济将会出现较大的问题，未来几年，经济可能进入非常困难的时期。我的看法是，整个经济形势不容乐观，接下来的冬天会比大家想象的更长！更寒冷！更复杂！我们准备过冬吧！”就在马云写这份邮件时，在香港上市的阿里巴巴的股价已经从最高时的40港元，惨跌至10港元，到10月，更是腰斩到了5港元。港媒调侃说：“去年不可一世的阿里巴巴，现在只能用可怜巴巴来形容了。”

老天似乎决意在原本应该喜气洋洋的2008年考验中国人，它的方式很残酷，先是天降暴雪，继而地裂大缝。

2008年1月10日到31日，就在春节即将到来之际，大半个中国，从宁夏、陕西到湖北、江苏等10多个省份出现百年一遇的特大暴雪，[②]其

① 原工信部部长李毅中在2013年两会上的小组讨论发言实录。

② 中国天气网，“2008年我国大范围低温雨雪冰冻天气分析”，2008年12月3日。

中仅在湖北及安徽两省，就有超过 800 万人受灾，5 万多人被紧急转移。

暴雪的袭击，造成全国交通秩序的彻底紊乱，主要的铁路线、公路和机场等关键运输动脉断裂。广州和首都北京之间的铁路线被禁用，湖南的大冰雪冻住了 136 列火车，[1]在邻近的湖北省，约有 10 万人在一周时间里没有饮用水。南方电网多处发生崩溃性事件，停电遍及 17 个省份，数以十万计的工厂停产关闭。

尤其令人绝望的是，此时正值最为繁忙的春运时节，每年通常在这期间大约有 1.8 亿农民工返乡，大雪灾使得“移民”大省广东陷入空前的混乱，至少 50 万人滞留在广州火车站。

▲ 2008 年 1 月 31 日，广州火车站。一位女性旅客晕倒在人群中，众旅客将其抬高以接力的方式送进广场救治

① 凤凰网专题，“2008 · 暴雪之广州”。

▲“5·12”大地震后航拍的映秀镇，已经很少有完整的建筑存在

就当人们刚刚从大雪灾里喘出一口气，2008年5月12日14时28分，在四川汶川地区发生里氏8级强震，同时引发滑坡、崩塌、泥石流、堰塞湖等严重次生灾害，直接严重受灾地区达10万平方公里。大地震造成69 227人遇难，374 643人受伤，17 923人失踪，直接经济损失达8 000多亿元。

“5·12”汶川大地震是新中国成立以来破坏性最强、波及范围最广、造成灾害损失最大的一次地震灾害，带给全民巨大的悲痛，同时也激发出强烈的援助热情。

地震发生6小时后，5月12日晚8点，温家宝总理乘机抵达都江堰市，此时强烈余震仍在发生之中。中央政府迅速组建庞大的救援指挥部，予以积极的救援。较之过往的自然灾害，中国政府此次的救援行动，无论在决策效率、动员能力，还是在高层的亲力亲为以及灾情的信息披露上，都显示出巨大的进步，堪称1949年以来中国政府应对自然灾难最为迅速的一次。

另外一个重要的特点是，民间的NGO（非政府组织）在救援行动中发挥了重要的作用，有100多家NGO成立了“NGO四川联合救灾办公室”，积极参与物资发放、灾后安置、受灾群众心理创伤修复等工作。数以万计的民众，包括企业家、影视明星及畅销书作家自发驱车前往灾区救援。

美国《时代》周刊在报道中写道：“即使是中国的批评者也对中国对地震的迅速反应表示了钦佩。这场全国性的悲情宣泄，让人们不再相信中国缺乏公民精神这种观念，整个民族突然间意识到在30年的经济繁荣中，他们改变了多少，以及一些改变是如何朝好的方向发展的。”①

2008 年 8 月 8 日晚上 8 点整，奥运会在北京如期举办。曾经的“体操王子”、已经做了 18 年企业家的李宁从天而降，在一片欢呼声中点燃火炬。在经历了“天崩地裂”的全民悲恸之后，这个国家真的需要一场喜庆运动来提振一下。

在过去的几年里，北京市为筹备奥运会投资了 2 800 亿元，其中 64% 用于基础建设。全世界的建筑师，特别是那些获得过普利兹克建筑奖的大神们都在这座城市留下了自己的杰作，它们长得千奇百怪，有的像一个鸟巢，有的像半只蛋壳，还有的直接像一条巨人穿的大裤衩。它们建成的时候，与周边的东方环境格格不入，引起了不少老北京人的不满和嘲讽，但

▲ 李宁从天而降，点燃奥运主火炬

① “China: Roused by Disaster”, *Time*, May 22, 2008.

是久而久之，便成了城市不可分割的一部分。

这场体育盛会举办了 16 天，中国以 51 枚金牌数居金牌榜首名，是奥运历史上首个登上金牌榜榜首的亚洲国家。在后来的历史中，它常常被与 1964 年的东京奥运会和 1988 年的汉城奥运会相提并论，被认为是国家崛起的象征。

也就在奥运会结束的 21 天后，美国雷曼兄弟倒闭，1929 年以来最严重的金融海啸扑面而至，中国政府急于应对。

雷曼兄弟创建于 1850 年，是美国排名第四的投资银行。爆发于 2007 年年初的房地产次贷危机，到 2008 年中期后，终于开始动摇华尔街的地基。雷曼兄弟因投资次级抵押住房贷款产品不当蒙受巨大损失，9 月 10 日公布的财报显示，雷曼兄弟第二季度损失 39 亿美元，是它成立 158 年来单季度蒙受的最惨重损失，其股价较 2007 年年初的最高价已经跌去 95%。

雷曼兄弟的故事，是资产规模放大了上千倍的“美国版的飞跃”。围绕着是否出手拯救，美国政府发生了激烈的争执。美联储主席伯南克主张出手拯救，他打比方说：“如果你有一位邻居喜欢在床上抽烟，一不小心引燃了自己的房子，你可能会说，我不会帮他报警，让他的房子自己烧去吧，反正不关我的事。但如果你的房子是用木头建成的，又位于他房子的隔壁，你该怎么办呢？再假如整个城市的房子都是用木头造的，你又该怎么办呢？”而美国财长保尔森公开表示“见死不救”，他坚定地认为，“大而不倒”是一种无法接受的现象，美联储没有担保债务或是注资的权力，美国财政部也不会出手，在发生挤兑的过程中，给一个分崩离析的投资银行贷款是不会成功的。[①]

---

① 伯南克和保尔森都出版了自传体回忆录，详尽回顾金融海啸爆发时的决策场景。伯南克：《行动的勇气：金融风暴及其余波回忆录》（2016 年），保尔森：《峭壁边缘：拯救世界金融之路》（2010 年）。

9月15日上午10点，由于所有潜在投资方均拒绝介入，雷曼兄弟向纽约南区美国破产法庭申请破产保护。

▲ 雷曼兄弟申请破产保护当日，一名雇员拿着私人物品离开公司

也就在9月16日下午，中国央行行长周小川出现在中央电视台新闻频道的屏幕上，用沉缓的语调宣布，央行决定下调金融机构人民币贷款基准利率，金融机构1年期贷款基准利率由7.47%下调至7.20%，同时下调个人住房公积金贷款利率。仅仅在8天前的9月8日，这位曾两次拿过中国最高经济学奖——孙冶方经济科学论文奖的经济学家还在公开场合宣称中国政府不会下调利率。有记者观察到，“一夜之间，周小川满头白发”。

也就是从这一天开始，宏观经济政策发生了180度的大拐弯。

从9月16日到12月23日，央行连续五次降息。如果联想到上半年的四次存款准备金率的提高，其反复之迅猛和戏剧性为史上仅见。

与此同时，投资的闸门随即大开，国家发改委不断给各地打电话，催促上报项目，很多积压了几年的报告都得到快速批复，发改委所在的月坛南街附近，所有打印店的生意突然一夜火爆，打印费上涨了四五倍。

从2008年年底到2009年年初，发改委一口气批复了28个城市的城轨规划，总投资超过1万亿元。在此之前，国务院对申报发展地铁的城市基本条件是“地方财政收入在100亿元以上，国内生产总值达到1 000亿元以上，城区人口在300万以上”，而在此次“大放行”中，申报条件大为降低。

为了刺激房地产消费，10 月 22 日，财政部宣布个人首次购买住房的契税税率下调到 1%，并对个人买卖商品房暂免印花税、土地增值税；同时央行宣布，首次置业和普通改善型置业贷款利率下限为基准利率的 0.7 倍，最低首付款比例调整为 20%。此后，房产销售出现了王石始料未及的“反向拐点”。

12 月，中央政府宣布对家电业实施紧急输血，推出“家电下乡”的财政救市计划，农民购买彩电、冰箱、手机和洗衣机，按产品售价的 13% 给予补贴，最高补贴上限为电视机 2 000 元、冰箱 2 500 元、手机 2 000 元和洗衣机 1 000 元。两个月后，享受补贴的品类中又新增了摩托车、电脑、热水器和空调。在后来的三年里，全国共销售家电下乡产品 2.18 亿台，实现销售额 5 059 亿元，累计共发放补贴达 592 亿元。这一政策大大缓解了家电业的库存压力，在另外一方面也延缓了落后产能淘汰的速度。

▲ 几位农民在“家电下乡”网点选购补贴大彩电

在2008年的最后两个月，中央政府好像一个繁忙的管道工，拧开了每一个可能被拧开的水阀。工信部部长李毅中回忆了两个很生动的细节：

“12月25日，张德江副总理突然给我打电话，说3G牌照马上发。我以为听错了，因为原来计划第二年人代会以后发。现在要求马上发，是因为总理下决心了。当时3G牌照发放本身的条件已经成熟，三大运营商拿出2 000亿，就可以拉动6 000亿的投入，这对应对危机能起重大作用。

“再比如车市。汽车工业在二季度时出现了全行业亏损，12月初，总理给我打电话，说美国政府拿出几百亿美元扶植三大汽车公司，德国政府奖励购买汽车，一辆车补贴5 000马克，我们有什么办法拉动经济呢？经过各方酝酿后，我们提出1.6升排量以下购置税减半。决定这个政策的时候，财政部已经捉襟见肘。我记得和谢旭人部长商量时，他说，毅中你别再出主意了，我兜里没钱了。后来还是总理下了决心。政策在2009年春节前出台，赶上购车的高峰，到2月形势大为好转，汽车工业扭亏为盈。”[①]

就在政府紧急应对之际，各个经济数据的恶化也开始呈现出来。

2008年11月，中国进出口增速突然“跳水”，出口增速从上月的19.2%下降到–2.2%，进口增速从上月的15.7%下降到–17.9%。

出口回落直接拉低工业增速。11月，全国规模以上工业企业增加值同比增长5.4%，比上年同期回落12个百分点。生铁、粗钢和钢材产量分别下降16%、12%和11%；汽车产量为71.4万辆，下降15.9%；发电量下降9.6%，创出改革开放以来历史最大月度降幅。

与老百姓相关的数据还有股市。上证综指从上一年10月16日的6 124.04点跌到今年10月28日的1 664点，累积下跌幅度达70%，为当年全球资本市场的“熊王”。简单算一下，2008年，全国股民人均亏损13万元。

11月底，中金公司研究部发布了一份预测未来国内宏观经济形势的报

---

① 原工信部部长李毅中在2013年两会上的小组讨论发言实录。

告，研究人员发明了一个日后的热词——“保八”。

中金认为，中国当前的经济形势面临比1998年更严峻的挑战。当年的金融危机局限于亚洲，而本次全球性的金融危机直接发生在中国最主要的出口市场美国和欧洲，因此，政府将把经济较快平稳增长作为首要任务，为了“保八”——GDP（国内生产总值）增长维持在8%的水平之上——可能继续出台刺激政策，包括通过刺激购房需求、缓解开发商资金压力扶持房地产业。

从此，“保八”成为一种朝野共识。根据专家们的测算，如果GDP增速降至6%或7%，经济发展的质量就会受到很大影响，进而牵涉到就业率，最终影响到社会稳定。用时任银监会主席刘明康的话说，8%是中国经济的生命线。

从年初的防止过热，到年终的“保八”生命线，可以清晰地看出这一年宏观形势及政策的大转折。

10月7日，胡润在惯常的时间里发布了本年度的中国富豪榜。日后来看这份榜单，会让人颇为唏嘘：它几乎是一张如假包换的“失意者名单”，散发出来的失败气质，透露出了2008年的所有跌宕。

排在第一名的是39岁的黄光裕，他拥有430亿元的财富，第二名是名不见经传的日照钢铁董事长杜双华，第三名是房地产二代继承人、碧桂园的杨惠妍，他们三人的平均年龄只有36岁。紧随其后的是彭小峰、刘永行、荣智健、张近东、施正荣、许荣茂和张志祥。

就在这份榜单公布的一个多月后，首富黄光裕被警方拘捕，所涉罪名是“股票内线交易”和“行贿官员”，国美电器在港交所上市的股票应声重跌，从4港元多一路跌到1港元。作为中国最大的家电连锁零售商，国美有1 300个门店，拥有员工30万人，年销售额近500亿元，上游供货工厂超过十万家。一旦因黄案崩盘，将是一个不堪设想的局面。

在过去的几年里，黄光裕一直过得恍恍惚惚。尽管还不到40岁，他的头发已经开始脱落，于是索性剃了一个清爽的大光头。家电连锁的业务经历十年发展，进入乏味的瓶颈期。2006年7月，国美以52.68亿的价格并购永乐家电，算是打下了久攻不下的上海市场。但是明白人都看得到，大并购意味着红利期的结束，江湖不再有好奇之事发生。有一个小小的意外是，一个叫刘强东的人在他的眼皮子底下创办了京东网上商城，专门贩售3C产品，虽然在2007年只做了3.6亿元的生意，但是好像挺有起色。国美内部开了好几次闭门会，讨论是否也要试试网上业务，总是因为线上、线下价格的差异性而犹豫不决。

▲ 黄光裕

黄光裕的兴趣开始转移，冯仑回忆说，有一次我们几个去吉林长白山看项目，包了一架私人飞机。在机上，大家聊得不亦乐乎，只有黄光裕抱着一台电脑埋头看期货曲线。记者罗昌平后来披露的资料显示，黄光裕在这段时期除了涉足期货，还有一些说不太清楚的生意往来。

发生在11月19日的拘捕——再过9天就是国美创业21周年的纪念日——是因为两个罪名，一是涉嫌内幕交易，一是官商勾结。

证监会在媒体通报中称："2008年3月28日和4月28日，证监会对三联商社和中关村股票异常交易行为立案稽查。调查中发现，在涉及上市公司重组、资产置换等活动中，鹏润投资有重大违法行为，涉及金额巨大，证监会已将有关证据移交公安部门。鹏润投资的实际控制人为黄光裕。"

官商勾结部分，则涉及一大批少壮派潮汕籍官员，重量级的有公安部部长助理郑少东、最高法院副院长黄松有等人。《中国企业家》在长篇调查《绝地潮商》中详尽描述了黄光裕凌厉、迅捷的官商手法，“利益链条深入政界之深之广”，“黄光裕之轰然倒下，在千里之外的潮汕平原，更像是那个本土商业群体一道心理防线的坍塌”。

几乎就在黄光裕事发的同时，排名本年度富豪榜第二名的杜双华也即将出局，他的日照钢铁面临裁员和被强行收购的困境，那是另外一种官商博弈的版本。

杜双华早年是首钢冶金机械厂劳动服务公司的一名职工，1987 年创业，几经腾挪，于 2003 年创建日照钢铁。到 2008 年 5 月底，日照钢铁产量达到 444.6 万吨，完成产值 189.4 亿元，实现利税 53.3 亿元，同比分别增长了 158.3%、268.1% 和 162.9%。进入夏季之后，随着国内外经济骤然走冷，钢铁业也遭遇寒流，而日照钢铁面临的困境则可谓“天灾人祸”一时双至，9 月亏损 4 亿元，10 月预亏接近 6 亿元。①

就在此时，山东省政府下发《关于进一步加快钢铁工业结构调整的意见》，日照大型钢铁基地将成为山东钢铁工业区域布局调整的重点。按照上述“意见”，日照钢铁将成为国营山东钢铁的一部分。日照之所以被看中，除了有很好的制造能力，还因为它拥有条件优越的日照港，其海岸线具备 30 万吨级泊位的条件。近几年杜双华的大部分利润都投到了港口和船队建设上，据称投资额已达 14.164 亿美元，购买了 3 艘矿船，并在国内的大连、上海船厂和韩国的东方船厂等处购买了 12 条矿船。

为了执行整合的意见，地方政府采取了霹雳手段。据媒体报道，“有知情人士告诉本报记者，近来，当地银行齐刷刷不再对日照钢铁提供更大贷款”。这一景象让人联想起 2004 年的铁本钢铁事件。与那些充满了反叛

---

① 《第一财经日报》，“日照钢铁 10 月预亏近 6 亿元，拟大幅裁员”，2008 年 11 月 11 日。

精神的民营企业家不同，“乖巧”的杜双华选择了顺从，他出走日照，赴北京重新创业。2008 年 11 月 5 日，山东钢铁集团与日照钢铁集团宣布正式签署重组协议。

排名第四和第八位的彭小峰和施正荣从事的是太阳能产业，他们的江西赛维和无锡尚德分别在纽交所上市。在过去的几年里，受到国际市场多晶硅价格暴涨和国家新能源政策的刺激，太阳能产业在中国如野草疯长，施正荣一度当上 2005 年的中国首富，彭小峰的赛维在 2007 年 6 月上市时，更是创造了当时中国民企在美国单一发行最大的 IPO（首次公开募股）纪录。然而，也正是从 2008 年三季度开始，多晶硅的价格从每公斤 500 美元的历史高点陡然暴跌，三年后跌到 50 美元以下的水平。而此时正处巅峰的彭小峰和施正荣，对自己的悲惨命运一无所知。

另外一位马上要出局的富豪是老资格的荣智健，他是这张榜单上年龄最大、出现次数最多的一位。作为荣毅仁家族唯一的男丁，在改革开放的第一年，荣智健就被父亲派往香港创业。2002 年，在《福布斯》的中国百名富豪榜上，他以 70 亿元的资产名列榜首。

就在 2008 年胡润榜单发布的两周后，10 月 20 日，中信泰富发布公告称，该公司与银行签订的澳元累计目标可赎回远期合约，因澳元大幅贬值而跌破锁定汇价，目前已录得 155 亿港元亏损，这是港交所绩优股公司迄今亏损最大的一宗案例。

2004 年宏观调控之后，一向在香港发展的中信泰富转身投入内地的钢铁产业，荣智健相继收购江阴兴澄钢厂、新冶钢、石家庄钢厂等企业的股权，并在铁矿、特钢这一产业链上倾注了大量的投入。同时，中信泰富于 2006 年 3 月购入位处澳大利亚西部潜在的逾 60 亿吨磁铁矿石开采权，后又收购合共 17 艘将要建造的船舶。

为了配合产业布局，锁定公司在澳大利亚铁矿项目的开支成本，中信泰富与香港的银行签订了三份杠杆式外汇买卖合约，最大交易金额为 94.4 亿澳元。从历史数据看，自 2007 年之后，澳元一直处于上升态势，澳元兑美元的汇率稳定在 0.87 之上。然而，美国金融危机的爆发让国际汇率市场发生“黑天鹅”事件，澳元汇价自 9 月以来突然掉头大幅下滑，最低位触达 0.65，中信泰富爆现巨额亏损。

危机爆发后，中信泰富的第一大股东央企中信集团出手护航，给予 15 亿美元的备用贷款。荣智健在 10 月 20 日的记者见面会上表示，自己对有关外汇衍生品的投资决定“不知情”，“这是财务总监自作主张，并不是通过合法途径”。但是，市场的问责之声不绝于耳。2009 年 4 月，荣智健在香港宣布辞职，中信泰富回归央企怀抱。

熟悉企业史的读者，都对荣氏家族并不陌生。荣宗敬、荣德生兄弟创业于 1902 年，到 1949 年之前，这是一个纯粹的民营资本企业，与官营资本几乎没有任何瓜葛。荣氏子弟对官商经济一直非常警惕，早在 1934 年，荣德生的大儿子、荣智健的大伯荣伟仁就在一封信中说：“政商合办之事，在中国从未做好，且商人无政治能力策应，必至全功尽弃。”[①]

正是这种坚持，使得荣家在半个世纪里，尽管历经悲喜波澜，却很少有所谓的政商烦恼。而在最近的三十年，荣家兴旺则走上了另外一条迥异于“家训”的轨道，其得其失，莫衷一是。

在严格的意义上，任何一张关于中国富豪的榜单都是有缺陷的。在这个非常规的市场经济国家里，并不是所有的财富都可以被摆在阳光下计算。在某一个神秘而阴暗的角落，存在着一份财富数额更为惊人的隐形富豪名单，他们中的相当一部分，可能永无见日的机会。这些财富的积累过程，充满了猎杀的血腥和时代的耻辱感。在构成者的身份中，比例最高的应该是两类人，一是权贵集团及其代理人，一是资本市场的围猎者，而他们之间又有着错综复杂的爱恨交集。

① 《荣家企业史料》，上海社会科学院经济研究所经济史组编，上海人民出版社，1980 年。

2008年4月29日，一个春光明媚的午后，这份名单中的一位成员，当着父母、妻子的面，在北京家中坠楼而亡，据说他的资产多达200亿元，可以排到胡润富豪榜的第十名。

这个人的名字在很长时间里，对公众而言是一个秘密，但是他的出战历史却很是悠久。如果你翻到《激荡三十年》的1995年篇，会读到一位叫管金生的金融家的故事。在那年的3月，他带领的万国证券发动了一场惊世骇俗的国债期货攻防战，最终以完败而告终，与他对决的是中国经济开发总公司（以下简称“中经开”），一家隶属于财政部的金融机构。然而，在后来的很多年里，中经开幕后的操盘“小伙伴”始终躲在神秘的面纱背后。一直到整整20年后，他们的名字才在不同的场合下被一一曝光，其中有一度的“上海首富”周正毅、“四川首富”刘汉、“东北首富”袁宝璟四兄弟，还有一位就是4月29日跳楼、时年27岁的魏东。

魏东1991年毕业于中央财经大学，其父是该校会计系教授，可谓家学渊源。大学毕业后，魏东进入中经开，1994年创办北京涌金财经顾问有限公司，1995年创办了上海涌金实业有限公司，在著名的“327国债期货案”中，魏东与中经开并肩作战，获利颇丰。

20世纪90年代后期，魏东抓住股权分置的特殊时点，通过转配股、法人股受让、配售新股等方式获利。在他们的圈子里，这被称为“盲点套利”，即只要你有资格参与游戏，就是一个瞎子也能赚到盆满钵满，至于如何获得游戏的入场券，便是神通所在。从1996年到2000年，魏东先后参与银河动力、新湖中宝、闽福发、三九医药、丝绸股份、首旅股份、诚志股份和茉织华等十余家公司的股权转让及配售。

进入新世纪，魏东转战公开市场。2002年1月，魏东收购长沙九芝堂集团全部股权，进而间接控股上市公司九芝堂，持有其60.74%的股份。九芝堂是湖南最有名的药业品牌，拥有300多年的历史，但整体出售的价格不到1亿元，其中还包括由于改制需要买断1 131名职工工龄的钱，因此市场普遍认定“明显的低估”。

此后，涌金开始染指金融机构，2003 年收购云南国际信托投资公司，2005 年收购成都证券，更名为国金证券，并将之在上海证交所上市，后来又入主千金药业。短短五年间，一举拥有三家上市公司的实际控制权，构成魏氏涌金系。

在二十多年里，魏东生活得像一个隐形人，他为人十分低调，生前从未接受媒体采访，亦未在公开场合演讲，甚至很难找到一张照片。但是他的交际却比外人想象的要广泛得多，在八宝山公墓举办的追悼会上，陈列了数百个花圈，一度造成交通堵塞。

魏东之死，在 2008 年的中国资本市场引发一阵哀叹，记者们穷追猛挖，想要发现他临死前到底发生了什么，但最终只是找到散落的一堆线头。有人说他接到了几个“关键”的电话，有人说他跳楼前还镇定地写完了“与任何人无关”的遗书。确切的信息显示，他至少有两次被专案组传讯。在他去世后的 6 月 8 日，国家开发银行副行长王益被双规，此人担任过薄一波的秘书，1992 年就出任国务院证券委办公室副主任，是证券行业的“老法师”。媒体发现，“真正理解王益的是证券业的人，比如魏东。王益在民营机构中培养最成功、过从甚密的‘大佬’就是涌金的魏东”。

魏东去世后，被冠以“最后的大佬”，这既是“美誉”，却更可能是刻意的掩饰，只要江湖还在，那份名单就在，“大佬”便绝不可能绝迹。

首富被捕、荣家谢幕、股市大鳄坠楼，2008 年的中国企业界乱云飞渡。不过在这一年，最具象征性也最轰动的事件却还不是这一些，它发生在 9 月的奶制品行业。

几乎是在一夜之间，全国民众记住了一个拗口的化学名词——三聚氰胺，并在其后的年份里，影响了人们对国货质量的信赖。

中国奶制品业的提速扩张出现在 90 年代中期之后，从 1998 年至 2007 年，中国人均牛奶消耗量从 5.3 公斤提升至 27.9 公斤，乳业的工业生产总值从 120 亿元增至 1 300 亿元，成为食品行业中成长最快的领域。

与国际乳业发展模式不同的是，我们走了一条“人民战争”的路线，即由企业把奶牛“送”给郊区农户，农户则用牛奶分期付款，最终获得奶牛所有权。这个模式的优点，是乳品企业无须支付奶牛养殖成本，无须支付牧场扩大时庞大的征地成本，却可依靠“人民战争”将奶源产量迅速放大。在全国首创这一“奶牛下乡，牛奶进城”模式的是1942年出生的田文华。她由奶牛接生员起步，数十年浸淫乳业，把一家生产合作社发展为华北最大的奶粉企业三鹿集团，连续十一年蝉联全国行业第一。田文华成为全国知名度最高的女企业家之一，并享受国务院特殊津贴。

进入2005年之后，内蒙古地区的伊利、蒙牛等乳业公司崛起，它们纷纷进入河北，与三鹿激烈争夺奶农，奶源由买方市场进入卖方市场，奶站与奶企的话事权易位。在实际运作中，三鹿事实上再也无法像过去一样严格监管奶站。

与此同时，利欲熏心的奶站在供应给乳厂的奶源中添加三聚氰胺。这是一种无味的白色单斜晶体化学物质，分子式显示其含氮量高达66%。添加了这种化学物质的牛奶，含氮量立即大幅上升，从而使其蛋白质含量“虚高”。后遗症则是，婴儿食用了添加三聚氰胺的奶粉后，将罹患肾结石病，严重者可能危及生命。

早在2005年，中国奶业协会的专家就私下警告相关奶企公司，有公司业务人员跟奶站联合造假，往原奶中添加蛋白粉、水、乳清粉等物质，“对方顾左右而言他”。之后，深圳奶业协会也曾委托中国奶协以书面形式向蒙牛、三鹿等提出警告，亦未获回应，“这位专家当即意识到，奶企迟早会出大事”。

2007年12月，三鹿集团即接到家属投诉，宣称食用三鹿奶粉的婴儿患上了“双肾多发性结石”和“输尿管结石”病症。三鹿集团火速展开危机公关，多方斡旋，“摆平”此事。在不久后，国家质检总局对婴儿奶粉产品质量进行专项抽查，在公布的国内30家具有健全的企业质量保证体系的奶粉生产企业名单中，三鹿集团列于首位。

事件被曝光是在2008年的9月9日，上海《东方早报》顶着巨大的压力，在当天的头版头条发表记者简光洲的新闻稿《甘肃14名婴儿同患肾病　疑因喝“三鹿”奶粉所致》，将这一行业丑闻公之于世，并明确地点名三鹿。

这篇报道迅速引起全国愤怒，在上海的报刊亭里，刊发此文的《东方早报》与“每天一斤奶，强壮中国人”的奶企广告并行而贴，充满了极度的讽刺。

7天后的9月16日，国家质检总局通报全国婴幼儿奶粉三聚氰胺含量抽检结果，被抽检的百余家奶粉企业中，有22家企业69批次产品均检出含量不同的三聚氰胺，三鹿、伊利、蒙牛、雅士利、圣元、南山等国内知名企业均未幸免。其中，三鹿集团的所有产品均检测出三聚氰胺，含量超出卫生部公布的“人体耐受量”40倍，令人发指。同日，66岁的田文华遭河北警方刑事拘留。

两天后，中国香港的食品安全中心，相继在内地相关企业生产的雪糕、奶糖、蛋糕中检测出三聚氰胺；新加坡农业粮食与兽医局，亦在从中国上海进口的“大白兔”奶糖中检测出三聚氰胺。

▲ 漫画：田文华在受审庭上流泪悔罪

“毒奶粉”蔓延为国际关注的恶性事件。

9月22日，卫生部公布调查结果，因食用含三聚氰胺的奶粉，导致全国共29万多名婴幼儿出现泌尿系统异常，住院婴幼儿1万余人，官方确认6例患儿死亡。同日，国家质检总局局长李长江引咎辞职。2009年2月，三鹿集团破产，田文华被判无期徒刑。

三聚氰胺事件彻底摧毁了民众对国产奶粉的信心。在后来的十年里，去海外为自己的孩子购买奶粉，成为几乎所有中产家庭的“负责任行为”。在海淘商品中，奶粉一直名列前三，2013 年 3 月，为限制抢购奶粉，香港特区甚至颁布“奶粉限购法令”，规定离开香港的 16 岁以上人士每人每天不得携带超过两罐婴儿配方奶粉，违例者最高可被罚款 50 万港元及监禁两年。

很多年后回望 2008 年，它大概是当代世界政治经济史的一个转折时刻。[①]

自第二次世界大战之后，全球化是推动经济增长的最主要方式，麦克卢汉把世界描绘为一个“地球村”，乐观的托马斯·弗里德曼甚至认为互联网将让世界变平，从 1950 年到 2007 年，全球贸易额增长了两百多倍，而中国的改革开放无疑是全球化神话的标本。[②]可是，华尔街的金融危机让全球化的步伐戛然而止，从 2008 年开始，全球贸易陷入长期低迷。从此之后的十年间，通货紧缩的魔咒困扰各国领导人，贸易保护主义重新张开了它的黑色翅膀。[③]

11 月，美国诞生了第一位黑皮肤的总统奥巴马，他的竞选口号是“改变，就是我们的信念”（Change: We Can Believe In），而至于奥巴马要改变什么，到他上任就职的时候还是一个谜。

---

① 2008 年 10 月 31 日，一名叫“中本聪”（Satoshi Nakamoto）的人在一个密码学邮件群组中发出电子邮件，宣称“我一直在研究一个新的电子现金系统，这完全是点对点的，无需任何可信的第三方”，他创立了一个以区块链为底层技术，以比特币为交易货币的新体系。有人认为这是下一代的互联网和金融模式。

② 据世界贸易组织的数据，1950 年全球贸易总额为 603 亿美元，到 2007 年，增至 13.6 万亿美元。57 年间，增加 224 倍，年复合增长率为 9.97%。

③ 据世界贸易组织的数据，2008 年全球贸易额增长 4%，2009 年下降 9%，2010 年增长 13.5%，2011 年增长 5%，2012 年增长 3.7%，2013 年增长 2.5%，2014 年增长 2.8%，2015 年增长 2.7%，远低于之前的五十多年。

越是在艰难的时刻，世界对中国的态度就越是矛盾。这个正在成长中的新巨人，看上去像是一个被问题纠缠的线团，有人担心它会成为下一次全球经济危机的导火索，同时也有人认为它才是把世界拽出衰退深渊的救命绳子。

《经济学人》在3月的一篇报道中抱怨说："怎么去描述现在中国对于商品的饥渴程度都不会显得夸张。中国的人口约占世界人口的五分之一，然而这些人口却如饥似渴地消耗着世界二分之一的猪肉，二分之一的水泥，三分之一的钢材，超过四分之一的铝材。自从2000年以来，中国已经吞噬了世界铜材供应增加量的五分之四。"①

然而，这家杂志也承认，在全球经济徘徊不前的今天，中国对于商品无止境的"胃口"是鼓舞人心的。"石油的价格在节节攀升，其原因就是来自像中国这样的发展中国家对于石油不断增长的需求。中国对于各种原材料需求的快速增长则给务农者、开矿者和采油者提供了一个巨大的'金矿'，而类似于'牛市'或者'周期性高涨'这样的描述词句看上去已经不符合当前的情况了，所以，银行家们自己发明了一个新词：超循环。"

如果说，《经济学人》的观察是即景式的和充斥了西方的视角，那么，也有人试图用更长远的、制度的角度来诠释中国的三十年。

就在北京奥运会举办的一个月前，7月初，98岁的罗纳德·科斯拿出自己一半的诺贝尔经济学奖奖金，用于召开一次关于中国改革的学术研讨会。

科斯是新制度经济学的创始人，因在产权理论上的开创性贡献而获得1991年的诺贝尔经济学奖。科斯从来没有到过中国，然而他对这个东方国家的变革却充满了极大的好奇。早在1981年，正是在他的鼓励下，同在芝加哥大学任教的张五常回到香港，近距离地观察中国的改革。1988年，科斯在给中国经济学家盛洪的一封信中写道："对中国正在发生和已经发生

---

① "The New Colonialists", *The Economist,* Mar 13, 2008.

的事情的研究和理解，将会极大地帮助我们改进和丰富我们关于制度结构对经济体系运转的影响的分析。”

7月的芝加哥论坛的主题为“中国经济体制改革30年”，科斯邀请了他的老朋友蒙代尔、诺斯、福格尔等三位诺奖得主与会。北大的经济学家周其仁教授发表了“邓小平做对了什么”的长篇演讲，张五常因官司在身，只能以论文的形式参与讨论，它后来以《中国的经济制度》为书名出版。

科斯认为，中国的改革开放，无疑是“二战”之后“最为伟大的经济改革计划”，而且，在未来的十多年内，中国经济规模超过美国，将是一个大概率事件。不过，他也认为，中国的经济经验有其非常独特的地方，在经典经济学的意义上，是“人类行为的意外后果”。他进而提醒说：“如今中国经济面临的一个重要问题是缺乏思想市场——这是中国经济诸多弊端和险象丛生的根源。”

在五天论坛的最后演讲环节，年迈的科斯深情地说：“中国的奋斗，便是人类的奋斗，我将长眠，祝福中国。”

芝加哥会议之后，科斯意犹未尽，决意专著一书，研究中国改革。据他的学术助理王宁回忆：“当时，老先生住芝加哥，我在凤凰城，相距两千多公里。我每写好一章，快递给老先生——他不用电脑，更没有电邮。老

▲ 罗纳德 · 科斯和他的《变革中国》

先生仔细审阅每一行，做修改和补充。我们几乎每天都在电话中讨论文稿。我每一个月飞赴芝加哥，短住两三天，和老先生面对面交流。在寒暑假，则可多停留数日。我们从 2008 年夏开始写作，一直持续到 2011 年年底。每一章都反复讨论，修改。”[①]

就在这段“最后的写作”期间，科斯经历了丧妻之痛。2012 年年底，这部名为《变革中国》的著作出版。10 个月后，102 岁的科斯去世。

① 《变革中国》，[美] 罗纳德 · 哈里 · 科斯、王宁著，中信出版社，2013 年。

汶川地震发生后，陈光标是第一批赶到现场的企业家之一。他带领一支由120名操作手和60台大型机械组成的救援队，驰援灾区。据报道，“他亲自抱、背、抬出200多人，救活14人，还向地震灾区捐赠款物过亿元”。[①]年底，他被授予“全国抗震救灾英雄模范”，并当选中央电视台年度经济人物。

在后来的十年里，他一直以“中国首善”的形象出现，却因种种戏剧性行为引发了巨大的争议。

陈光标出生于江苏北部一个农村家庭，在他四岁的时候，一个哥哥和一个姐姐因为家庭极度贫困，先后饿死。1997年，29岁的陈光标创办了一家医疗器械公司，他发明了一台“跨世纪家庭CT仪”，“患者只要手握仪器的两个电极，就能在显示器上直观地看到自己身体哪个部位有疾病”。2003年，他创办江苏黄埔再生资源利用有限公司。《福布斯》曾估计陈光标的个人净资产为7.4亿美元，不过，他从来没有公布过黄埔再生的经营业绩。

他应该是一个心地善良的人，至少是一个竭力试图以慈善来自我呈现的人。从创业的第一年起，就有记录显示，他捐款帮助白血病患者。在后来的一些年里，每当有灾害性事件发生的时候，譬如2003年的“非典”、2004年的东南亚海啸，总能看到他的身影。汶川救援让他成为一个全国知名的新闻人物。

在中国社会，“富人”一直是一个贬义词，“为富不仁”“杀富济贫”这些成语均无前缀，似乎是顺理成章的定义。改革开放以来，“先富起来”的那部分人——一开始被称为暴发户，后来被叫作企业家——与公民社会的

① 中国新闻网，“在巨富中死去是一种耻辱——‘中国首善’陈光标谈慈善赈灾”，2008年6月18日。

关系，以及他们所应当承担的社会责任，是一个没有被认真讨论并达成共识的命题。出身于赤贫家庭的陈光标决意用行动，塑造一个现代企业家的公益形象。但是，他的一系列慈善行为似乎让这个话题变得更加扑朔复杂。

2010年1月，陈光标用10万元人民币捆成一块“墙砖”，一面墙一共330块，共计3 300万元。他宣称这是即将捐献的善款。后来的几年，他先后6次以这样的方式，表达自己的捐款决心，最多的一次动用了16吨人民币。

2011年1月，陈光标飞赴台湾，进行“行善感恩之旅”。他到南投、桃园、花莲、高雄等地，在大马路上给“贫困的台湾民众”发现金红包，一时引起两岸极大的争议。

2012年3月5日，是学雷锋纪念日，陈光标专门拍了一组身穿军大衣、头戴绿军帽、手持冲锋枪的照片。他曾对澎湃新闻的记者说：“雷锋就是我心中的佛，我跟雷锋的最大的差距就是，我缺一个毛主席的题字。”

▲ 身穿军大衣、头戴绿军帽、手持冲锋枪的陈光标

2014年1月，陈光标宣布将出价10亿美元收购《纽约时报》。他撰文说，“《纽约时报》的传统和作风，让他们很难对中国做出客观公正的新闻报道和评论分析。倘若我们能收购它，则可以推动其风气发生改变”。他专门飞到美国，在《纽约时报》和《华尔街日报》上刊登广告，宣布将寻找1 000名穷人及流浪汉，在纽约中央公园为他们提供午餐并发放300美元的红包。回国后，陈光标还飞到辽宁抚顺，在雷锋墓前献上《纽约时报》等外媒报纸，

“来向雷锋叔叔汇报美国之行的成果”。[①]

在纽约期间，陈光标还接受了来自“中国全球合作基金会”颁发的一张表扬状，以联合国的名义，授予其“世界首善”的荣誉称号。很快，联合国的官方微博委婉辟谣：证书上的“united nation”少写了表示复数的“s”。

陈光标似乎有自带喜感的表演天赋，每隔一段时间，他总能以出人意料的行动引起人们褒贬不一的关注。2011年，陈光标宣布为了倡导低碳生活，全家都已经“改名”，他改名为“陈低碳”，太太张婷改名“张绿色”，两个儿子分别改名“陈环保”“陈环境”。两年后，为了号召大家节约粮食和水电，春节、婚礼不放鞭炮，他又申请改名“陈光盘”。

2016年，陈光标成立“天杞园微商创富中心”，宣布：“要在两年内，通过微商事业，培养100个亿元微商、1万个千万微商，10万个百万微商……我的平台很大，跟着我做微商，发财的机会更大！”也是在这一时期，《财新周刊》记者历时近一年，对陈光标的商业和慈善事业进行了深度调查。

在口述自传体《高调的中国首善——陈光标传》一书中，陈光标自称江苏黄埔再生公司2009年营业收入是103亿元，净利润4.1亿元。而工商资料中的年检报告显示，从2003年到2010年，江苏黄埔的税后利润均为负数，2012年全年净利润18万元多，年末负债超过1亿元。2016年8月，黄埔再生公司遭到警方突击检查，被搜出170枚假公章。

陈光标声称历年捐款额超过20亿元，然而，这一数据一直备受质疑。经《财新周刊》记者的调查，“陈光标捐资建学校几乎不存在；给官方慈善机构的捐赠，很多进行了重复计算，或者由其自行执行，慈善机构拒绝为其出具发票背书；他多次直接发放现金的公开作秀，实质金额大量注水，而且涉嫌违法募资；而他号称捐建的公共设施，经查证，曾经或一直为其自用并牟利”。

---

① 《辽沈晚报》，“陈光标向雷锋汇报美国慈善行”，2014年7月1日。

对于《财新周刊》的指控，陈光标宣称“伪造公章事宜，之前对此毫不知情”。他向法院起诉杂志，要求索赔100万元。

在长达十年的时间里，陈光标一直被争议缠绕，迄今未歇。

他的种种行善之举，看上去并无恶意，但一次次地混淆了人们对企业家慈善的认知。从“亿元钱墙”、数度改名乃至去台湾和美国“发红包”，他让公共社会不但没有感受到慈善本意中的慈悲与舍得，反而从中体味到了金钱的恶俗和反现代性。

在这个意义上，他的“中国首善”头衔进一步加重了人们对企业家群体的误读。

2009 V形反弹的代价

如果有一天，我老无所依，请把我留在，那时光里；
如果有一天，我悄然离去，请我把埋在，这春天里。

——汪峰，《春天里》

吴英一脸惊恐地站在被告席上，时不时地四处张望，像一只掉进了陷阱的母狐狸。她只有 28 岁，长着一张胖胖的娃娃脸，两粒特别明亮的黑眼珠泄露了她与生俱来的精明。这位技校肄业的东阳农村女子，此刻身系一个阶层的所有目光。

这是一个完全没有背景的乡下小女子，1981 年出生于东阳歌山镇西宅村，18 岁到美容店当学徒，24 岁在东阳市区经营一家理发休闲屋。但是，在接下来的短短两年多时间里，她突然成为东阳城里最风光的女老板，先后开出商贸、洗业、广告、酒店、电脑网络、装饰材料、婚庆服务及物流等十多家公司，甚至在城里最繁华的街道上一口气吃下 50 家店铺。2006 年，胡润发布中国女富豪榜，吴英以 38 亿元资产名列第六位。

后来法院提供的事实显示，她是浙江民间借贷市场的新入局者。从2005年开始，吴英通过7位下线——其中一人曾当过义乌市文化局文化稽查中队队长——向数百人吸贷，总计金额7.7亿元，刚开始时，利率在18%左右，后来越滚越高，最高息曾达三个月100%。2006年年底，吴英遭借款人胁迫绑架。三个月后，以涉嫌非法吸收公众存款罪名，被东阳市公安局刑事拘留。

▲ 吴英在庭审现场

2009年4月16日，吴英案一审开庭，经数月审讯，12月，金华市中级人民法院以集资诈骗罪，一审判处其死刑。

在过往的很多年里，吴英式案件在东南沿海一再出现。自20世纪80年代中后期起，江浙、福建等地的民间金融活动从来就没有停止过。对于这种民间的非正规资金借贷活动，国家一方面严厉禁止，大多以死罪处置，另一方面却又对如何加大私人企业的金融服务束手无策。就在刚刚过去的2008年，一个绰号“小姑娘”的丽水女子杜益敏被执行死刑。她早年在丽水市经营美容店，后来从事地下融资生意，非法集资7亿元，其情节几乎与吴英案如出一辙。

然而在整个2009年，一直到其后的几年里，围绕吴英案发生了激烈的民间请命和抗辩之声，这是之前从来没有出现过的景象。

全国人大代表、义乌籍女企业家周晓光连续两年提交议案，呼吁制定《民间借贷法》。根据她的估算，沿海农村地区的民间借贷规模超过1万亿元，若以一个“庄头”运作1亿元来计算，那么就起码活跃着一万个“吴英”。“许多民营中小企业、个体工商户受资信条件、抵押担保等限制，很难从银行申请到贷款。民间借贷一般以人际关系为基础，大部分只打借条，利率口头协商或随行就市，期限大多不确定。”①

著名大律师、八旬老人张思之也参与到吴英案的讨论中。他在一份致最高人民法院大法官的公开信中表达了两个观点：其一，吴英所集资金大多流入当地实体领域，属合法经营范畴，故无诈骗之行为；其二，“纵观金融市场呈现的复杂现状，解决之道在于开放市场，建立自由、合理的金融制度，断无依恃死刑维系金融垄断的道理”。

很显然，无论是在周晓光的提案里，还是在张思之的公开信里，吴英案都被符号化了，对她的讨论渐渐地从具体案情中抽离出来，成为民营企业家阶层对自身金融安全担忧的体现，以及对金融市场开放的呼吁。吴英本人则如一块小石子投入江河，它所溅起的涟漪扩散为一种强烈的民间情绪。

任何制度的创新，都很少是一厢情愿的，绝大多数竟是博弈的结果，在未来几年内，以金融市场化为主轴的变革将在曲折中小心地前行。而在当前，最重要的事情无疑是如何防止中国经济急速地下坠。在这个时刻，学界发生了激烈的意见对立。

经济学家吴敬琏不太赞同外延式投资的拯救方案，而是寄希望于体制及要素改革。对于信贷松动的呼声，他警告说：“从发票子到物价涨，有一个时间的滞后期，按西方的说法起码是八个月，发票子的时候，高兴得不得了，说是空前繁荣，等到物价涨的时候怎么办？”② 3月3日，吴敬琏在

① 全国工商联发布的《我国中小企业发展调查报告》(2012) 显示，90%以上受调查的民营中小企业表示，实际上无法从银行获得贷款，民营企业在过去3年中有62.3%的融资来自民间借贷。

② 《吴敬琏传：一个中国经济学家的肖像》，吴晓波著，中信出版社，2010年。

《经济观察报》上撰文《如何定位政府与市场的边界》。这位对政策设计十分娴熟的老学者警告说："在中国，人们常常把宏观经济管理（宏观调控）和政府对经济活动的微观干预混为一谈。假宏观调控之名，行微观干预之实，实际上等于复辟命令经济。这不但会造成资源的错误配置和损害经济的活动，还会带来强化寻租环境、使腐败活动泛滥等恶果。这是必须坚决制止的。"

后来的事实表明，他的观点并未被采纳，而他所警告的景象却不幸发生。一直到 2015 年前后，政界及学界对 2009 年的政府拯救行动仍然褒贬不一，成了一桩历史公案。

在温家宝总理看来，当危机突发之际，信心比黄金更重要，而要激发信心，则首先必须把黄金亮出来，撒出去。

中国的印钞机开始猛烈地运转起来。从 2008 年 11 月起，在中央政府的指示下，五大商业银行开始大举放贷，每月新增贷款呈几何级增长，到 2009 年 3 月放出空前的 1.89 万亿元天量。从 2008 年年底到 2009 年 6 月的 8 个月中，新增放贷总量近 8 万亿元，掀起了一个炙热的投资狂潮。与中国非常类似的是，美国的印钞速度也毫不逊色。2009 年 3 月，美联储宣布向市场投放 1.15 万亿美元，用于购买银行手中的有毒资产。美联储主席伯南克声称，为了提振消费，他愿意开着直升机去撒美元。经济学家保罗·克鲁格曼则更夸张，他在自己的专栏中写道："我们也许需要捏造外星人入侵的威胁，这样才能增加防御外星人的开支。"

与此同时，一系列非常庞大的产业刺激计划出台。

2008 年 11 月 9 日，中央政府宣布将强力启动拉抬内需计划，两年内扩张投资 4 万亿元，是为日后非常著名的"四万亿计划"。2009 年 1 月 14 日，国务院常务会议审议并通过了第一个重大产业——钢铁产业的调整振兴规划，提出"控制总量、淘汰落后、联合重组、技术改造、优化布局"的战略主张，以推动钢铁产业由大变强。在后来的一个多月里，国务院先后密集完成了汽车、船舶、石化、纺织、轻工、有色金属、装备制造业、电子信息，以及物流业等十个重点产业的调整和振兴规划的编制工作，是为“十大产业振兴计划”。

在资本市场上，最大的举措是加快了创业板的开板进度。创业板已筹备多年，但高层一直犹豫不决。10 月 23 日，深交所举办创业板开板启动仪式，首批上市的 28 家公司，平均市盈率为 56.7 倍，远高于全部A股市盈率以及中小板的市盈率。

“四万亿计划”、“十大产业振兴计划”和创业板的推出，互为勾连呼应，以极其激进的姿态构成了 2009 年中国经济的新基本面。在政策的强力刺激之下，7 月，国内生产总值的增速已经高出过去三十年的平均增速。国家统计局局长马建堂宣布，中国已经在世界率先实现“国民经济总体回升向好”。观察家们惊呼，中国经济“风景这边独好”，走出了一条V形反弹曲线。

“令人震惊的反弹。”《经济学人》杂志在 8 月的封面报道中，以此为标题描述中国经济的表现。它写道：“西方国家的经济看起来还很疲软，很多经济数据仍在下跌中，尽管今年二季度美国经济开始增长，消费者支出还是萎靡不振。然而越来越脱钩于西方消费习惯的亚洲经济增长迅猛……一些不太可能被做手脚的指标证实了中国经济是在强势反弹。截至今年 7 月，工业产出增长了 11%；去年猛跌的发电量再次增长；而且汽车销售量比一年前增加了 70%。”①

在所有实体产业中，2009 年，最值得记录的是汽车。在这一年，中国的汽车产销量达到 1 364 万辆，一举超过美国。在过去一百年的现代工业史上，这可是从来没有发生过的事件。

汽车被称为工业文明桂冠上的明珠，它的制造链涉及 70 多个行业，是产业配套要求最高，同时也是对制造及消费经济拉动最大的产业。1908

① “An Astonishing Rebound”, *The Economist,* Aug 13, 2009.

年，亨利·福特在底特律生产出世界上第一辆属于普通百姓的汽车——T型车，世界汽车工业革命就此开始。自1910年起，美国大力发展汽车业，在短短的二十年时间里，把汽车产量从18万辆增加到533万辆，从而成为“车轮上的国家”。在此后的一个世纪里，从来没有哪个国家在汽车领域能够挑战美国，底特律更是成为世界汽车工业之都。

在本轮金融危机中，美国汽车产业遭遇史上最惨重的挫败，底特律的三大汽车公司裁员14万人，愁云满城。2009年6月，美国第一大汽车制造商通用汽车向法院申请破产保护，在冗长的受难者名单中又增加了一个显赫的名字。通用汽车曾在广告中自称为“美国的心脏”，其旗下品牌一度占据国内汽车市场份额的半数以上，它的沦落代表着一个时代的结束。[①]

“谁将拯救美国的汽车产业？”很多人开始焦虑地讨论这个问题。今年夏天，新上任的奥巴马总统决定亲自考察汽车业，有意思的是，他没有去乌云压顶的底特律，而是飞到阳光明媚的硅谷，参观了一家叫特斯拉的电动汽车公司。在这里，38岁的埃隆·马斯克让他相信，也许他会是下一个拯救者。在离开后，奥巴马批准能源部发给特斯拉4.65亿美元的政府低息贷款。

马斯克与汽车几乎沾不到一点边，他是一个荷尔蒙无比充沛的互联网创业者，曾创办在线内容出版软件Zip2、电子支付X.com和国际贸易支付工具PayPal，还投资1亿美元创办太空探索技术公司SpaceX。在遍地都是冒险家的硅谷，他以擅长编织梦想著称，并让人相信梦想能够成真。2004年，马斯克突发奇想，收购陷入困境的特斯拉，试图抛开传统的发动机、变速箱和离合器，打造一辆纯电动的“互联网汽车”。在后来的几年里，硅谷替代底特律成为新能源汽车革命的策源地，而马斯克也被看成是

---

① 底特律危机一直要持续到2013年。这年的12月，美国联邦法院做出裁决，批准底特律市正式宣告破产。它成为美国历史上规模最大的破产城市，负债超过180亿美元。

激荡十年，水大鱼大

中国企业

2008—2018

吴晓波　著

2008

商业事件

- 中国进出口增速突然“跳水”
- 房产销售先跌后涨，出现“反向拐点”
- 飞跃集团提出破产申请
- 三聚氰胺事件爆发，三鹿集团破产
- 国美黄光裕被捕
- 中信泰富回归央企
- 第 29 届夏季奥运会在北京举办
- 中国大面积出现特大暴雪
- 四川汶川地区发生里氏 8 级强震

政策背景

- 《劳动合同法》全面施行
- 《企业所得税法（草案）》颁布
- 个人购房税、费、贷齐降
- “四万亿计划”启动
- “家电下乡”计划推出
- “保八”成为热词

国际背景

- 雷曼兄弟申请破产保护，次贷危机扩散为全球金融危机
- 一个以比特币为交易货币的新体系建立
- 美国诞生第一位黑人总统奥巴马

2009

商业事件

- 创业板开板
- 吉利收购沃尔沃
- “吴英案”开庭
- 中国互联网由新闻门户时代向 BAT 时代转轨
- 淘宝商城“双 11”交易额突破 5200 万元

政策背景

- “十大产业振兴计划”提出

国际背景

- 通用汽车申请破产保护

2010

商业事件

- 中国成为世界第二大经济体
- 中国成为“制造第一大国”
- 大规模基建投资致外汇储备激增，房产农副产品价格暴涨
- “富士康十三跳”事件
- 国美股权纠纷
- 谷歌退出中国市场
- 3Q 大战爆发
- 新浪微博注册用户突破 5000 万人
- “凡客体”流行

政策背景

- 中国境内所有企业统一税制
- 国务院发布“新 36 条”

国际背景

- 苹果推出平板电脑 iPad，移动互联网时代到来
- 希腊债务危机

"钢铁侠"式的新一代美国英雄。[1]

▲ 埃隆 · 马斯克与特斯拉

在中国，一位与马斯克一样的"疯子"，也开始实施一个近乎疯狂的计划。

就在通用汽车申请破产的1个月后，2009年7月，李书福在北京的饭局上，向一位相熟的媒体主编透露，吉利向福特汽车公司递交了一份具有法律约束力的标书："告诉你吧，我们要收购沃尔沃了。"主编脱口而出说："老李，你这个新闻炒作好像整得大了点。"

在过去的几年里，草根出身的李书福一直是一个笑话般的存在，他发明的最大笑料是认为造汽车是一件很容易的事情："不就是四个轮子加两张沙发吗？"在公开场合上，他总能不苟言笑地讲得大家哄堂大笑，是一个难得的、来自南方的相声大师。两年前，他获评浙江十大年度经济人物之一。在电视颁奖晚会上，当主持人喊到他的名字的时候，他以非常缓慢的步伐上台领奖，主持人问他出什么事了，他一脸茫然地说，导演让我走得慢一点，好让镜头拍得清楚些。在刚刚过去的2008年，吉利汽车销量20万辆，销售额不到百亿，排在国内汽车厂家的第十位，仅高于哈飞和华

① 2010年，特斯拉于纳斯达克上市，是1954年之后唯一的上市汽车公司。2017年4月，年销售量仅7万辆车的特斯拉公司的市值高达527亿美元，超过通用汽车，成为全美市值第一的汽车制造商。

晨。吉利在香港联交所的市值只有两亿美元。[1]

沃尔沃已有 83 年历史，是瑞典最大的轿车公司，在全球汽车品牌中以安全著称，是一个血统纯正的“贵族”。1999 年，美国福特汽车以 64.5 亿美元买入沃尔沃的轿车业务。在本轮金融危机中，福特与通用一样陷入泥潭。2008 年 1 月，在底特律车展期间，李书福通过公关公司安排，争取到与福特汽车CFO（首席财务官）道恩·雷克莱尔见面的机会。两人的交流时间只有半小时，大概花了 28 分钟，翻译才让雷克莱尔弄明白谁是吉利。雷克莱尔问李书福有何高见，后者对翻译说：“告诉他，我要收购沃尔沃。”雷克莱尔的回复只有一句话：“沃尔沃是不打算卖的。”（Volvo is not for sale.）

但是仅仅一年后，形势比人强。在过去的 2008 年，福特全球亏损额达到创纪录的 146 亿美元。其中，沃尔沃运营亏损额为 14.6 亿美元，公司高层被迫做出卖掉沃尔沃的决策。吉利成为参与竞标的三家中国公司之一。

即便在这样的时候，李书福的野心看上去仍然是可笑的。在跌到低谷的 2008 年，沃尔沃仍保持了 35.9 万辆的汽车销量、147 亿美元的销售收入，是一个比吉利大得多的家伙。参与并购案的吉利高管童志远曾担任北京奔驰的中方总经理、总工程师，他问李书福：“你凭什么收购沃尔沃？”李答：“我除了胆儿什么都没有。”

尽管看上去这是一个不可能的交易，可是细细分析，李书福的“赌局”竟也有合理性存在。沃尔沃之所以亏损严重，并被福特认为不得不抛售，是因为在过去的年份里，它忽略了以中国为代表的新兴市场，沃尔沃的市场集中于美国和欧洲，其中美国占 20%，欧洲超过 50%，中国仅为 6%。所以，在这个意义上，除了拥有广袤市场潜能的中国公司，福特几乎不可能找到其他的国际买家。

而在中国的汽车当家人中，没有人有李书福般的胆识和勇气，他像一

① 《汽车“疯子”李书福》，郑作时著，中信出版社，2007 年。

个农村青年一样疯狂追求一位落难的国际电影明星。在此次并购中，李书福还展现了超众的融资和说服能力。俞丽萍是洛希尔财务咨询公司的大中华区主席，这家隶属于罗斯柴尔德家族的咨询机构是此次交易的唯一撮合者，她回忆了陪同李书福去见福特全球总裁艾伦·穆拉利的场景：

穆拉利只给了李书福一个小时的时间，可是他只用五分钟就把吉利介绍完了，这当然不会引起对方任何的兴趣。“我是你的粉丝。”李书福突然说。一直心不在焉地把玩名片的穆拉利很好奇地抬起了头。李书福开始大谈穆拉利在担任波音飞机总裁时的扭亏战绩，他提到了一个离奇的细节，十多年前李书福的第一家汽车公司的名字居然是“四川吉利波音汽车制造有限公司”。“我很崇拜你，所以用了波音当公司名字，波音的人还来找我打官司，所以，应该在十年前，你就知道我了。”穆拉利咧开嘴乐了起来。在接下来的时间里，李书福开始谈他对汽车的理解，以及中国市场对沃尔沃的重要性。

李书福的这种中国式风格，化解了谈判中的很多尴尬。一位吉利高管日后回忆说，李书福总能把出人意料的欢乐带到谈判桌上。一次与工会谈判，现场气氛很紧张，工会代表问李书福：你能不能用三个字形容你为什么比其他竞争者更好？与会的福特高层为李解围：这怎么可能？做不到。第一，李不知道另外的竞争者是谁；第二，三个字怎么讲得清楚？

“我可以。”李书福双手一摊，用蹩脚的英语大声说，“I Love You! ”（我爱你！）工会代表笑颜陡开，气氛顿时缓解。[①]

在与沃尔沃的母国瑞典方面谈判时，李书福表示，如果福特跟沃尔沃是父子关系，那么吉利与沃尔沃则更像兄弟关系。他向当地政府承诺保持沃尔沃四个不变：瑞典哥德堡总部不变，欧洲的产能、生产设施不变，在瑞典的研发中心地位和作用不变，此外，与工会、供应商和经销商签订的

① 《新制造时代：李书福与吉利、沃尔沃的超级制造》，王千马、梁冬梅著，何丹主编，中信出版社，2017 年。

所有协议不变。

在李书福与福特谈判的一年时间里，全球局势持续恶化，福特的报价从40亿美元跌进了20亿美元，幸运之神一直在眷顾固执的李书福。在最后时刻，吉利计划得到了中国银行、建设银行和上海市政府的支持。

2009年10月28日，福特宣布以吉利汽车为首的收购团队成为沃尔沃的优先竞购方。到12月23日，赶在西方圣诞节到来之前，双方正式对外宣布，已就主要商业条款达成一致。吉利以18亿美元的价格对沃尔沃汽车实施100%股权收购，后者变成吉利集团的全资子公司——其实在最后时刻，李书福还是没有筹足钱，福特贷给他2亿美元，以达成交易。吉利所购买的沃尔沃包括品牌、研发体系、营销体系、海外网络、四个工厂（50多万辆产能的生产设施）和高素质人才团队，以及原有的发动机厂、合资的变速箱厂、四驱系统与整个的开发设施。

▲ 李书福和福特汽车公司首席财务官刘易斯·布思（Lewis Booth）握手签约

对于“汽车疯子”李书福来说，一个搏命冒险的结束，意味着下一个更大冒险的开始，他用18亿美元买回来的沃尔沃，是一个苟延残喘的、拥有24亿美元账面资产和35亿美元负债总额的大怪兽。

在北京的记者见面会上，李书福说：“我们要去尝试、实践和探索。如果它是机会，那就是很大的一个机会，但它也很可能是很大的一个灾难。人家干不下去，我们拿过来把它干好。如果我们干不下去，就又会有人家拿去可能就能干好。”曾几何时，他被很多同行看成“小丑”，而此刻的这一番话，却充满了朴素的哲理。

与汽车产业的回暖相比，发生在房地产市场的疯狂景象则更让人印象深刻。很多年后，如果许家印回忆起那段时光的话，应该有着“劫后余生”般的感叹。

这位比李书福年长五岁、同样出身于贫困乡村的河南人，有着符合这个时代的豪赌个性。他在村里开过拖拉机、淘过大粪、当过治安员，20世纪70年代末恢复高考后，他每周靠一筐地瓜面饼和一瓶子盐当口粮，苦读5个月，如愿考入武汉钢铁学院。1992年，在当了十年钢铁工人之后，许家印独身南下广州创业，1995年便涉足当时还毫无暴利特征的房产开发。在后来的二十多年里，许家印以大开大合的手段，逐渐成为南方的地产大佬。

2008年1月8日，恒大通过上百轮竞价，以41亿元取得位于广州员村的绢麻厂地块，这一价格超过标底价近8倍，楼面价约为每平方米1.3万元，是当时广州市排名第二的地王。

让许家印措手不及的是，经济衰退突袭而至。到这一年的6月，绢麻厂附近的楼盘大幅降价促销，带装修的新房每平方米售价降到1.35万元，直逼恒大拿地时的毛坯楼面价。依照这样的市场行情，在这块“地王”上盖楼已根本不可能赚钱，多加一块砖都是增加一分亏损。《财新》在一篇《地王褪色》的报道中记录说，按照协议，恒大应在8月前缴清全部土地出让金，可是期限到来时，恒大仅缴纳了约 1.3 亿元土地定金。许家印曾与广州市国土房管局协商退地，并不惜付出罚没定金的代价，可是政府不愿意，因为它也同样陷在困局里。

许家印曾谋求在香港上市，连公告都发了，但在最后时刻功亏一篑，原因是“国际资本市场现时波动不定及市况不明朗”。这段时间里，至少有四家内地房产公司的上市申请遭到联交所的拒绝。为了输血自救，许家印像疯了一样地在香港和深圳到处找人借钱，但吃到的全是闭门羹。9 月，恒大在全国 11 个城市推出 13 个项目，开盘即打八五折，试图迅速回笼资金。很快，有关恒大资金链即将崩断的新闻甚嚣尘上，有媒体称，恒大的负债率已经高达 97%，很多人扳着手指算，许家印肯定过不了 2008 年的冬天。

然而，就在这一时刻，中央政府的印钞机开始启动了。仅仅半年前还无人问津的房子，突然在一夜之间被疯抢。正在生成的货币泡沫造成了民众巨大的贬值心理压力，房子再次成为唯一的抵抗性商品。在这个意义上，如果说信心比黄金更重要，那么，与信心相比，恐惧显然是更大的生产力。

在许家印的记忆中，2009 年的春天也许是他一生中最明媚的一次。

在春节过完之后，全球金融危机寒意正浓，中国的房地产业却率先走出低谷。有关机构公布的第一季度数据显示，全国 30 个重点城市中有 24 个城市的住宅成交面积环比上升，有 10 个城市环比增幅更是超过 50%。

把许家印拉出泥潭的，还有无数双来自银行的大手，不久前还冷眼以待的行长们开始排队请他吃饭。数以万亿计的银行资金徘徊于实体经济门外不敢进入，转而投身与房产公司结盟，在地方政府的默许“共谋”之下，迅猛抬高土地的价格，一场土地争抢战全面爆发。

4 月 29 日，杭州拍出上城区南山路一地块，楼面价超过 4.6 万元/平方米，这是今年叫响的首个“地王”。此后，高价成交的土地在各重点城市遍地开花。土地总价从 10 亿、20 亿级迅速跃升至 40 亿、50 亿级。

在北京，从 5 月到 12 月，“地王”纪录一再被打破。5 月，广渠门外 10 号地被富力地产以 10.22 亿元收入囊中，成为北京实施招拍挂制度以来成交单价最高的土地。6月，广渠路15号地争夺战落下帷幕，最终中化方兴以40.6亿元击败SOHO中国等强敌拍得该地块。7月，大兴黄村19号地被绿地集团以30.25亿元竞得，大兴区楼面单价纪录40分钟内被两次刷新。11月，大龙地产以50.5亿元的价格竞得顺义区一块土地。12月，中建国际联合保利地产以48亿元包揽奥体公园三块土地，远东新地以48.3亿元拿下亦庄新城地块，溢价率高达467%。

▲ 政协委员许家印被记者堵截

年底的数据显示，全中国土地出让金总金额高达1.5万亿元，占到GDP的4.4%，这是前所未见的惊人比例。杭州和上海成为土地出让金超过千亿的两个城市，北京以928亿元排名第三。在卖地浪潮中，一度捉襟见肘的地方财政顿时缓过劲来，绝大多数大中城市的土地出让金占地方财政收入的比例接近五成。[①]

2009年11月5日，恒大地产再次申请在香港联交所挂牌获准，其股票受到热捧，公开发售部分超额46倍。一年前还被看成是“倒霉鬼”的许家印，此时的资产一举飙到422亿元，在《福布斯》中国富豪榜上赫然排名第一，成了当年度的中国首富。若说造化弄人，没有比这个更富戏剧性的了。

---

① 土地财政是最具争议性的经济话题之一。据中国国土资源年报，自2003年至2015年，地方政府的土地出让收入总计25.1万亿元，12年间，每年的出让收入增加了10倍。有学者认为，这是中国经济的“怪胎”，也有学者认为它是“中国奇迹的钥匙”。

根据波士顿咨询公司的报告，中国的网民数量在2009年达到3.84亿，超过了美国和日本网民的总和。而比网民人数更重要的是，此时的中国互联网发生了决定性的变局，由新浪、搜狐和网易“三巨头”所统治的新闻门户时代，向百度、阿里巴巴和腾讯的BAT时代转轨。

作为一家搜索公司，李彦宏的百度在2009年取得了决定性的胜利，而这要归功于它的强悍对手谷歌在中国的退出。

谷歌从2004年起进入中国，2006年1月Google.cn上线，服务器放置在中国，经过几年的努力，逐渐占到了22%的市场份额，与百度成对峙之势。可是在2009年，它突然在监管上面临无法躲避的挑战，经过决策层反复争论，2010年1月15日，谷歌宣布退出中国市场，3月，谷歌关闭了Google.cn。

谷歌的退出，让百度顿时获得一家独大的史诗式机遇，它的市值在2011年几乎翻了一番，一度跃居中国互联网公司第一。而日后来看，这也许是李彦宏备受考验乃至煎熬的开始，从来没有一家伟大的公司是依赖于“保护”而诞生的，过长的“舒适区”让这家公司逐渐失去了进取的野心。

与“幸运”的百度相比，腾讯和阿里巴巴的成长则是血战的结果。在过去的十年里，中国的互联网中心始终在北京，正是随着这两家公司的崛起，华南的深圳和华东的杭州相继成为中国互联网经济的重镇。

在很长时间里，偏居南方的腾讯是一个边缘式的存在，可是到2009年前后，几乎所有来中国考察互联网的美国人，往往最后一站都会南下，飞到深圳考察腾讯公司。这是因为，在一开始的行程安排中并没有这家企业，然而，在每站的访问中，都会不断地有人对他们提及腾讯、腾讯、腾讯。于是，深圳便戏剧性地成为最后的、计划外的一站。

从影响力和数据来看，腾讯也从2009年开始扮演起征服者的角色。

与新浪等门户模式不同，腾讯从一个小小的即时通信工具QQ起家，以令人目眩的迭代速度成为最受网民欢迎的社交工具。程序员出身的马化

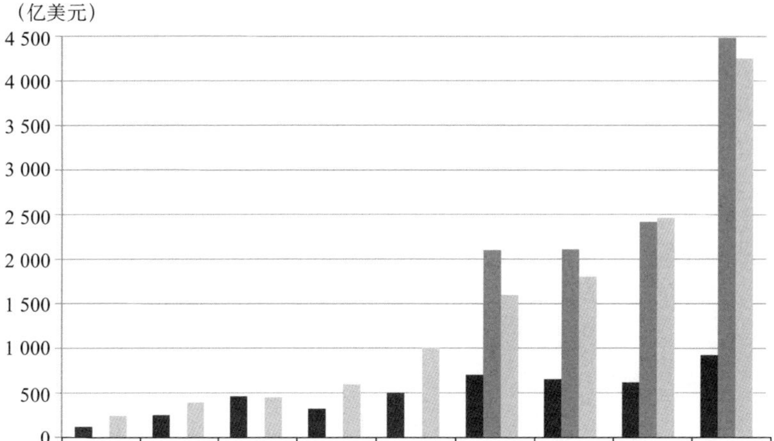

	2009 年	2010 年	2011 年	2012 年	2013 年	2014 年	2015 年	2016 年	2017 年
百度市值	120	250	460	320	500	700	650	615	919
阿里市值	–	–	–	–	–	2 100	2 110	2 416	4 484
腾讯市值	240	390	446	594	1 003	1 600	1 800	2 463	4 256

■ 百度市值　■ 阿里市值　■ 腾讯市值

2009—2017 年BAT市值变化情况

腾是一个产品主义者，他把腾讯的渐进式创新解释为“小步快跑，快速迭代”。这种带有试错特征的理念，是完全不同于制造业的新商业哲学。QQ的“原型”来自以色列人的ICQ，而在后来的几年里，腾讯在此基础上迭代出QQ秀、QQ空间、QQ游戏等产品，极大地拓展了即时通信工具的应用和赢利能力。

尼尔森公司在2009年3月宣告，全世界的互联网用户花在社交网络上的时间第一次超过了使用邮箱的时间，这种新型的沟通方式已变成主流。腾讯在交互设计和虚拟道具上的创新呈现出鲜明的中国特色，有“互联网女皇”之称的摩根士丹利女分析师玛丽·米克在研究报告（2009）中专题研讨了腾讯的赢利模式。在她看来，由虚拟商品——不只是小玩具——所形成的小额付款可以形成大额收入，在这一方面，“中国是世界上虚拟商品货币化的代表和领先者，中国的成功——部分归结于腾讯的成功——表明，‘虚拟商品’很可能意味着巨大的商机”。在那一年的米克报告中，腾讯是唯一被提及的中国互联网公司。

腾讯的另外一个成功来自游戏，在这一年的第二季度，腾讯游戏的营收首次超过盛大，成为新晋的“游戏之王”。在业绩增长的刺激下，腾讯的股价在 2010 年 1 月突破 176.5 港元的新高，市值达到 2 500 亿港元，一举超越雅虎，成为继谷歌、亚马逊之后的全球第三大互联网公司。[①]

在BAT新三巨头之中，2009 年的阿里巴巴却要艰难得多。它的B2B（企业对企业）业务因为受到外贸下滑的拖累，陷入增长停滞的局面，公司在香港的股价阴郁不定，而面向国内市场的淘宝业务，在经过了多年的亏损之后，亟待一次集束式的引爆。

2008 年 4 月，饱受假货困扰的马云决定新开一个叫淘宝商城的平台，入驻者均需要证明自己是一家合法的公司。后来的阿里巴巴集团总裁、当时担任淘宝CFO的张勇——他的花名是逍遥子，金庸武侠小说《天龙八部》里一个精擅奇门遁甲之术的侠客——被任命为淘宝商城的总经理。在一年多的时间里，整个B2C（企业对个人）行业处于聋哑阶段，淘宝商城更是发展缓慢，消费者几乎分不清淘宝网与淘宝商城的区别。5 月的一天，张勇与他的伙伴们讨论，似乎可以在秋季搞一个类似美国感恩节大促销的活动，他们为日子的选择想破了头，不知是谁突然提议：

“要不就在 11 月 11 日吧，光棍节，闲着也是闲着，不如忽悠他们上网来购物。”

“光棍节大促销”就这样定下来了。张勇团队开始与商家沟通，希望它们在那一天搞一次促销，全店五折，还要包邮。绝大多数的商家拒绝了他们的建议，最后只有李宁、联想、飞利浦等 27 个商户参加，一个很大

---

① 《腾讯传》，吴晓波著，浙江大学出版社，2017 年。

的品类——家纺企业中的著名品牌全数表示不参加，后来好不容易说动了一家小商户。

11 月 11 日当天，促销活动开始，连张勇本人都不觉得有重要的情况会发生，他一大早就出差去了北京。谁知，当天上午，商户们准备的货就卖得差不多了，很多商家临时到线下补货，甚至出现董事长批条子直接从经销商地面店临时调货到网上卖的现象。张勇回忆说："我们没有想到，商家也没有想到，互联网的聚合力量那么大。"①

到这一天结束的时候，超乎所有人预想，淘宝商城交易额居然突破 5 200 万元，是当时日常交易的 10 倍。惊喜若狂的小伙伴们决定拍照庆祝一下，有人跑去打印机打印了好几张"0"，当大家站成一排的时候，数来数去少打了一张"0"，就从墙上取下一只挂钟来凑数。很多年后，张勇在湖畔大学授课，回望这一段历史时很感慨地说："大部分今天看来成功的所谓战略决策，常常伴随着偶然的被动选择，只不过是决策者、执行者的奋勇向前罢了。"

▲ 淘宝小伙伴拍照庆祝（找到这张图片时，我们数了数，其实并未少"0"。我们猜想，他们大概是太兴奋了）

就这样，中国电商史上的一个标志性事件发生了。"光棍节"十分意外地成了亿万网民的狂欢节日。

① 中国企业家网，"'操盘手'张勇：阿里是如何把双十一做火的"，2014 年 11 月 7 日。

它浑身上下散发出那个时代所有的互联网特质：屌丝自嘲，无论男女都以“光棍”自称；价格低廉，一切商品以低价为最重要的吸睛因素；夸大其词，极尽所能地制造话题和噱头。5 000多万的交易额，相当于国内最大百货商场半个月的营收，在零售界已经引起很大的轰动，可是还是没有人会料到，它仅仅是大颠覆的开始。曾担任过阿里巴巴总裁的卫哲回忆过一个有趣的细节，有一天，他与马云闲聊，马云说：“有一天，淘宝会超过沃尔玛。”卫哲问他：“你知道沃尔玛有多少零售额吗？”马云答：“我不知道，但是我们肯定会超过沃尔玛。”

“你们说说看，我们手上真的已经没有牌了吗？”就在张勇与他的伙伴们手忙脚乱地策划“光棍节”的5月，另一拨比他们更焦头烂额的互联网人正在成都开战略闭门会，新浪CEO（首席执行官）曹国伟语调低沉地问他的同僚们，喜欢讲冷笑话的总编辑陈彤坐在旁边支臂不语。

互联网社交的兴起是从2004年左右开始的，新闻集团董事长默多克在2005年的一次演讲中指出：“年轻人不会等待某个神圣的数据来告诉他们什么东西是重要的，他们想控制他们的媒体而不是被媒体控制。”当几乎所有人都看到了这一趋势的时候，所不同的是，每个人都会选择不同的道路。中国的三大新闻门户都选择了博客模式，其中尤以新浪最为积极，取得的成就也最大。到2006年中期，新浪博客的活跃用户超过2 000万，全面替代门户类频道成为新的用户入口。可是，商业模式上的先天缺陷，却让用户积累价值无法兑现。这使得三大门户在社交化转型上陷入歧途，直接导致了门户时代的终结。

2006年6月，埃文·威廉姆斯和杰克·多西在美国创办了推特（Twitter），一个只能发送140个英文字母的微型博客。它迅速点燃了那些喜欢分享和表达的人们的热情，他们用碎片化的方式拼接自己的生活，表述自己对世界的看法。在今年，推特的全球用户数超过了4 000万，其中一个叫特朗普的美国地产商人是它的成瘾性拥趸，几乎每天要在自己的推特上发表十几条夸夸其谈的评论，其话题无所不及，其言论怪诞出位，那时谁也不会料到，这将是下一届的美国总统。

第一个被推特模式吸引的是一个叫王兴的归国创业者，他于2007年5月12日推出了饭否网。在后来的两年里，饭否网的用户增加到了百万级。

在2009年5月的成都战略会上，新浪高层在脸书和推特之间发生了激烈的模式之争。当时新浪的战略更偏向做成脸书式的平台，但大家很清楚，这对于新浪来说，不论是技术还是既有优势都不太靠谱，况且已有腾讯的QQ空间如大山一样地横亘在那里。而如果走推特模式，则很可能意味着重起炉灶。

最后，曹国伟做出了决策，往推特的方向跑起来，“就本质而言，推特带有媒体的属性，而新浪的优势正在于此，可以凭借这个产品进入社区模式”。而陈彤则提出了不同于推特或饭否网的媒体策略：“我们不能首先去打草根牌，也不可能先去打技术牌，这都不是我们最擅长的。我们的优势就是高端、舆论领袖、明星、各个族群的牛人，以及高收入、高学历、在自己单位有一定地位的人，先把他们抓过来。要根据自己的优势决定打法。”①

2009年7月7日，因为触及敏感性政治事件，王兴的饭否网被关闭，中国的推特追随者突然消失。8月14日，被定名为新浪微博的产品内测上线，8月28日正式公测。在某种意义上，这是中国舆论市场的“革命日”。

在后来的几个月里，陈彤翻开他的电话本，给每一个他认识的名人打电话，恳请他们到新浪来开通自己的微博，而在新浪内部，所有的中高管都被下达了“拉人开博”的指标。一名叫姚晨的二线影星，在9月1日就开通了微博，在新浪的全力推广下，她凭借率真坦诚的个性获得大家喜爱，后来竟成为全球拥有最多粉丝数的“微博女王”。到11月2日，微博

---

① 《南方人物周刊》，“微博搅动的世界”，2010年第45期。

▲“微博女王”姚晨因为强大的影响力，被联合国难民署授予中国亲善大使的头衔

迎来了第100万名用户，接下来的一年里，微博用户出现了指数级的暴增，2010年4月28日突破千万大关，由此成为中国最大的公共舆论场。新浪在社交大战中勇猛地扳回一局。

正如曹国伟所预料的，相比较推特在美国的应用，中国的微博服务更多地体现出对现实的观照。曾经翻译《数字化生存》的媒体观察家胡泳分析说：“媒体在中国的政治生态中从来都不只是一种表达工具，更是一种解决问题的方式。人们习惯了把媒体视作政府的某种组成部分，把媒体当成了青天。媒体成为权力的某种化身正是这种逻辑推演的结果。在正常的国家，人们遇到问题了，有立法系统和民意代表、独立的法院，当然也有媒体。解决问题的方法是多样的，而在中国往往只剩下媒体。”

微博的狂飙崛起，既是战略和策略上的成功，同时也是移动技术迭代的产物。

在2008年年底，受金融危机的刺激，3G牌照提前发放，手机的速度大为提高，由此极大地激发了使用手机上网的用户数量。与此同时，电信运营商为争夺用户，展开了激烈的肉搏战。中国移动宣布，从2009年1月1日起大幅下调现行的GPRS数据流量资费标准，其中包月套餐普遍降幅达三分之二。这些发生在基础设施领域的变化，为新浪微博的普及提供了绝佳的天时地利。

不夸张地说，微博是中国进入移动互联网时代的第一个全民产品。

2009年5月10日，刚刚获得诺贝尔经济学奖的保罗·克鲁格曼飞抵上海。一下飞机，他就受到了超级明星般的待遇，在鲜花簇拥下，他被送进了一家五星级酒店的总统套房。此时正值中国经济触底强劲反弹的时刻，人们非常希望听到这位以敢于预言而著称的学者的见解。然而，当他在一周后离开的时候，几乎得罪了一大半的中国同行和媒体。网易财经专门做了一个送别专题——“克鲁格曼：中国的公敌？”

1953年出生的克鲁格曼少年得志，以研究国际贸易著称。1996年，他是全球经济学家中第一个预言亚洲经济可能爆发金融危机的人，因而暴得大名。2001年，他断言油价将飙涨。2006年，他呼吁关注美国房价潜在的暴涨暴跌风险。2008年，他声称全球经济陷入衰退，但能避免崩溃。此次作为一个受邀而来的客人，克鲁格曼不像他的其他同行一样，说一些台面上的客套话，相反，他对中国经济的反弹及其前景都颇不以为然。

在他看来，中国经济的恢复是虚弱的，官方提供的数据不值得信赖，中国想要通过出口来恢复经济增长是不太可能的，需要马上开始着手经济结构的调整，未来三年将会是中国经济转型或过渡的关键时期。此外，中国可能是一个汇率操纵国，贸易盈余政策肯定会带来很大的贸易紧张，其他国家再也不能容忍中国有这么大的贸易盈余。与尼尔·弗格森提出的“G2”观点不同，克鲁格曼认定当今世界最重要的经济体是美国和欧盟，中国在二十年内无法成为最大的经济体。在被问及人民币的国际化时，他更是直截了当地回答说，在他有生之年大概是看不到的。

克鲁格曼的这些言论激怒了很多中国学者，于是，从上海到北京，再到广州，他一路“舌战群儒”，以致最后得了急性咽喉炎。当他离开的时候，彼此都觉得对方已无可救药。

毋庸讳言的是，克鲁格曼并没有逃脱几乎所有新凯恩斯主义者掉进过的“中国陷阱”：他们往往能精确地诊断出中国的疾病，但是常常给错药方，或者做出与未来截然不同的预言。中国经济——或者说中国民众的忍

▲ 网易“克鲁格曼：中国公敌？”专题页面

耐性，以及集权制度的效率，对于经典意义上的西方经济学家而言，是一个无法定量计算的变数。

当这一年结束的时候，我们看到的宏观数据是这样的：

全年国内生产总值33.5万亿元，比上年增长8.7%。分别来看，一季度增长6.2%，二季度增长7.9%，三季度增长9.1%，四季度增长10.7%，是一条一路飙升的曲线；

广义货币（M2）余额60.6万亿元，比上年末增长27.7%；市场货币流通量（M0）38 246亿元，增长11.8%；金融机构各项贷款余额40.0万亿元，全年增加9.6万亿元——同样是几条一路飙升的曲线。

稍稍有一点经济学常识的人都清楚地发现，2009年的中国增长是靠钱砸出来的。

在这一过程中，最重要的获益者有两个：一是国有大型企业，它们得到了“四万亿计划”和“十大产业振兴计划”中的绝大部分贷款和项目；

另外一个是银行，在这次百年一遇的国际金融危机当中，与欧美银行业受到重创形成鲜明对比的是，中资银行却成了“反周期英雄”，在2008年和2009年，它们分别实现税后利润5 800亿元和6 600亿元，同比增幅超过了30%和15%。

这两年，一种被称为“共享经济”的互联网模式悄然在北美出现。

2008年8月，布莱恩·切斯基在硅谷创办爱彼迎（Airbnb）。它诱导家有空屋的房主把房间挂到网上，提供给那些自助旅行的游客。这被认为是盘活存量资源的绝佳模式。

2008年11月，安德鲁·梅森创办团购网站Groupon。它每天只推出一项折扣很大的商品，限时团购，消费者通过社交网络传播，积累人数，达到商家的参与人数下限后，即可成功团购商品。

今年7月，加利福尼亚大学洛杉矶分校的辍学生——又是一个辍学生——特拉维斯·卡兰尼克创办优步（Uber）。有一次他去巴黎旅行，站在路边久久打不到出租车，突发灵感，想到能否创建一个平台，把司机和乘客用互联网的方式对接起来。

这些模式都有一个共同的特征，就是利用互联网技术彻底抹平了服务供应商与消费者之间的信息不对称，从而缩短了交易的路径，在为消费者提供更便捷和更便宜的服务的同时，颠覆了既有的产业形态。优步在北美和很多国家遭到出租车司机的抵制。

你即将看到的景象是，Groupon和优步将很快在中国出现激进的复制者。

今年的全球电影票房总冠军，是一部叫《2012》的科幻灾难片，它的总投资额高达2亿美元，原本计划在2011年完成上映，可是金融危机突然降临，好莱坞自然不肯放过这一把赚钱的机会。

据说，在玛雅人的预言里，2012年将是世界末日。《2012》讲述的是一位父亲带着孩子去黄石公园度假，却发现曾有美好回忆的湖泊已经干涸。第二天灾难发生了，强烈的地震伴随大量陨石的坠落，让熟悉的家园变成了人间炼狱。在地球上的其他地方，各种各样的自然灾害也以前所未有的规模爆发。最后，在父亲的带领下，一家人经历生死考验之后终于到达了一个逃离灾难的方舟基地。

在中国，《2012》以4.66亿元票房勇夺年度冠军。而在放映过程中，最让观众津津乐道的一个话题是，好莱坞导演居然把方舟的制造基地放在了东方的中国。

为什么？答案有三个：

中国是全球第一的制造业大国，不在这里，在哪里？

中国有全球最多的廉价劳动力，不在这里，在哪里？

中国是全球电影票房增长最快的市场，不在这里，在哪里？

在2009年的胡润富豪榜上，樊建川以15亿元的资产名列第698位，在四川省排名第27位。而此时的他，看上去更像一个不务正业的“高级乞丐”，他的财富在过去的几年——乃至之后的十年里再无增长，甚至一直在大幅地缩水。

樊建川在成都市大邑县安仁镇建了24座博物馆，收藏文物800万件，其中国家一级文物153件，大多以“抗战”为主题。

樊建川出生于1957年，父母都是军人，他高中毕业后下乡当过知青，后入伍当兵，是连队里的特级射击手。1977年恢复高考，他考入西安政治学院，成为改革开放后的第一批由士兵考入军校的大学生。1987年，樊建川转业回到老家宜宾，在地委政策研究室工作，五年后成为宜宾最年轻的常务副市长。谁料到，就在仕途通达的时候，樊建川辞职下海经商，理由是“薪水实在太低了”。

▲ 樊建川的抗战主题馆之一

1994年，樊建川创办建川房屋开发有限公司，很快成了一个亿万富翁，在成都市最繁华的地段，不仅拥有自建的商品房，还有办公楼、商铺、加油站。他的财富一度多达20亿元，是四川最富的十个人之一。然而，就在这个时候，樊建川的兴趣又发生了转移。

他决定去建中国的第一座抗战博物馆。在他看来，房地产老板多一个不多，少一个不少，可是“收藏记忆，收藏苦难”这件事，必须得有人去做，这个人要有决心，要有血性和韧劲，还得要有钱。他被朋友们称为“樊哈儿”，就是樊傻子的意思。

2005年8月15日，抗战胜利60周年，樊建川用9个月时间建成了五座抗战主题馆。这期间，他日夜吃睡都在工地上，整个人晒得焦黑，困了就在纸板上躺两三个小时。在博物馆的入口处，他树一石碑，上有八字：国人到此低头致敬。

自建馆之后，樊建川几乎把全数精力都投入其中。博物馆不但是一个极度烧钱的事业，其分类收纳更是费人心力。樊建川所感兴趣的藏品，没有一件来自皇家贵族，都是“民间破烂”和败坏的记忆，其中手写资料30吨，书信40万封，日记两万本，像章百万枚，聚集于一地，却可以分明听见一个民族的滴血呐喊和不屈抵抗。

馆中有一面“死”字旗，是四川北川县王者成送给儿子入伍的礼物。一块白色的布，中央一个大大的“死”字，左侧写着：“国难当头，日寇狰狞，国家兴亡，匹夫有分。本欲服役，奈过年龄，幸吾有子，自觉请缨。赐旗一面，时刻随身，伤时拭血，死后裹身。勇往直前，勿忘本分。”抗战时期，300多万川兵死伤泰半，樊建川专门建馆纪念。

建川博物馆群的一块空地上，有一个抗战老兵手印广场，占地3 000平方米，以V字形竖立着百余面玻璃大墙，上面印着5 700个老兵的血红手印，他们曾经扣过扳机、扔过手榴弹，挥舞过决死的大刀。樊建川为此奔波各地，索求印迹，有好几次是冲进太平间，从刚刚咽气的老兵手上，拓下最后的手印。

抗战时期，曾有4 000多名美国军人，牺牲在中国的土地上。为尽可能还原那段历史，樊建川四处收罗美军在中国的痕迹，找到不少当年的资料、航图、仪表等各类物资装备，建成国内唯一的美军对华援助博物馆。馆藏之中，有四把特殊的椅子，是樊建川从云南乡下偶尔搜得，乃是当年“飞虎队”坠毁飞机的遗物。

所建馆群中，最壮观的是中国壮士群雕广场，在一万平方米的偌大广场上，215名中国抗战军人森然肃颜，列阵而立，其中有左权、杨靖宇等共产党人，也有孙立人、刘湘等国民党将领，甚至包括张灵甫、廖耀湘等争议性人物。这个广场曾在媒体上溅起不小的纷议，倔强的樊建川试图以这样的民间方式，重现真实的国民历史。

樊建川建馆，没有要一分钱的国家资金，十多年间投入十多亿元，建成中国规模最大的民间博物馆群。他最希望看到的结果是，不靠政府财政，也不靠别人的施舍和赞助，博物馆就可以自己造血，自己养活自己。在安仁镇上，樊建川办了古玩店、旅游商品店、国民大食堂、阿庆嫂茶馆、青年客栈等，“门票收入不行，我就卖水、饭、旅游品、书、光碟，办夏令营、拓展训练住宿、会议，慢慢把产业链条拉起来，至少在吃喝方面能自食其力了”。

▲ 在机场席地而坐的樊建川

很显然，弃商建馆的樊建川并没有丢掉他的经商头脑，所不同的是，他由一个商业企业家衍变成了社会企业家。在本部企业史上，樊建川并非孤例，有很多获得成功的企业家，在自己的下半场生涯中，退出商界而进入非政府公益组织，把多年的经商智慧用于一个公共性的事业。譬如，招商银行创始人马蔚华退休后出任壹基金理事长，投资人王兵主理爱佑慈善基金会，房产商任志强和冯仑为阿拉善治沙奔波多年。他们的存在，是中国商业美好的重要构成部件。

樊建川出版过一本抗战文物图片资料集，书名为《一个人的抗战》①，这似乎也是这位四川籍企业家的自我期许。

2017 年 8 月，有人在机场拍到樊建川的一张照片，这位年届六旬的亿万富豪光脚坐在地上，斜挎一包，旁若无人地看着手机，真的很像一个百战归来的流浪汉子。

---

① 《一个人的抗战》，樊建川著，中国对外翻译出版公司，2000 年。

2010 超越日本

“岂能因声音微小而不呐喊。”

——自制视频作品《网瘾战争》

19 岁的河南民工马向前从富士康观澜分厂的高楼一跃而下，没有留下任何遗言。这是 2010 年 1 月 23 日的凌晨，星月惨淡。

他在三个月前才刚刚被这家全球最大的代工企业录用，据他同样也在富士康工作的姐姐透露，马向前曾经因为不熟悉工作程序，弄坏了几台设备，因此被车间主管屡屡刁难，在换过好几个部门后，被安排去扫厕所。

在后来的几个月里，先后有 13 位富士康员工跳楼自杀，最年轻者仅 18 岁，是为轰动一时的“富士康十三跳”事件。

富士康由郭台铭创建于 1974 年，从一家注册资金只有 30 万台币的塑料模具厂起家，以“量大低价”和操作标准化为核心战略。郭台铭于 1990 年进

▲ 富士康公司传出多起员工跳楼事件后，郭台铭赶往深圳了解状况

军大陆，利用廉价的劳动力迅速做大，在大陆雇工超过160万人，仅在深圳龙华镇一地，其用工规模就达30万人。

富士康的工厂一直是一个不允许外人进入的“禁区”，迄今没有一位新闻记者获准入内采访或拍摄。2006年6月，《第一财经日报》发表了题为《富士康员工：机器罚你站12小时》的报道，首次披露该工厂普遍存在超时加班现象。富士康认为该报道未经调查核实就妄下结论，起诉报社编委翁宝和撰稿记者王佑，共计索赔名誉损失费3 000万元，并申请冻结了两位媒体人的私人银行账户。这是新中国成立以来索赔金额最大的一起诉记者案。[①]

① 富士康与劳工：2006年6月11日，英国《星期日邮报》在题为《iPod之城》的报道中，披露了富士康深圳代工厂制造iPod所雇用的女工，每天工作15小时，所得月薪却只有27英镑（约合人民币387元）。这篇报道引起全球关注，并促使多家国际性非政府组织发出号召抵制苹果产品。8月18日，苹果公司针对富士康深圳工厂的状况发布了一份报告，内称：调查小组发现，该供应商复杂的工资结构，明显违反了苹果公司的供应商行为准则（Supplier Code of Conduct）的相关要求，部分员工平均每周工作时间超出了35%。

在跳楼事件发生期间，富士康安排员工去安装一个钢铁防跳网，在施工的工人中有46岁的郭金牛。他是湖北浠水县人，从1994年开始就在广东深圳、东莞一带打工，从事过建筑工、搬运工、工厂普工、仓管等工种，与此同时，他还有一个非常隐蔽的身份——工人诗人。

郭金牛悲伤地发现，当他把螺丝向右拧紧的时候，分明有一个年轻的灵魂尖叫着向左反抗。在安装防跳网之后，郭金牛用“冲动的钻石”的笔名，写出了《纸上还乡》①：

少年，某个凌晨，从一楼数到十三楼
数完就到了楼顶/他/飞啊飞
鸟的动作，不可模仿/少年划出一道直线，那么快/一道闪电
只目击到，前半部分/地球，比龙华镇略大，迎面撞来
速度，领走了少年/米，领走了小小的白

这是诗歌的第一节。全诗三节，连标点符号共359个字。写作此诗的那只手，也是安装防跳网的那只手，这是一个富有隐喻性的细节。一段带血的当代历史被精准地凝固，拒绝遗忘。

在世界第一的“中国制造”背后，有一个事实必须被认真地记录：至少有1.3亿名像马向前、郭金牛这样的农民工，常年背井离乡。他们领取低廉的收入，在令人难以想象的恶劣生存环境下劳作及生活，他们以极大的牺牲换取了“中国制造”的劳动力成本优势。在现实生活中，他们是被边缘化和被漠视的族群，更让人遗憾的是，人们似乎听不到他们的声音，在他们与政治家、企业家和文学家之间，隔着一道“冰墙”。

很多年后，当人们再度回忆起这段中国经济崛起史的时候，这些小人物的命运和关于他们的诗句是不应该被遗忘的。他们是大历史中的一些小配件，也许微不足道，但若缺失，则其他真相，俱为谎言。

---

① 《我的诗篇：当代工人诗典》，秦晓宇编，作家出版社，2015年。

就在河南农民工马向前跳楼自杀的四天后，2010 年 1 月 27 日，形容枯槁的乔布斯穿着一贯的黑色套衫和牛仔裤，出现在镁光灯下，他正式发布了跨世纪的革命性产品——iPad（苹果平板电脑），而它的最大代工制造工厂正是富士康。

此时的乔布斯已经病入膏肓，在过去的几年里，他凭借自己对世界的天才般的理解，重新定义了智能移动产品。继iPhone（苹果手机）之后，iPad的诞生意味着移动互联网时代的到来。到这一年的 5 月 26 日，苹果公司的市值飙升至 2 220 亿美元，超过微软，成为仅次于埃克森美孚的全球第二大上市公司。

自 1973 年马丁·库帕发明手机之后——那是一个重达 3 公斤的笨重怪物——从来没有一家公司能够活过两个产品迭代周期。随着苹果的崛起，手机领域里的所有巨人，从摩托罗拉、爱立信、索尼、诺基亚到黑莓，都听到了丧钟敲响的声音。

到 2010 年，芬兰的诺基亚公司已经在手机销量世界第一的位置上独孤求败地坐了整整 14 年，此时它的全球市场占有率仍然高达 33%。它在 1996 年就推出了智能手机的概念机，比苹果的iPhone早了 10 年以上。2000 年，诺基亚的市值是苹果的 24 倍。2004 年，诺基亚开发出触控技术，当年度的研发费用高达 58 亿欧元，是苹果的近 12 倍。2007 年，诺基亚更是率先在全球推出智能手机商店OVI，比苹果的应用商店App Store早了一年。

可是，长久的成功最终消磨掉了诺基亚所有的创新勇气，它不敢也无法自我革命。台湾《商业周刊》在一篇题为《手机巨人为何倒下？ 100 分的输家》的报道中感慨：“诺基亚犯的错，就是把自己的优点极大化后，没留余地让自己冒险，最后，成为 100 分的输家。”这家伟大公司的陨落正是从 2010 年开始的，三年后，它被微软收购。在新闻发布会上，CEO埃洛普很伤感地说：“我们没有做错什么，但是还是失败了。”

在中国市场，如诺基亚式的败局也正在发生，所不同的是，它们的当量是诺基亚的几分之一甚至十几分之一。很快，在非智能手机时代的所有成功者都将出局，而一个腼腆的互联网人将穿着乔布斯式的黑色套衫和牛仔裤来到舞台中心，他用一套传统制造业者完全听不懂的话术，开始属于自己的表演时间。

在讲述这个互联网人的故事之前，我们将用相当的篇幅记录另外两个人的搏命厮杀。发生在他们之间的战争充满了中国特色，同时也是移动互联网时代到来前的最后一场个人电脑大战。

2010 年 3 月 5 日晚上，深圳腾讯大厦的底层大厅人头攒动，大屏幕上显示，QQ同时在线用户数达到 1 亿人，现场掌声雷动。此刻距离QQ上线的 1999 年 2 月 10 日，过去了整整 11 年。2006 年 7 月，当QQ同时在线用户超过 2 000 万时，联席CTO（首席技术官）熊明华曾经问马化腾："你估计什么时候可以超过一个亿？"马化腾回答说："也许在我有生之年看不到。"然而，奇迹还是不期而至。

就在创世纪般的喜悦之中，没有一个人嗅到了雷暴来袭的气息。这场暴风雨的确不容易被察觉，因为它首先表现为一种弥漫中的情绪。

在互联网丛林里，日渐强大、无远弗届的腾讯正膨胀为一个巨型动物，它的存在方式对其他的生物构成了巨大的威胁。在 2010 年的中报里，腾讯的半年度利润是 37 亿元，百度约 13 亿元，阿里巴巴约 10 亿元，搜狐约 6 亿元，新浪约 3.5 亿元，腾讯的利润比这四家互联网巨头的利润总和还要多。

种种对腾讯的不满如同长刺的荆棘四处疯长，一场风暴在无形中危险地酝酿。

7 月 24 日，各大网站突然被一篇檄文般的长文覆盖，它的标题十分血腥且爆出粗口——《"狗日的"腾讯》。这是两天后正式发行的《计算机世界》周报的封面文章被提前贴到了网上，在同时曝光的周报封面上，围着红色围巾的企鹅身上被插上了三把滴血的尖刀。

对腾讯的不满，被归结为三宗罪："一直在模仿，从来不创新""走自己的路，让别人无路可走""垄断平台，拒绝开放"。记者许磊写道："在中国互联网发展历史上，腾讯几乎没有缺席过任何一场互联网盛宴。它总是在一开始就亦步亦趋地跟随，然后细致地模仿，然后决绝地超越……实际上，腾讯在互联网界'无耻模仿抄袭'的恶名，使其全线树敌，成为众矢之的。当越来越多的互联网企业开始时时提防着腾讯的时候，腾讯将不再像以前那样收放自如。"

《计算机世界》的这篇报道如同一篇不容争辩的"檄文"，让腾讯陷入空前的舆论围攻之中。

而这显然还不是致命的。实质性的攻击发生在中秋节过后的9月27日。一家叫奇虎360的公司突然发表大量文章，指控"QQ窥探用户隐私由来已久"，它以毋庸置疑的口吻谴责QQ在未经用户许可的情况下偷窥用户个人隐私文件和数据。

▲ 周鸿祎

奇虎360的当家人周鸿祎，是一位比马化腾年长一岁的互联网老兵。他的名字不太好念，常常被叫成"周鸿伟"，所以就索性整天穿一件红色T恤，被戏称为"红衣主教"。早年的中国互联网是一个被流氓软件统治的世界，周鸿祎等人开创了插件模式。在用户不知情乃至不情愿的情况下，将大量的"流氓软件"强行安装进用户电脑，其技术水平之高，一度连IT高手都无法卸载。在那一时期，用户必须每隔3个月就重装一次系统，而重装的过程有可能是新的流氓软件入侵的过程。周鸿祎正是流氓软件的"教父"之一。

2007年，周鸿祎进入中国的第三方杀毒软件市场，推出360杀毒软件，这位当年的“制毒者”反身成为一位杀毒者。早在一年前，《连线》杂志主编克里斯·安德森出版《免费：商业的未来》一书，他认为“信息技术的显著特征是，在互联网上任何商品和服务的价格都有一种逐渐趋近于零的趋势，这就是所谓的免费战略”。[①]周鸿祎将这一理论适时地运用到了实战之中，他宣布360杀毒软件永久免费。到2009年年底，360杀毒软件和浏览器的用户猛增到1.06亿，在安全需求上实现单点突破，迅速覆盖电脑客户端。

在今年9月底的这次突袭中，周鸿祎一方面火力全开，揭露和谴责QQ的“窥私行为”，同时“替天行道”，发布“360隐私保护器”，能实时监测并曝光QQ的行为。

周鸿祎的污名化攻击，如同投掷了一颗超级震撼弹，顿时引起QQ用户的担忧和恐慌。在一个公民社会中，隐私被视为人权保障的基本项，若腾讯真的如同一位“老大哥”一样日日窥视着用户的隐私，那么，中国的互联网显然是一个邪恶的世界，腾讯自然罪不可赦。

到10月29日——这一天是马化腾39周岁的生日，周鸿祎的攻击再度升级。他宣布推出一款名为“扣扣保镖”的新工具，它能自动对QQ进行“体检”，具有“全面保护QQ用户的安全，包括防止隐私泄露、防止木马盗取QQ账号以及给QQ加速等功能”。

在腾讯看来，周鸿祎的这一招无疑是釜底抽薪。“扣扣保镖”如同在腾讯QQ帝国的门口安排了一队保镖，只有经过他们的“体检”和许可，用户才能使用所有的QQ产品。在短短的两天时间里，扣扣保镖已经截留了2 000万名QQ用户。在马化腾看来，“扣扣保镖”是如假包换的“非法外挂”，“这是全球互联网罕见的公然大规模数量级客户端软件劫持事件”。[②]

腾讯向深圳公安局经济侦查分局报案，同时向北京的工信部投诉。可

① 《免费：商业的未来》，[美] 克里斯·安德森著，中信出版社，2009年。

② 中国企业家网，“马化腾七大回应：战斗与反思”，2010年11月10日。

是，接到报案的公安部门根本不知道发生了什么事情，而工信部也对腾讯的投诉一头雾水，现行法律对超速进化的互联网竞争行为完全失配。

11月3日，马化腾做出了“一个艰难的决定”，在装有360软件的电脑上停止运行QQ软件。他发出一封致全国网民的公开信，同时推出了一个“不兼容页面”，所有用户面对“卸载QQ”和“卸载360”两个选择键，必须进行“二选一”。周鸿祎迅速做出反应，发布致网民紧急求助信，“恳请”用户能够坚定地站出来，“三天不使用QQ”。

在这场历时一个多月的3Q大战中，双方剑来刀往，招招死穴，数亿网民被动卷入，互联网秩序大乱，一片沸腾。

在中国互联网史上，3Q大战具有里程碑式的意义，也是个人电脑时代最为血腥的“最后一战”。它证明在一个法治缺失的时代，丛林法则是唯一的公约，而任何以“公平”的名义发动的战争，最终都是为了实现另外一种垄断。对垄断的厌恶及迷恋，如同人的本性一样，根深蒂固而难以更轨。

▲ 腾讯致QQ用户的致歉信，宣布将在装有360软件的电脑上停止运行QQ软件

经此一役，中国互联网公司之间的互相屏蔽现象，不但没有得到缓解，甚至愈演愈烈，终而成为一种难以更改的常态。在以后的移动互联网时代，无论腾讯、阿里、百度，还是其他具有平台性质的公司，追求垄断及屏蔽对手，成为它们最惯常的竞争法门。[①]

① 在商业世界，垄断从来充满了辩证的争议性。一方面，对垄断的赞美是不正义的。另一方面，垄断则是人人渴望追求的境界，很多人悄悄地认同彼得·蒂尔在《从0到1》一书中的观点：“好企业建立垄断，竞争留给失败者。”（中信出版社，2015年）

在3Q大战中，真正获得实际利益的是周鸿祎。他的冒险取得了空前的商业成功。大战之后，他的知名度暴增，成为颠覆式创新的标志人物，360用户非但没有减少，反而增加了。周鸿祎借势更进一步，迅速启动上市计划。2011年3月30日，奇虎360在美国纽交所上市，融资1.75亿美元，当日市盈率高达360倍，一度成为市值第三的中国互联网上市公司。

如果说，周鸿祎是浴血突袭，侥幸杀出，那么，在2010年，则有一个人春风快马，取得了轻骑兵式的胜利。

2010年的4月，柳絮如雪花飞扬的京城，晨起的人们突然发现，几乎所有的公交车候车亭都被一则清新的广告占领了："爱网络，爱自由，爱晚起，爱夜间大排档，爱赛车，也爱29块的T-SHIRT，我不是什么旗手，不是谁的代言，我是韩寒，我只代表我自己。我和你一样，我是凡客。"韩寒是"80后"青年文学偶像，而凡客是一个陌生的服装电商品牌，它的创办人陈年无疑是今年最炙手可热的新晋互联网明星。

▲ 凡客体的广告牌

1969年出生的陈年在2002年就进入了互联网，当时是图书销售网站卓越网的总编辑。2004年9月，卓越网被卖给了亚马逊，离职后的陈年创办了游戏道具交易平台我有网，那是一段不成功的经历。2007年，一种在网上卖衬衫的B2C模式突然走红，陈年迅速拷贝，创办凡客诚品。他利用自己的人脉，在很短的时间里就完成了四轮融资，总计超过4 000万美元，有至少6家风险投资机构参与。凡客可以说是第一家硅谷式的、被风投用钱“烧”出来的知名互联网公司。

凡客是典型的网络直销模式，陈年从最轻快的男士T恤和帆布鞋切入，从工厂直接采购，然后通过密集的广告轰炸，分别以超低空的29元和59元价格售卖。

陈年还推出了很多在传统业者看来不可思议的营销策略，他宣布全免运费、24小时送货、30天无理由退换货且运费由凡客承担。此外，他还将亚马逊发明的CPS（Cost Per Sales，按销售产品提成）投放模式首次引入国内，让众多网站联盟成员与凡客结成利益共同体——产品的热销也正向激发了分成网站的推广热情。在理论上，陈年分别吃到了“中国制造”和电商崛起的两大红利，他对凡客的定义是：“凡客首先是一家品牌公司，其次是一家资源组织公司，再次是一家服务公司，最后是一家技术公司。”[①]

在2010年，凡客取得了非凡的成功，当年度卖出3 000万件衬衫，几乎是最大的传统衬衫企业、创建时间超过30年的雅戈尔的5倍多，震惊了整个中国服装业。它的成功具有教科书般的意义，启迪了无数的后来者。一位服装企业老板去凡客参观后，很感慨地说：“我们做生意，算的是销售额、毛利率，凡客算的是获客成本、复购率。我们卖的都是T恤，但玩的是两个游戏。”

2010年年底，陈年完成第五轮融资，公司估值10亿美元，雄心万丈

① 财新网，“陈年：凡客团队‘接住了’考验”，2012年2月29日。

的陈年对《时代周报》的记者说："我希望将来能把LV收购了。"

凡客在2010年的横空出世，意味着电商的引爆点时刻到来。它不是一个孤立的事件，在这一年的淘宝"光棍节"，张勇实现了9.7亿元的销售额，比上年暴涨了十多倍。李国庆的当当网在美国上市，市值高达9.35亿美元。刘强东的京东商城实现销售额突破100亿元。由美国团购网站Groupon发明的团购模式被引入中国，在饭否网上折翼的王兴于今年3月创办美团网。温州外贸商人沈亚创办的唯品会，靠着"名牌折扣+限时抢购"的闪购模式，在今年取得近100万单的生意，并获得了风险投资。出生于1983年、刚刚从美国斯坦福大学拿到MBA文凭的陈欧归国创办了化妆品特卖商城聚美优品，他将在四年后去纽交所敲钟，成为该所222年历史上最年轻的上市公司CEO。

与此相对应的是，一度高速发展的国美和苏宁陷入停滞的瓶颈。国美受黄光裕入狱影响陷入混乱和内斗，苏宁的1 342家门店出现史上第一次业绩下滑，张近东的"全国3 000店"梦想已无实现的可能。几乎所有的中国服装和家电公司，都进入销售乏力的可怕通道，此消彼长之间，人们看到了新时代的到来。

在2010年，中国企业界发生了一起股权纠纷大博弈，它日后将出现在商学院的课堂上。

今年的5月11日，国美电器在香港召开股东周年大会。几乎所有人都认定，这不过是"例行公事"。但是出现的景象却出乎人们的预想：在董事会提出的12项决议中，居然有5项遭到否决，其中包括委任贝恩资本合伙人竺稼等三人为执行董事的议案，而投出否决票的，正是身处狱中的大股东黄光裕及其妻子杜鹃。12个小时之后，国美紧急召开董事会，又宣布将股东大会的决议推翻。至此，国美的权力内斗暴露在公众面前。

事件的脉络大抵是这样的。自2008年年底黄光裕入狱之后，被国美收购的永乐的创始人陈晓出任国美董事长。他迅速稳定了局面，并通过缩店精简，实现了利润的逆势增长。在他的主导下，国美于 2009 年 5 月引入贝恩资本为战略投资人，后者成为持有 9.98% 股份的第二大股东，从而改变了这家公司的权力格局。

在陈晓和贝恩看来，被判入狱 14 年的黄光裕及其家族已经成为国美的“负资产”。他对《中国企业家》的记者说：“这个阶段不用太关注他（黄光裕）怎么想了。只要我们的宗旨是为企业好，只要企业好的事情，所有的股东都应该支持。”在“去黄化”的战略设想下，陈晓决意大力改组董事会。

▲ 黄光裕和陈晓

然而在黄光裕家族看来，这无异于忘恩负义和“无耻的背叛”。自国美收购永乐后，陈晓即被任命为集团总裁，黄光裕在自己的办公室对面为他安排了“完全对称，一样大小，装修一样豪华”的办公室，自己的座车是迈巴赫，为陈晓配的也是同样的车，一左一右停在鹏润大厦门前的专用车位。黄光裕的胞妹黄燕虹甚至回忆说，黄光裕考虑到陈晓是南方人，可能吃不惯北方的饮食，嘱咐家里的厨师每天做饭的时候多做一份，并给陈晓送到办公室。

此时，陈晓的“去黄化”点燃了黄氏家族的怒火。黄光裕夫妇仍然持有 31.6% 的国美股份，自然不肯轻易就范。从 7 月 19 日起，黄家开始跟国美董事会谈判，希望陈晓等人退出董事会，大股东要把能够代表自己利益的代表选为董事。

在这期间，双方各自拉帮结派。陈晓宣布和海尔达成三年总采购金额500亿元的战略合作协议，他还飞赴新加坡、美国、英国等国家，进行了长达20天的路演，希望赢得更多国际投资人的支持。而黄光裕夫妇则得到了潮汕帮商人的力挺，他们的支持手段非常“简单粗暴”，就是捧着现金去香港联交所，大量购入奄奄一息的国美股票。

谈判一直持续到8月下旬，双方关系彻底破裂。黄光裕在狱中发布声明要求罢免陈晓，理由是“陈晓乘人之危，阴谋窃取国美人共同的历史成果和未来的事业发展平台”。紧接着，国美董事会宣布起诉黄光裕，指控他在一笔涉及24亿港元金额的回购股份行为中，违反公司董事的信托责任。剑拔弩张之间，冲突愈演愈烈。

9月28日，双方把命运交给了全体股东，国美电器在香港召开特别股东大会，就相关决议公开投票表决。结果，大股东黄光裕提出的撤换董事局主席陈晓的动议未获通过，黄家推荐的替代人选也未能进入董事会。但超半数股东支持黄光裕提出的取消董事会增发授权之动议。股东的心理天平倾向于悲情的黄氏家族。

国美之争落幕于2010年11月10日，国美突然发出公告称，双方已达成和解。黄家代表顺利进入国美董事会。三个月后，陈晓辞职，在一份国美内部材料中有这样的语句:“陈晓先生以私人理由辞去董事会主席一职是一种理智的行为，也是国美股东的共同选择，只可惜走得太晚了……”

国美的控制权之争，引起了企业界广泛的关注，它遭到了多重的解读。有人将之看成是传统家族企业与公众公司治理制度的角斗，也有人视之为大股东与职业经理人的权力分配分歧，还有人则聚焦于战略投资人应如何扮演权衡的角色。应该肯定的是，这场权力争夺战始终没有超出法治的范畴，这应该感谢香港资本市场的透明和中立立场。

在经历了两年的痛苦调整之后，美国经济逐渐走出低谷，[1]然而，金融危机所形成的海啸效应并没有停止，它从新大陆迅速地向“老欧洲”蔓延。在今年，一个只在历史读本中经常出现的国家——希腊，突然频繁地登上国际媒体的头版头条。

如今的希腊，只是地中海边上一个风光妍丽的小国，以旅游和港口为主要收入，全球萧条彻底摧毁了它的经济体系，青年人的失业率居然超过50%。2009 年 12 月，全球三大评级公司集体下调希腊主权信用评级，其中，穆迪更是直接下调 4 级，将其定为“垃圾级”。希腊总理只剩下“耍无赖”的本领，他公开表示，完全没有能力偿付欠债，如果得不到援助，希腊即将破产。

2010 年 5 月 3 日“欧洲大哥”德国内阁紧急批准了 224 亿欧元的援希计划，一周后，欧盟批准了 7 500 亿欧元的援助希腊计划。

希腊的债务危机只是一个缩影。在欧洲，与它处境相似的国家还包括西班牙、意大利、爱尔兰和葡萄牙。据巴克莱资本的计算，仅美国银行业在这五个国家的风险敞口就达 1 760 亿美元，它们被统称为“欧猪五国”[2]（PIIGS）。

欧洲的衰落已经不仅仅是一个理论上的名词了。有很多经济学家认为，欧元是一个糟糕的发明，它的取消只是时间问题。而有些国家——譬如海峡彼岸的英国，则开始讨论是否还要留在千疮百孔的欧盟大家庭。

---

① 《时代》杂志认为，“美国经济从 2010 年秋季起，就停止了失业率继续增长的趋势。加工业越来越活跃，零售业也变得越来越强，今年总体经济在朝 GDP 增长 3% 的方向上前行，通胀率很低，股市表现良好。所有这些都预示着，奥巴马政府在缓解严峻经济形势、阻止失业率继续上升方面，已经取得了成果”。“Where the Jobs Are: The Right Spots in the Recovery”, *Time*, Jan 14, 2011.

② 欧猪五国：葡萄牙（Portugal）、意大利（Italy）、爱尔兰（Ireland）、希腊（Greece）和西班牙（Spain），这五个欧洲国家因其英文国名首字母组合“PIIGS”类似英文单词“pigs”（猪），故名。

与愁云密布的“老欧洲”相比，中国的经济表现仍然是让人羡慕的。

2010年，中国的GDP增长创下10.6%的峰值，总量达到41.30万亿元。这意味着中国首次超过日本，成为世界第二大经济体。

对于每一位中国人来说，读到这里的时候，都会生出一个长长的浩叹。

这是一个令人无限感慨的历史性超越。从19世纪60年代开始，这两个东方国家几乎同时开始现代化改造，一个徘徊纠结，一个“脱亚入欧”，在1894年的甲午战争中，“蕞尔小国”战胜老大帝国，导致东亚政治局势的全面改观。在后来的半个世纪里，仇恨的泪水和鲜血填满了整条日本海峡。到20世纪40年代后期，随着日本战败，两国貌似又重新回到了相同的起跑线。在1956年，中日的经济总量几乎相同，可是，在后来的二十年里，一个陷入意识形态的争斗，一个全速发展经济，竟然又拉大了距离。自1978年以来中国的改革开放，在相当长的时间里，是对日本模式的追慕，甚至连“总设计师”邓小平也是在参观日本公司后，才切身体会到“什么是现代化”。自1968年以来，日本坚守世界第二大经济体宝座长达42年之久。

中国的经济总量在今年对日本的超越，如同去年汽车产销量对美国的超越，是一个不可逆的历史性现象，在全球媒体界引起了很大的讨论。

“中国崛起，日本衰落”，这是《华尔街日报》的标题。在美国人看来，“这一消息标志着一个时代的结束，它标志着作为全球增长引擎的中国和日本分别开始崛起和衰落。对美国来说，日本在某些方面是经济对手，但同时在地缘政治和军事方面一直是同盟，中国却在各方面都是潜在的挑战者”。在这篇报道中，记者也描述了一个微妙的细节，北京的65岁退休公务员郑茂华对该报记者说：“可能有人对此感到激动，但我不是其中之一。这种GDP的成就无法反映这个社会国富民穷的实情。”[①]

在日本，反应则相对的多元和复杂。著名电视主持人田原总一郎对日

① “Rising China Bests A Shrinking Japan”, *The Wall Street Journal*, Feb 14, 2011.

经新闻说："日本人过年，嘴巴里含着生鱼片也在议论中国经济，中国的每一个举动都牵动着日本人的神经。"经济学者伊藤隆敏说："我们一些人很怀念日本遭受抨击的那个时代，我们当时很不满，但被忽略比被抨击还要糟糕。"东京都知事石原慎太郎——他是著名的鹰派人物、超级畅销书《日本可以说不》一书的作者——此刻很是伤感："考虑到中国不断膨胀的GDP和较大的人口规模，日本自然是会被取代的。日本衰退的其他各种迹象在这种背景下太过突出。"

▲《日本经济新闻》对中国GDP超越日本的报道

态度较为乐观的日本人也为数不少，毕竟在人均GDP的意义上，中国只有日本的十分之一。而在大公司的技术竞争力上，日本仍然有显著的先发优势。有学者认为："GDP犹如一本存折。存款的加减本身并无意义。问题的关键在于社会能否可持续发展，国民能否安居乐业。"[①]

2010年5月1日，第41届世界博览会在上海举办，有20个国家的元首到场，246个世博展馆，在6个月内，吸引了7 308万人入园参观。美国加利福尼亚大学的历史学教授杰弗瑞·沃瑟斯多姆出版了新书《全球化的上海，1850—2010》(*Global Shanghai, 1850—2010*)，他写道："很多大国的兴起，都会完成这样两步：举办奥运会和世博会。而这次的上

① 人民网，"时评：一分为二地看待中国GDP总量世界第二"，2011年2月21日。

海世博会完成了这具有历史意义的第二步。同时这也代表着上海的新生与复兴。”①

上海曾经是远东最大的工商业城市，然而在很长的时间里却如一个没落的东方贵族，即便是改革开放的前十多年，仍然步履艰难。然而，进入20世纪90年代中期之后，它迅速地恢复了自己的活力。到2010年，这里已是全国最大的金融中心和跨国公司总部聚集地，上海港的集装箱吨位数超过新加坡，跃居为世界第一大港。②上海以占全国不到2%的人口、

▲ 上海世博园区，一位建筑工人在灯火通明的中国馆前做出“耶”的手势

---

① Jeffrey N. Wasserstrom, *Clobal Shanghai, 1850—2010*, Routledge, 2009.

② 上海港：1843年开港，1853年超过广州成为中国最大的外贸口岸。20世纪30年代，上海港的年货物吞吐量位居世界第七位。20世纪50年代之后急速萎缩，到1980年，港口货物吞吐量在全球仅排在第160名。90年代中期重新崛起，2006年，货物吞吐量跃居世界第一，2010年，集装箱吞吐量居世界第一。

0.06%的土地，贡献了全国八分之一的财政收入。[①]

在世博园的中国国家馆内，有一幅高科技版的《清明上河图》。这幅5.28米长、0.24米宽的北宋名画，被放大到长128米、高6.5米的立体转折造型银幕上，原作中587个人物也被增加到1 068个，现代投影和电子动画技术让11世纪汴梁的繁华生活复原再现：摇橹声、喊船声、叫卖声和驼铃声，把人们拉进了时光的千年隧道。

对日本的超越和世博会的举办，都为今年的中国经济涂抹上了一层玫瑰色的光彩。不过，关于经济增长方式的争论，却没有因此而消失，相反，它正变得越来越尖锐。

对于中国经济在此次全球金融危机中的逆势表现，即便在国内的经济学界和产业界，也有很多不同的声音，其中最尖锐的批评是，万亿资金都给了国有企业，而民营企业被边缘化。[②]

80岁的经济学家吴敬琏批评说，四万亿经济振兴方案，实际上打压了民营企业，不仅没有起到拉动民间投资的作用，还产生了挤出效应，产生了“国进民退”。他引用调查数据说，70%以上的技术创新都出自小企业，“如果我们热心于创新的话，一定要帮助小企业上来，给它们信心”。

在吴敬琏看来，从2008年年底到2009年的政策取向，实际上，是对2004年那次宏观调控政策的又一次固化。它最终呈现为三个特点：第一，“宏观调控以行政调控为主”成为政策主轴，“看得见的手”变得越来越强大；第二，经济增长主要倚靠巨量投资，而不是着力于转变增长模式和产业升级；第三，国有企业，特别是大型中央企业得到偏执性的扶持，民营

---

① 上海的焦虑：尽管经济成就卓著，可是，上海的民营企业及互联网产业的发展却并不乐观，创业氛围与浙江、深圳等地不可同日而语。在2008年，当地媒体曾热烈讨论，“上海为什么出不了马云”。这个焦虑，迄今无解。

② 根据清华大学欧阳敏和彭玉磊的研究，“四万亿计划”导致了GDP上升3.2%，起到了极强的刺激性作用，不过就长期而言，政策效应是暂时的。

企业几乎颗粒无收。

在 2009 年的四万亿投资中，到底有多少被分配给了国有企业部门，一直是一个谜。有人猜测是 95%，有人说是八成，这大概是一个永远无法计算的数字，但是民企集团的被边缘化则是一种显而易见的集体心理。联想的柳传志在一次发言中坦言："这块蛋糕民企没有拿到什么，基本分到国企，我们民企根本没有打算拿这钱。"[①]

在本部企业史上，2010 年是民企心态的转折之年。沮丧和不满渐渐发酵成整个阶层的不安全感，对实体产业的投资热情开始下降，身份和财富转移渐成活跃的暗流。自此之后，民企业者聚会，常常会不由自主地讨论两个私密话题：孩子去哪里留学？自己往哪里移民？而这在之前是并不常见的情况。根据胡润的富豪报告显示，财富阶层的大规模移民正是从 2010 年开始的，其中很多人以投资移民的方式投奔美国、加拿大和澳大利亚。2010 年有 772 人移民美国，2011 年猛增为 2 408 人，2012 年为 6 124 人，两年的增长率分别为 3.1 倍和 2.5 倍。2015 年，美国政府共签发 9 764 张 EB-5（投资移民）签证，其中，中国大陆 8 157 张，占比高达 83%。[②]

很显然，中央政府也敏感地注意到了这一动态。5 月 13 日，国务院发布《关于鼓励和引导民间投资健康发展的若干意见》，内容共计 36 条，因为在此前的 2005 年也发布过几乎相同的 36 条鼓励和引导意见，于是后者被称为"新 36 条"。与五年前相比，"新 36 条"对非公有资本的开放力度更大，允许和鼓励民间资本以独资、合资、合作和参股等方式进入电力、电信、铁路、民航、石油、公路、水运、港口码头、机场、通用航空设施等领域。

但是，政府的善意并没有得到正面的响应，相反，倒是引起了更大的不满和讨论。人们发现，五年前的"36 条"几乎没有一条得到了确凿的落

---

① 2012 年 12 月 16 日，柳传志在第一届凤凰财经峰会上的发言。

② 根据波士顿咨询集团的调查，大量投资移民带走了大量资金，2011 年，个人可投资资产超过 600 万元的中国人在中国拥有约 33 万亿元的资产，其中 2.8 万亿的资产已经转移至海外，约占中国当年度 GDP 的 3%。

实，而“新 36 条”则更像是一根聊以安慰的棒棒糖。中国民（私）营经济研究会研究员欧阳君山对《中国新闻周刊》的记者说：“‘新 36 条’极有可能像五年前的‘老 36 条’一样，口惠而实不至，最后也流于以文件落实文件。很简单，基本面的力量支撑不足。除非国有资本能适时退出，或者非经济因素更少地干预市场，民营资本才会真正迎来希望。”

就在“新 36 条”颁布的一周后，在中央统战部礼堂举行了一场关于“新 36 条”的座谈会，《中国新闻周刊》的记者记录了当时与会者的表现。

新华联董事局主席傅军抱怨说，自己的公司曾想搞国土整理一级开发，却被一些省份的城市告知，非国有资本不得参与。而后，他又试图带领公司在小额贷款领域有所突破，也遭遇到类似条文限制。最后，当他们公司计划做点油气开发项目投资时，厄运再次降临。傅军的遭遇显然并非个案。他的一席话立即得到与会其他民营企业家的共鸣。许多人表示，在战略性的新兴产业，比如风能、太阳能发电等原先由民间投资占主导的竞争性领域，也出现了国资快速进入，进而挤出民间投资的情况。

民进中央经济委员会副主任、温州中小企业协会会长周德文在发言中说，过去的糟糕经历，让很多浙江民企老板和手握资金的操盘手心生胆怯，“一是矿产资源型的投资不能做了，像对煤矿的鼓励投资都可以这样任意将其剥夺，那投资金矿、内蒙古和新疆的油田等也是一样的，国家想收回随时都可以收回，那大家谁还敢去投资”。[①]

全国政协副主席、全国工商联主席黄孟复说，国务院应有一个部门和一个领导专门负责牵头制定“新 36 条”实施细则，而国资委，应该出台一个放开垄断行业、吸引民间投资的政策意见。新奥集团董事局主席王玉锁更是说得直接，民资新政，“不能不了了之”。

在此次座谈会上散发出的不信任感并非空穴来风，后来的事实证明，“新 36 条”果然如同五年前的那个文件一样，仍然是收效甚微。

---

① 《中国新闻周刊》，“打破民营准入‘玻璃门’，首先是垄断的退出”，2010 年 6 月。

由于经济复苏得益于大规模的基础设施投资，从而带来了两个伴生性现象。

其一是外汇储备的激增，以美元为计算单位的外汇储备从2008年年底的1.94万亿猛增到2010年年底的2.87万亿，两年间足足增加了将近一万亿美元。这一景象引起了西方世界极大的恐惧，他们认为中国正在发动一场货币战争。《经济学人》在10月的报道中写道："在弥漫的硝烟背后，世界上目前实际上存在着三场战争。其中最大的一场战争是围绕着中国不愿意让人民币迅速升值展开的。美国和欧盟的官员们已经强硬地指责人民币低估的汇率导致了'破坏性的灾难后果'。上个月，美国众议院以压倒性多数通过了一项法案，此法案旨在对低估本币汇率的国家征收特别关税。"①

其二则是房产和农副产品价格的暴涨，后者甚至创造出了一些让人啼笑皆非的新名词。

5月21日，《21世纪经济报道》发表了一篇题为《大蒜之乡炒客络绎不绝，囤蒜商获利过亿元》的现场报道。记者在山东省济宁市金乡县南店子大蒜交易市场看到，"马路两侧，停靠着数十辆散发着大蒜气味的重型卡车"。就在4月中旬，这里的大蒜价格从每公斤3.9元一举冲高到6.4元。受炒作影响，北京八里桥批发市场大蒜价格从每公斤8元涨到12元，大型超市里的蒜价更是达到每公斤20元。惊呼于蒜价的暴涨，记者发明了一个新名词——"蒜你狠"。

"蒜你狠"一点儿也不孤独，因为还有"糖高宗"——自5月18日以来的5个月内，白糖期货价格上涨了41.46%，其间的10月8日到28日的短短20天里，白糖的价格从每吨5 700元持续上涨至6 900元左右，每吨上涨约1 200元，涨幅创造了同期合约的最高价；"姜你军"——生姜价格扶摇直上，在济南的零售价近14元/公斤，逼近猪肉价格，创十多年以来新

① "How to Stop A Currency War", *The Economist* Oct 14, 2010.

高；“豆你玩”——绿豆价格杀到 7 元/斤，同比上涨 35%；“玉米疯”——玉米收购均价达到 1 999 元/吨左右，比上年同期上涨逾 400 元/吨，涨幅达到 26%；“油它去”——国内食用油零售价明显上涨，金龙鱼、香满园、胡姬花等品牌食用油平均涨幅在 15% 左右；“苹什么”——苹果价格同比涨两成，去年陕西红富士批发价一斤 2 元 8 角，今年涨到 4 元钱一斤……

▲“蒜你狠”等让人啼笑皆非的新名词

当大蒜和苹果的价格都已经如此疯狂的时候，房价的上涨则似乎更是“题中之义”了。根据中国指数研究院的报告，北京市的平均房价在 2009 年 1 月时是 10 403 元/平方米，到 2010 年年底已经冲到 22 690 元/平方米，而上海的同比数据是从 11 212 元涨到了 23 186 元，两年涨幅都超过了一倍。

物价的非理性上涨导致了民众心态的变化，尤其是刚刚步入社会的“80 后”年轻族群的极大恐惧，在京沪等大城市出现了一个新的词，曰“裸婚”，即“无房、无车、无钻戒、无婚纱、无存款”等诸多“无”的婚姻。

在今年，收视率最高的电视剧是《蜗居》，它讲述了一对姐妹来到上海，一心希望可以拥有自己的房子却遭遇无数挫折的无奈故事。其中有个片段，妻子为攒钱买房，天天给丈夫吃挂面，丈夫终于受不了了，要求能不能吃一顿方便面，妻子对丈夫说：“一亩土地两头牛，老婆孩子热炕头，但是你得先有土地呀，有了土地有了牛，才能招来老婆才能生孩子呀，连农民都懂的道理。”

▲ 电视剧《蜗居》剧照

11月19日，《中国青年报》做了一个关于“幸福和房子的关系”的在线调查，八成调查者认为“幸福和房子有关系”，这部分人中又有69.9%认为“房子是幸福家庭所必需的”。

2010年12月24日，《南方人物周刊》按惯例公布“年度人物”，今年它把这个荣誉给了“微博客”。

尽管微博的兴起与娱乐明星的参与密不可分，然而，它的大众化则有赖于各阶层的集体卷入。越来越多的年轻人开通了自己的微博，在这里表达他们对生活中的公共事务的看法，企业在微博上重建自己的品牌阵地。甚至，官办媒体和各级政府部门都把微博当成新的传播和政务公开的窗口。全民性的参与，使得微博成为中国最热烈的舆论广场。

《南方人物周刊》认为，微博的现实，就是中国社会的写实，“在一个个喊冤求助的帖子背后，是渴求解决问题的心；在一条条带着强烈情绪发泄的微博后面，是无数压抑已久的灵魂；在名人的打情骂俏里面，透露的是名利场的百态。这分明就是一个微缩的社会图景”。

这本杂志还以编年体的方式记述了本年度内值得记忆的一系列微博事

件，与经济有关的公共事件包括山西疫苗案、王家岭矿难、南京化工厂爆炸和宜黄血拆事件等。

其中，宜黄血拆是今年新浪微博上最广为人知的公众事件：9月10日，在江西抚州市宜黄县凤岗镇，31岁的女儿钟如琴、59岁的母亲罗志凤、79岁高龄的大伯叶忠诚为保卫自己的家园不被强拆，以自焚抗争。此后，钟家女儿钟如九多番寻求媒体帮助，当地政府却百般阻挠。网友在微博上开展了救援与爱心接力活动。先是借助微博的多方传播，使当地政府有所收敛，再是通过微博令钟家得到了国内一流的烧伤科大夫的救助。

到2010年的10月底，新浪微博的注册用户突破5 000万人，在声望上达到了巅峰时刻。“围观改变了中国，”《新周刊》在年底的封面报道中写道，“140个字的微力（威力）真的有这么大吗？中国的网民们惊喜地发现，微博的魅力至少在于两点：一是它使不会写文章的人也可以轻而易举地应用，尤其适合口语、话痨和在网上流连忘返的游荡者；二是它可以像发送短信息一样从手机接入，而图片也可以用彩信的方式上传。”

▲ 2010年《南方人物周刊》年度人物封面

新浪微博创造了一个互联网上的“公共广场”，它在过去一年多里所搅动的舆论潮流，极大地激发了民众参与公共事务的热情，同时带有狂暴和近乎失控的原生态特征。日后来看，2010年的微博世界竟是最后的一次广场草根狂欢。

一只破球鞋扔向正兴致盎然的演讲者，擦着脸就过去了，接着，是另外一只。

事情发生在2010年5月7日。这天下午，在大连举办的一场房地产千人论坛上，当华远地产董事长任志强上台的时候，一位25岁的年轻人用这样的方式表达了自己的不满。他大学毕业后在市内上班，由于房价太高，仍然和父母住在一起，因为买不起房子的缘故，他先后交往的两个女朋友最后都离开了他。

任志强就这样被扔出了名。今年还有人在天涯网上评选“全国网民心目中最欠扁的人”，排在第一的是日本首相小泉，第二名是陈水扁，第三名就是任志强。

出生于1951年的任志强是一个“红二代”，其父曾担任商业部（商务部前身之一）副部长，他的企业华远地产也是一家国有企业，在风潮涌动的房地产业不显山不露水，做得并不突出。不过，他却因言辞坦率而出名。

爱读书的任志强对中国的房地产市场有自己的看法，并形成了一套足以自洽的理论。在他看来，这个畸形行业的所有弊病都是土地国有化造成的，因为国家控制了供给权，从而使得土地具备了类货币的性质，成为政府调节宏观经济和财富分配的重要筹码。因此，在城市化的大周期中，房价将持续上涨，老百姓除了买房、买房、再买房，几乎没有任何可以抵抗的能力。当有人认为85%的中国家庭买不起房时，他很不屑地回答说：“买不起房为什么不回农村？”①

基于这样的逻辑，任志强成了房价上涨派的坚定拥趸，这也是他被扔鞋的原因。

---

① 南方网，“买不起房为什么不回农村？任志强惊人语录是怎样炼成的”，2009年12月11日。

任志强原本与互联网没有关系，他不懂上网，不会用键盘打字，几乎可以说是一个网盲。用他的好朋友，也是地产商的潘石屹的话说："他不断接受媒体采访，因为每一个人的表达不同，通过记者写出来，总有些出入，所以在我认识他的过去好多年时间，他就天天在发脾气，说他们断章取义了，发脾气。"①但是微博和智能手机的出现，"解放了任志强"。他突然发现，在手机屏幕上划拉几十个字，就能够把自己的想法直接告诉很多人。

正是在潘石屹的鼓动下，任志强开通了自己的微博，从而愉快地走上了一条老年网红的道路。他成了一个严重的微博控，几乎随时随地都在"发微博或在发微博的路上"。在任何场合，他都旁若无人地摘下老花镜，埋头看微博或写微博。在短短的5年多时间里，任志强发了9万多条微博，平均每天50条左右。这为他带来了惊人的3 700万名粉丝——尽管微博的粉丝数带有很大的水分，但任志强的影响力却是真实的。

▲ 任志强

在微博的世界里，任志强的真性情和鲜明个性吸引了很多人，他会跟意见不同的人持续地争辩乃至互怼，从不隐晦地表达自己的观点，爱恨分明到让人爱恨分明，因而有了一个"任大炮"的绰号。

2013年，央视在11月24日的《每周质量报告》中称"45家知名房地产公司欠缴土地增值税总额超过3.8万亿元"，华远地产也在欠税房企

① 新浪财经《财经面对面》，"潘石屹：微博解放了任志强"，2011年5月11日。

名单中。与其他房企的沉默不同，任志强在微博上列举了八大理由进行反驳，认为央视“愚蠢无知”，还声称要公开起诉央视。

随着影响力的扩大，任志强的评论范围也在扩大。也是在2013年，他在微博上发布了一张图片，曝光上市公司攀钢钒钛“向长江直排污水，红色的污水含铁量超标近百倍”。当日，攀钢钒钛股票在盘前紧急临停。在这一年的《新周刊》年度评点中，62岁的任志强获评“年度新锐人物”。

任志强、王功权及李开复等人的出现，模糊了企业家与公共意见领袖之间的界线，这似乎是近十年来特别值得关注的现象。

在经典的学术语境中，知识分子与企业家有不同的责任模式，前者供应观念，后者供应财富。甚至在一些知识分子看来，当代的中国企业家似乎是不堪的一代，资中筠曾表达过这样的观点：“我原来寄希望于民营企业家，在上世纪三四十年代，许多民族资本家都是有理念的，而且他们以实际行动推动中国前进，可是现在我发现情况令我失望。他们要生存，非得跟权力勾结不可。那些勾结不上的，就没有安全感。”①

而在真实商业世界发生的景象，却与资中筠的观点并不完全吻合，相反，随着知识产生机制、传播发生机制以及理念表达机制的变化，任志强式的企业家反倒比绝大多数的知识分子有更强的知识供给能力和观念传播力。

近二十年间，信息化革命以前所未见的方式将世界推平，与此同时，互联网、医疗、新能源、环保技术等一系列的技术革命，对人类行为及公共治理的影响和渗透越来越深，由此产生大量的专门知识。传统意义上的知识分子在这些领域的知识储备和获取能力，都表现得非常落伍。因此，他们对世界的解释能力被削弱，甚至，他们的解释权也面临被争夺的危机。正在发生的这种知识权力的让渡，在公共领域里已经引起了极大的混

---

① 《经济观察报》，“资中筠：重建知识分子对‘道统’的担当”，2010年7月5日。

乱和恐慌，知识不是出现了真空，而是呈现为多点爆发的状态。

任志强的走红，便是新变化中的一个极端案例。

他对房地产行业有一定的数据和历史研究能力，同时在移动互联网环境下，具有暴力化的、富有个性的表达能力，此外，他通过微博实现了自我媒体化。这些特质的叠加，使得这位并不成功的地产商人从一个小丑形象开始，由被嘲笑到被认真聆听。

2016年年初，因言论过激，任志强的微博被关闭。此后他把更多的精力投入公益事务，他担任阿拉善SEE生态协会会长，在沙漠地区种植小米，四处叫卖用他的名字命名的“任小米”。关于房价，他仍然抱持着自己的观点，他说:“有生之年我应该看不到房价大幅下降了。”[①]

① 2016年6月2日，任志强在分答中的回答。

2011

“中国要歇菜了吗？”

成功了，就是一道风景，失败了，就是美好回忆。这世界上总有一些人好像老在做着让人察觉不到的小事，还总是失败，还总是不放弃。

——电影《钢的琴》

18 岁那年，两个同龄人不约而同地读到一本叫《硅谷之光》的小书，里面讲述一批在硅谷创业的年轻人，其中最出名的叫乔布斯，他打算反叛全世界。从此，这两个人被他的精神和风格，乃至穿着所迷惑。此后的三十年里，乔布斯像一个卡夫卡式的存在，他启迪了一代人，同时也禁锢了一代人。雷军和张小龙都出生于 1969 年，此时，他们分别就读于武汉大学和华中科技大学。

在很长的时间里，这两个人处在中国最好的程序员之列，甚至他们认为自己将一辈子都是程序员。1996 年，雷军在北京创办了最早的BBS 站点之一——西站，张小龙则在广州开发出令人惊艳的电子邮箱Foxmail。再后来，雷军加入金山软件，张小龙则在2005年被上市不久的马化腾收编。他们一度都被认为已经过气，可是，就在2011年，却因风云际会，这两个“乔布斯信徒”意外地匹马单骑，从边缘地带杀到了时代的中央。

2010年10月19日，一款基于手机通讯录的社交软件Kik登录苹果商店和安卓商店，它可在本地通讯录直接建立与联系人的连接，并实现免费短信聊天，因功能简捷而具有病毒传播性，在短短15日之内，吸引了100万的使用者。雷军是中国的第一个仿效者，他仅仅用了一个月的开发时间，在12月10日发布了第一款模仿Kik的产品——米聊。他派人去深圳的腾讯总部打探，看有没有人也在做类似的产品，传回的消息让他放心，“如果腾讯介入这个领域，那米聊成功的可能性就会被大大降低，介入得越早，我们成功的难度越大。据内部消息，腾讯给了我们3个月的时间”。

雷军没有发现偏居广州一隅的张小龙。在腾讯主管邮箱业务的他几乎同时盯上了Kik，他带着一支不到十人的小团队——其中两个是刚刚入职的大学毕业生，用60多天的时间完成了第一代研发。2011年1月21日产品推出，定名“微信”。

微信的开屏界面是张小龙亲自选定的，“我们的设计师给出了好几个方案，其中一个是月球表面图，有很浩瀚的宇宙感，我建议改成地球。上面是站一个人、两个人还是很多人，也讨论了一阵，最终决定，只站一个人”。

这就是后来每个人都很熟悉的微信开屏界面：一个孤独的身影站立在地平线上，面对蓝色星球，仿佛在期待来自宇宙同类的呼唤。

接下来的几个月里，背靠腾讯强大的社交资源，张小龙“猎杀”雷军。就如同所有美国互联网产品的中国化改造路径一样，脱胎于Kik的微信很快迭代进化，分别上线了图片分享、语音聊天、“摇一摇”、“漂流瓶”等功能，持续的迭代让人惊喜连连却也引来各方的争议。在某个版本上，张小龙让同事在启动页上加了一句话：“如果你说我是错的，你要证明你

▲ 张小龙

是对的。”到7月，微信推出“查看附近的人”，微信的日增用户数一跃而达到惊人的10万以上，用张小龙的话说，“这个功能彻底扭转了战局”。

微信的意外火爆，让陷入微博苦战的马化腾一下子得到解救。在过去的一年里，3Q大战让他心力交瘁，而新浪微博的狂飙崛起更是让他感觉到社交话语权旁落的致命危机。他在腾讯微博上投注了巨大的热情，腼腆的他甚至亲自出面拉人开博，可是经验又告诉他，能够战胜微博的一定不是另外一个微博。而此时，微信的出现，则让他瞭望到一个新战场，他称之为“腾讯登上移动互联网大船的第一张站台票”。到年底，微信的用户量突破6 000万，马化腾对部属们说：“微博的战争结束了。”

张小龙的“匹马救主”，不但遏制了新浪微博，同时也终结了他的同龄人雷军的社交大梦。米聊的落败一度让雷军意兴阑珊，不过，很快他从互联网“降维”到实体产业。在他看来，乔布斯已经打开了“潘多拉的魔盒”，可是，在手机制造领域里，几乎没有人真正理解正在被乔布斯重新定义的未来。

从4月开始，雷军把全部精力转移到智能手机的研发上。他组建了一支200多人的团队，其中一半来自金山、微软、摩托罗拉和谷歌，他还四处游说，得到了4 100万美元的融资。晨兴资本的刘芹回忆说：“有一次雷军跟我通了4个小时的电话，口干舌燥地告诉我，他的手机将复制乔布斯式的成功。”从一开始，雷军就试图用别人从来没有尝试过的方式推销他的手机，他在互联网上运营了一个叫MIUI的社群，聚集了数万名对智能硬件感兴趣的发烧友，他声称自己的手机将“为发烧而生”。他把手机的发布会选定在北京798艺术园区，场内有400个座位，其中200个留给了MIUI的发烧友。

8月16日，身穿黑色T恤和蓝色牛仔长裤的雷军出现在小米手机的发布会上，现场因为拥进过多的粉丝而拥挤不堪，甚至连凡客的陈年都因迟到而被堵在场外。第二天的媒体报道描述说：“雷军昨日的出场扮相，像极了乔布斯，而整个小米手机发布会现场也与每年苹果的产品发布会如出一辙。”雷军用长长的两个小时，向全国的媒体记者和他的发烧友们描绘了即将诞生的手机，“它是国内首款双核1.5G手机，全球主频最快智能手机”。他介绍说，苹果iPhone 4是单核1G的CPU，小米手机是双核1.5G的CPU，单是从这个指标方面，小米手机的运算速度是苹果iPhone 4的3

▲ 雷军在小米手机的发布会上

倍。“我强烈推荐所有移动互联网的同行同时使用 iPhone 和 Android。唯一遗憾是我的 iPhone 没电了，小米手机还有 60% 电量。”

雷军的演讲不断被掌声和笑声打断，他十分完美地扮演了乔布斯的“中国附体者”，后来因此被戏称为“雷布斯”。而小米手机则是对苹果手机的一次精神克隆，雷军把乔布斯的极简主义风格完全复制到自己的小米手机上，他甚至在演讲中宣称，“没有设计是最好的设计”。

整个小米发布会飘散着乔布斯和苹果的幽灵，最后，当价格公布的时候，雷军终于亮出了真正的“中国利斧”：1 999 元的定价，不到苹果 iPhone 4 的一半。“这是我们的割喉价。”雷军大声说。[①]

雷军的此次发布会是中国制造史上的一个经典时刻，它堪比 1984 年的海尔张瑞敏砸冰箱。如果说，后者意味着标准化制造和质量意识的苏醒，那么，8 月 16 日则是互联网精神对传统制造业的一次致命突袭，它以十分突兀和另类的方式完成了革命性的融合。

就在雷军发布小米手机的一周后，8 月 24 日，乔布斯宣布不再担任苹果公司 CEO。10 月 6 日，56 岁的乔布斯去世，他那道瘦弱的身影仍将笼罩未来十年的互联网世界。对他的追慕和仿效，至少在中国，才刚刚真正开始。

在后来的半年里，小米手机成为最畅销的手机产品，销量狂飙般地突破 100 万台，交易全部在网上完成，完全没有地面渠道的支持。这对于所有制造业者来说，几乎是一个不可能的奇迹。雷军提出“专注、极致、口碑、快”的经营七字诀，全面颠覆了制造业的自信和核心价值观。他还有一个“风口说”，在这个风云荡漾的大时代，你必须勇敢地拥抱趋势，“站在风口上，连猪都会飞起来”。

---

① “832 定律”：手机行业的市场专家陈峰提出了这个定律，当苹果这样的标杆企业推出一项产品之后，如果中国的跟进厂商提供的产品能够做到性能是苹果产品的八成、价格是前者三分之一的话，那么，后续产品的市场规模将可以达到前者的两倍。

在刚刚过去的2010年，中国制造业产出占全球的比重达到19.8%，第一次超过美国的19.4%，把美国保持了一百多年的“制造第一大国”的头衔揽入自己怀中。可是，也几乎就在同时，它正面临“天崩地裂”式的危机。

所谓“天崩”，首先体现为外贸的萎缩。在过去的四年里，国际贸易增速连续以两位数的速度下滑，并且看不到回暖的迹象。其次则是制造环节的各项成本的抬升，无论是劳动力、土地还是原材料成本都水涨船高，如一根根绳索勒紧企业主的脖子，仅在珠三角地区，就起码有超过1 000家台资鞋企要么缩产歇业，要么将工厂转移到东南亚。

所谓“地裂”，则是互联网力量所造成的渠道突变。随着电商的冲击，年轻的消费者越来越习惯在网上购物，经典意义上的、金字塔式的分销模式开始崩塌。几乎所有的过往成功者都突然发现，数以万计的专卖店或百货连锁柜台成了少人光临的“马奇诺防线”。

在2008年的8月，曾有一本名为《李宁：冠军的心》的企业传记正式出版，在封面上，前世界体操冠军李宁自信地露出笑容。[①]自1990年创业以来，他用20年时间，让自己从最成功的体育明星转型为中国最大体育用品制造商的创建者，2008年的奥运会点火仪式更是让他的人气再度攀升。2009年，李宁公司实现净利润39.7亿元，同比上涨23.3%，它在中国市场的销售额超越阿迪达斯，仅次于耐克。李宁公司CEO张志勇宣布“中国市场的战争告一段落”，他买下了西班牙篮球队的队衣广告，并重金签下美国NBA巨星担当品牌代言人，开始谋划进军欧美市场。

然而，就在此之后，李宁的业绩突然发生断崖式的下跌，2010年的净利润暴跌至11.08亿，到今年，更跳水至3.86亿元，仅相当于两年前的十分之一，它的股价在短短五个月时间里被腰斩。

李宁的危机是结构式的，渠道能力的萎缩导致库存的激增。同时对新生代消费者而言，李宁的传奇属于父辈，与他们已经没有任何人格上的共

① 《李宁：冠军的心》，虞立琪著，中信出版社，2008年。

鸣。张志勇试图再造品牌的内涵，他更改了主打广告词，从“一切皆有可能”改为“让改变发生”（Make the Change）。此外，张志勇还推出全新的运动品牌乐途（Lotto），后者烧掉了两个亿，却毫无起色。在一封内部邮件中，张志勇用一种畏惧的口吻告诉他的同事们：“我们现在是一架已经在航行中的飞机，我们并不能马上降落，因此我们需要在航行中修理，恐惧的产生是每一个人在这个环境中必然的反应。”

李宁在转型和品牌升级上所遭遇的尴尬，几乎是所有“中国制造”的一个缩影。在针对李宁产品的调查中发现，如果一双标价 800 元的耐克鞋和一双标价 700 元的李宁鞋同时摆在消费者面前，消费者会选择耐克；如果一双标价 330 元的李宁鞋和一双标价 250 元的安踏鞋摆在消费者面前，消费者却会选择安踏。

在运动服饰领域，李宁危情显然不是一个孤例，如果你在今年去福建晋江，会看到几乎类似的一幕。

晋江是一个常住人口只有 190 多万的县级市，但这里却是中国最大的运动休闲鞋和服装生产基地，仅陈埭镇一地就有 3 000 多家企业，一度年产运动鞋 5 亿多双，占全国运动鞋产量的一半。经历二十多年的发展，晋江冒出近百个本土品牌，连锁规模超过 3 000 家店的就有安踏、特步、361°、乔丹、匹克、鸿星尔克、德尔惠、康踏、贵人鸟、柒牌、利郎、金莱克等。

它们征战市场的招数被业内称为“晋江三板斧”：明星代言和广告轰炸、抢占四五线城镇、集体上市。晋江品牌几乎签遍了大陆和港台明星，业内惊呼“晋江人赚 10 元钱，敢拿出六七元钱来打广告”。2006 年世界杯期间，中央电视台体育频道CCTV-5 每 4 个广告中就有一个是晋江品牌，以致有人戏称CCTV-5 为“晋江频道”。同时，晋江企业在上市融资方面非常激进，先后有近 40 家企业在内地A股及中国香港、新加坡等地上市，数量之多仅次于江苏省的江阴市。

2008 年奥运会之后，运动服饰行业呈爆发式增长，特步、匹克和

361°相继上市，六大国产品牌的店面数在2010年突破5 000家，有的更多达8 000家。以平均每个品牌开6 000家店计算，相当于中国的每个县城有20多家运动品牌店，“它们占领了每一个十字路口”。

晋江企业更是大规模扩产，疯狂增加广告投放，在2011年，晋江的GDP首次突破千亿元大关，在国内县级市中首屈一指，然而与此同时，可怕的库存激增和利润萎缩的压力也同期而至。

当地行业协会的一份调查显示，内贸市场产能过剩，利润空间缩小，目前最好的企业利润能到5%，中等企业只有3%，匹克今年已关闭2 000家低效门店，安踏也相继关闭200多家门店。另一边，外贸市场也受到欧美市场疲软冲击，“以前，一个货柜能赚5万元，现在只剩几千元利润。以前，同款式的鞋可以做20万双，现在也就两三千双，还要不同颜色的”。[①]

▲ 国产运动品牌陷入“关店潮”

如果说，2008年的飞跃危机尚存有相当的外部压迫因素的话，那么，发生在2011年的李宁及晋江困局则更多的具有内生特征，即建立在成本和规模两大优势基础上的“中国制造”，在抵达巅峰的时候，已遭遇转型的拐点。这将是一个相当长的下行滑坡，危机如雪球，将越滚越大，所有的制造业者都将被裹挟其间。在身不由己中，牺牲者层出不穷，而他们中的相当一

① 《财新周刊》，“另类晋江模式”，2012年12月第49期。

部分是过往三十年的志得意满者。更可怕的是，这个滑坡的终点在哪里，没有人知道。

有人开始早早地预言，滑坡通往深渊。前年到访过中国的保罗·克鲁格曼在《纽约时报》撰文“*Will China Break?* ”①，中国要歇菜了吗？

克鲁格曼对日本经济泡沫、美国大萧条都深有研究，他的文章对比了中国眼下的形势与日本当年的泡沫经济，以及美国金融危机前一些地区出现的房地产泡沫情况。他得出的结论是：中国经济将失去其增长最重要的动力——贸易盈余。

在过去的很多年里，中国不停地出口，不停地制造，不停地投资（占GDP的近一半）。但是，这个战略已经难以为继。近年来，中国出口增速持续下降，如果考虑出口产品涨价因素，实际增速接近零。而在内需方面，中国的消费在GDP中的比例太低，约为35%，为美国的一半。更要命的是，中国的资金都投向了价格不停上涨的房地产。中国为刺激经济增长投入的四万亿元，经过各地方政府的放大后，投到房地产和基础设施建设中去，形成了难以偿还的债务。

根据上述的分析，克鲁格曼认为，美国的日子虽然也很难过，可是“中国要歇菜了”。他甚至预言，这是一个长期的衰退通道，危机将在六年后总爆发，中国将成为全球经济危机的下一个策源地。他悲观地写道：“有了欧洲债务危机，我们真的不必再有一个新的震中。”在国际经济界，与他持相同观点的不在少数。“末日博士”鲁比尼在今年夏天的一场演讲中预言，中国经济将在2013年硬着陆。而彭博社在一则分析报道中披露，已经有11个省级政府平台正在延期支付301亿元的利息，银监会开始着手研拟延期还贷细则，一旦细则出台，等于宣布继美债和欧债危机后，中国的债务危机正式爆发。

自1978年改革开放之后，几乎每隔一段时间，中国经济就被预言要

① “Will China Break?”, *The New York Times*, Dec 19, 2011.

崩盘，譬如在1989年、1998年、2001年和2008年，而此次的克鲁格曼警告是最新的一次。但是，后来的事实证明，这些预言家都低估了中国经济的耐受力和可以腾挪的空间。如果仅仅在存量的意义上，也许那些年份的中国都已经有一只脚滑到了深渊的边缘，不过，让人意外的是，总是有新的树枝突然出现。这些树枝在不同的时期有不同的名称，比如制度红利、人口红利、土地红利、国际化红利、货币泡沫或者消费升级。在2011年，那根最粗、最醒目的树枝，叫作互联网冲击波。

2011年，对于45岁的马云来说，可谓百味杂陈。他因为一起股权转移风波而成为被华尔街怀疑的人，与此同时，因淘宝规则的更改，他遭遇了一次尴尬的“十月围城”。

此时的阿里巴巴有两大事业板块：一是在香港上市的B2B业务，它是中国外贸经济的晴雨表；二是正处在爆发期的淘宝业务，它是国内消费产业的新电子商务平台。从去年起，马云开始筹划新的资本行动，他打算让香港的上市公司私有化——它的股价较最高点已经跌去五分之四，如同一块遭人抱怨的“鸡肋”，同时启动以淘宝业务为主体的新上市计划。在整盘谋划过程中，一件棘手的事情发生了：如何处置支付宝业务？

作为中国最早的第三方支付平台，支付宝在2003年上线，仅比淘宝上线迟了一年。不夸张地说，正是有了支付宝，阿里巴巴才闯出了一条与亿贝（eBay）完全不同的电商模式。经历近十年的发展，具有强大资金沉淀能力的支付宝成为阿里巴巴新的核心资产，截至2010年年底，支付宝拥有5.5亿名注册用户，成为全国最大的第三方支付工具。

与阿里巴巴的迅猛扩张相映成趣的是，它的第一大股东、持有39%股份的美国雅虎却陷入了难以逆转的困境，受到谷歌、脸书的夹击，这家曾经的明星公司颓势尽现，杨致远两度复出却始终无所建树。2010年2月，作为新闻门户网站，雅虎被脸书超越。到年底，有人粗略算了一下，雅虎的市值几乎相当于它在阿里巴巴所持有的股权价值。也就是说，如果剔除阿里巴巴股票，雅虎已经一文不值。马云决意在这样的时刻，把支付宝资产从阿里巴巴体系中剥离出来。

后来披露的事实表明，他的这一决心是一个蓄谋已久的行动。早在 2009 年 7 月召开的一次董事会上，阿里巴巴就讨论并确认了支付宝的 70% 股权已转入一家独立的马云私人公司，到 2010 年的 8 月，全部支付宝股份从阿里巴巴转出。

今年的 5 月 12 日，雅虎突然发表了一则声明称，“阿里巴巴集团将支付宝在线支付业务转移给其他公司，并未获得阿里巴巴集团董事会或股东的批准，甚至不知情”。这一消息顿时引发轩然大波。

阿里巴巴在第二天迅速做出解释，理由是：2010 年 6 月，中国人民银行发布的《非金融机构支付服务管理办法》规定，支付业务许可证的申请人为“在中华人民共和国境内依法设立的有限责任公司或股份有限公司，且为非金融机构法人”。所以，阿里巴巴的行动是迫不得已，马云曾向雅虎提交正式的股票回购提议，但最终遭到拒绝，双方矛盾因此公开化。

支付宝风波在美国和中国财经界都引起了很大的争议，在华尔街看来，马云的行为近乎“窃贼”，意味着雅虎至少有 30 亿到 50 亿美元的资产被“偷”走了，严重侵犯了股东的利益。在雅虎发表声明后，其股票大跌，并遭到小股东们的集体诉讼。

6 月 12 日，著名财经人胡舒立发表评论《马云为什么错了》。在她看来，“马云在集团两大股东未同意的情况下，擅自将公司核心资产转入自己名下，且转让价格超低显失公允，严重违反了股东之间的契约，也违反了股东与管理层之间的契约。我们赞同多数人的看法，认为马云错了。错在违背了支撑市场经济的契约原则，其后果不可小视”。胡舒立还从中国企业的国际化形象角度，表达自己的担忧，她写道：“中国企业常有‘契约软肋’，由内部人控制的资产腾挪并不鲜见，而事情发生在国内外深受尊重、被视为中国企业家标杆人物的马云身上，发生在中国引以为豪的成功企业阿里巴巴，其‘负示范作用’就更为显著，可能直接影响海外投资者对中国公司的信任，形成大范围的‘支付宝折扣’。这也是许多往昔喜爱马云、寄望马云的识者备觉痛心疾首的原因。”

就在这篇文章发布的几个小时后，正在美国斡旋的马云与“胡大姐”进行了短信沟通，其间多次出现“晕倒”“呵呵”“唉！”等字眼，可见他内心的纠结和复杂。马云表达了两层主要的意见。其一，“我讨厌民族主义，更反对违背契约精神。对我们来说，企业受人尊重远比利益重要，因为我们企业的年轻人平均只有 26 岁。他们要走很远的路”。其二，“支付数据的安全是任何国家不会轻易放弃的，是安全问题而不是民族问题。我的开放主义并不亚于任何人，但我理解未来时代是数据的竞争。我们拥有了国家的经济数据。在美国，我们会碰上同样的问题”。

在马云看来，他有无法言表的难言之隐。其中涉及中美两国对契约的不同理解，以及支付数据的“国家安全”，而雅虎不可能不知道过去两年的运作，它之所以在此时发难，一方面是为了给美国资本市场一个交代，另一方面则是为了争取利益。后来的事态是朝着有利于马云的方向发展的。7 月 29 日，阿里巴巴、雅虎和软银签订了支付宝股权转让的后续补偿协议，补偿的核心是，剥离后的支付宝公司承诺在未来上市时给予阿里巴巴集团一次性的现金回报，回报额将不低于 20 亿美元且不超过 60 亿美元。

如果说，支付宝风波让马云在国际资本市场饱受争议，那么，紧接着发生的“十月围城”事件则令他更加的被动，因为发难的是他国内的“衣食父母”。

10 月 10 日，淘宝商城发布了《2012 年度淘宝商城商家招商续签及规则调整公告》，核心内容是将技术服务年费从以往的 6 000 元提高至 3 万元和 6 万元两个档次，涨幅为 5 倍到 10 倍。同时，商铺的违约保证金数额全线提高，由以往的 1 万元涨至 5 万元、10 万元、15 万元不等，最高涨幅高达 150%。

这则公告发布后，立即就在拥有150万之众的淘宝卖家中点燃了冲天的愤怒。当天晚上，在YY的一个语音频道里，小卖家们开始聚集，人数从200多人迅猛增加，最多的时候居然拥进了7万多人。在过去的这些年里，卖家伴随淘宝成长，是中国乃至世界上第一批试水互联网贩售的买卖人。他们中绝大多数是二三十岁的年轻人，居住在三四线城镇，以微薄的资本和二十四小时的服务精神，做着几万或者几百万的生意，在百万计的人群中，真正赚到钱的应该不足三成。在YY频道里，不满、委屈和愤怒，像海啸一样被唤起，“大家的故事都差不多，说着说着有人对着麦克风就哭了，然后一直哭一直哭”。

有人提议“以暴易暴”，一个名为“反淘宝联盟”的民间组织自发成立。10月11日晚上，一些年销售过亿的大卖家商铺突然拥进了难以计数的“顾客”，他们拍下几乎每件货品，付款或选择“货到付款”，当商家们正疑惑要不要发货时，他们发现刚刚付款的“亲”已经在“申请退款”，一时间，淘宝网天下大乱。

激烈的抗议还发生在真实世界。数以百计的人赶到杭州的淘宝总部，高举标语，点燃蜡烛，漏夜静坐，并声称要组织抗议大游行。有17名淘宝维权人士甚至跑到香港中环广场搭设“灵堂”，抗议“淘宝马云奸商行为”。

“围城”事件前后持续了一个多月，最后在商务部的介入下，淘宝延后了新规执行时间，并将所有商家2012年的保证金减半，还称将投入18亿元扶植中小卖家。

2011年的夏秋时节，对于马云来说，一定是颇为煎熬的。他一手缔造的公司突然之间呈现出“帝国”的特征，一个对其他企业而言并不特殊的商业政策，对于阿里巴巴来说，却可能影响上百万人的生计，甚至动摇整个行业的稳定性。

发生在去年的3Q大战和今年的“十月围城”，让中国最大的两家互联网公司相继陷入始料未及的巨大旋涡之中，甚至让两位创始人发生了自我价值的认知怀疑。它们的呈现景象不同，但本质是一样的，即平台型企业在完成了对旧体系的革命性破坏之后，自身成了被革命的对象。互联网经济天然具有“环境通吃”的特点，平台主导，流量为王，强者恒强，利益通吃。平台自身、相关的资本合作方乃至所服务的用户，都对急速膨胀的规模和利益无法适应。

事后来看，无论多大的风波都无法阻止这家企业持续做强。就在“十月围城”的一个月后，第三届“双十一光棍节”如期举办，当日交易额 53 亿元，已是两年前的 100 倍。马云把淘宝商城正式更名为“天猫”，并提议把“网购狂欢节”改成“购物狂欢节”，一字之改，表达了电商对零售商业的全面攻击。在今年，中国网购市场交易规模达 7 735 亿元，较上年增长 67.8%，占社会消费品零售总额的比重达到 4.3%，逼近美国的同比数据。

也是在 2011 年，互联网的第三个冲击波出现了。如果说 2000 年前后的新闻门户是第一次的话——它改变了中国人与信息的关系，那么，以阿里巴巴和京东为代表的电商是第二次——它改变了中国人与商品的关系。今年，互联网则开始改变消费者与服务的关系，它被称为O2O（online to offline），从线上到线下的融合。

在美国，以Groupon网站为代表的团购模式正广受追捧，在过去的两年里，它实现了惊人的发展，安德鲁·梅森拒绝了谷歌发出的 60 亿美元的要约收购，轰动整个投资界，《福布斯》杂志把它评为“历史上增长最快的公司”，[①]《纽约时报》称它可能是史上最疯狂的互联网公司。梅森宣称要进军中国市场，雇用 1 000 名以上的员工，并砸下 10 亿美元。受Groupon模式的刺激，王兴在去年的 3 月成立美团网，另外一个叫吴波的连续创业者在半个多月后成立拉手网。

吴波已经创办过 5 个公司，并全部成功出售，他有一种硅谷式的理念，即认为“互联网创业本来就是一场资本游戏。在它不是资本游戏的时

① “Meet the Fastest Growing Company Ever”, *Forbes*, Aug 12, 2010.

候就需要你把它做成一个资本游戏”①，当一个趋势或新模式出现的时候，就应该快速切入，并充分借助资本的力量把规模做大，然后待价而沽。这是一类前所未见的创业者，他们的出现迎合了资本市场的需求。进入2011年之后，中国的私募资本市场急速扩容。据清科研究中心的统计，在今年，中外创投机构于中国大陆市场共新募基金382支，为2010年的2.42倍，募集资本总量282.02亿美元，为2010年的2.53倍。在一年中，共发生1 503起投资交易，所有的风险投资人都在寻找“疯狂的猎手”。

Groupon在北美的快速成功，俨然创造了一个巨大的“风口”，它的进入门槛很低，只要有三五个人、创办一个网站就可以开干。同时，市场容量则非常大，零售服务业涉及上千细分门类，总值超过5万亿元市场规模，并且一盘散沙，效率极低。于是，在风险投资人和创业者的双向推动下，团购领域被急速引爆。

吴波的拉手网在创办的第28天即获得了泰山资本1 000万美元的风投资金，成为国内第一个成功融资的团购网站。半年之内，紧接着又完成两轮、共计1.6亿美元的融资，估值高达11亿美元，赫然已是一只“独角兽”。吴波曾回忆“如拍卖会般的融资盛况”——“最后挤进来的一家基金，通过我的私人关系打了招呼，这轮都没有新增董事席位”。在拉手网效应的刺激下，到2011年8月，中国居然出现了5 000多家团购公司，引发了一场引人瞩目的“千团大战”。

团购模式看上去简洁轻快，但是随着加入者的激增，很快衍变成一个劳动力和资本的双密集型战场。一方面，团购公司需要在数以百计的城市里雇用员工，设立站点，完成网站与地面店家的合作契约，这是一个比拼体力和速度的过程，几乎所有号称全国性的团购企业都起码雇用2 000名以上的地推人员。另一方面，为了拉拢店家参与和吸引消费者注册，团购公司必须进行大规模的补贴，它实际上演化为一场惨烈的烧钱大战。很

---

① 《财新周刊》，“团购的游戏”，2011年1月第1期。

快，团购便与“共享经济”无关，而成了如假包换的折扣游戏。

尽管如此，团购模式所可能带来的入口价值仍然让人垂涎三尺，除了数以千计的创业者之外，几乎所有的互联网平台公司全数卷入其中，腾讯与Groupon联手组建了高朋网，阿里巴巴领投、其余三家跟进，以5 000万美元火线投资，新浪和京东都开通了自己的团购频道，起步稍迟的百度后来以1.6亿美元收购了糯米网。

从2011年到2012年，起码有上百亿的风险投资和数十万年轻人投入狂热的“千团大战”之中，他们中的绝大多数成了“炮灰”。吴波的拉手网在2011年10月底，就早早地向纳斯达克递交了IPO招股书，计划融资1亿美元，连股票交易代码“LASO”都想好了。然而，它的数据实在太难看了——仅上半年就净亏损3.9亿元，最终上市搁浅，吴波的资本游戏也随即破灭。到2012年的中期，99%的团购公司不复存在，这又是一场“一将功成万骨枯”的惨战。

不过，混乱是一切新秩序的前提。“先烈”们的行动还是具有非凡的意义，百亿风投资本和无数年轻人的热情，如一把突如其来的野火，烧掉了传统消费服务业与互联网之间的那道“篱笆墙”，数以百万计的火锅店、小杂货铺和电影院被赶到了网上。浓烟散尽之后，人们透过一地的美元和人民币纸灰，看到了一个被彻底激活的O2O市场。

“我们已在2011年2月22日停止所有百思买品牌零售店铺的经营，我们的客户服务热线将继续开放，为您解答问题及提供客服协助。”

2011年2月23日，在上海徐家汇的百思买店门口贴出了一则公告。这意味着百思买——这家全球最大的电器零售连锁巨头退出中国市场，它在这一天关闭了全部9家门店及上海零售总部。

在北美，百思买被称为极富创新精神的企业。它首创了“大型家电专业店+连锁经营”模式，即便在金融危机爆发的2009年，百思买也实现了逆市上扬，创下销售额450亿美元的新高。然而，就是在中国市场，互联网形成的冲击波，不但让本土百货零售公司晕头转向，同样让国际企业难以招架。它们发现，中国正在成为全球电子商务变革最为激进的国家，以往所有的经验都亟待重估。

在今年，除了百思买退出之外，其他四大国际零售企业也都相继更换了主帅。

3月，英国最大零售商乐购（TESCO）宣布调整中国区首席执行官；8月，法国最大零售公司家乐福的大中华区帅印易主；10月，德国最大零售商麦德龙任命新的中国区总裁兼首席运营官；同样也是在10月，全球最大零售公司、美国的沃尔玛集团宣布中国区总裁辞职。

▲ 上海百思买徐家汇店门前的“告顾客书”的醒目牌子

即便是那些在过往的30年里取得巨大成功的国际品牌，也在新的竞争环境下表现得难以适应。家化产业的宝洁进入中国已经23年，它一度与可口可乐一起，被视为最成功的跨国消费品企业，宝洁营销模型和品牌理念是中国公司学习的教科书，它的中高管是人才市场上的紧俏品，一度被叫作“黄埔军校”。可是，在2011年，它同样发现自己染上了“不适症”。

进入中国的最初十多年，宝洁公司在护肤品、洗护产品、洗涤产品每个品类都高歌猛进，其洗护产品在华的综合市场占有率一度突破了50%，堪称惊人。可是随着本土品牌的崛起，宝洁的地位正遭遇挑战，欧睿咨询公布的相关数据显示：宝洁在华牙膏市场的占有率已被本土品牌超越，在洗涤产品系列中，广州立白和浙江纳爱斯两家本土公司的产品份额已达到27.6%，宝洁的市场份额则被挤压至7.6%。在洗发护肤领域，宝洁在中国只推出了6种新品，但在竞争激烈的市场上，平均每小时就有两种新品出现。

在很长时间里，宝洁一直抱持着高高在上的姿态，在它看来，中国的女性消费者理所当然都是纽约或巴黎潮流的尾随粉丝。作为宝洁全球销售量第二的核心区域市场，中国区竟然没有独立研发新产品的权限。

然而，随着自信的中产消费族群的出现，中国女性的本土意识开始觉醒，“汉方中国风”成为新的流行趋势，而宝洁在这一方面几乎毫无建树。《21世纪经济报道》在一篇综述中认为：“宝洁需要迅速直视的一个现实是，其面对的中国市场已经今非昔比。国内几家新兴品牌正从风格、品牌和价格等方面发起全面的攻击，这批护肤品品牌有别于过去国内大宝、小护士这样定位较低端的旧模式，而是选择与宝洁在同一等级上直接开展竞争。”

2011年，在利润下滑与原材料成本高企的双重夹击之下，宝洁被迫进行了多轮裁员。它的中国区总裁在下一年被迫辞职。宝洁CEO大卫·泰勒终于开始承认错误：“宝洁一直把中国当成一个发展中市场，而实际上中国已成为全世界消费者最挑剔的市场，宝洁公司对消费者需求转向较高端产品的转变毫无准备。”[①] 然而，颓势在后来的几年并未被遏制，直到2015年的11月，宝洁中国才在天猫国际开出它的首家海外旗舰店。

今年2月，铁道部部长刘志军落马。过去几年，中国的高速铁路工程

① 《时代周报》，“宝洁的中国困局”，2016年7月。

得到迅猛发展，从而改变了东南沿海优先发展的局面，推动了整个中部地区的重新崛起。

在2004年，中国的铁路投资只有516亿元，[①]2006年之后开始大规模启动高铁建设，铁路建设资金年年加码，其后三年的投资额都在2 000亿元到3 000亿元之间。2009年，随着“四万亿计划”的实施，铁路投资成为主力项目，一次性获得1.5万亿的投资额度，当年度的投资就翻番至6 000多亿元，2010年更达7 091亿元，成为“铁公基”——铁路、公路、城建基础设施——中的天字第一号工程。[②]

由于缺乏核心技术能力，中国的高铁建设可谓一波三折。

2007年，在部分民间反日人士的抗议压力下，铁道部引入日本川崎重工的E2高速列车，成为“和谐号”动车组CRH2型。日本青年评论家加藤嘉一在一篇专栏中记录了一段有趣的经历：他登上列车，发现洗脸盆上贴着塑胶纸，纸上写着“水”和“洗手液”，他偷偷揭开，洗脸盆上原来的日文说明露了出来，加藤写道：“这让我感到十分亲切，洗脸盆毕竟是一个简单的部件，从这个细节可以猜测，这列火车的国产化率不会很高。”

加藤所描写的景象，仅仅两年后就再也找不到了。在高铁大建设中，铁道部对全球招标，日本、德国、法国和加拿大公司参与了激烈的竞争，媒体报道称，“为了取得更多的订单，日本人、法国人、德国人和加拿大人在夏天的北京互相批斗，把几十年来互相搜集的情报提供给了铁道部，价格越降越低”。[③]2009年，铁道部招标购买时速350公里的高速列车，西门子报出的价格竟比三年前的250公里列车的价格还低，还承诺以8 000万欧元的价格出售全车制造技术。2010年7月，铁道部下属的工厂

---

① 《中国产经新闻》，“中国铁路投融资：允许民资参与欲砸铁路铁饭碗”，2005年9月26日。

② 中国经营网综合报道，“‘高铁之父’刘志军与中国高铁建设的盛衰路”，2003年7月11日。

③ FT中文网，“刘志军的高铁遗产”，2011年2月23日。

推出了中国第三代动车组CRH380，被认为是“世界上最快的有轮子的火车”。与前两代相比，这一动车组的核心技术均由中国掌握专利权或自行研制。

除了列车技术，中国在路基建设上也颇有突破，北京到广州的高铁几乎建在一座从北到南的没有弯曲的大桥上，CRH列车可以用380公里的速度跑完全程而无须减速，石家庄和太原之间的客专更是用一个隧道穿过了整座太行山。相比之下，日本的“东海线”有许多转弯，列车必须减速才能通过，它的真实速度只有中国高铁的一半。

中国在高速铁路建设上的经验和技术能力，被视为一种国家能力，在后来的“一带一路”倡议中发挥了重大的作用，它成为中国向其他发展中国家输出的、最核心的经济能力之一。

到2011年，全国铁路营业里程达到9.1万公里，其中高铁营业里程达到8 358公里，在建里程1.7万公里，无论是路网规模还是速度等级，中国高铁建设都跃居世界第一。在过去的这些年里，新项目几乎每个月都在上马，从京津、京沪、武广到郑西、沪杭、沪宁线。

自改革开放以来，东南沿海各省受特区及外向型经济的福泽，获得了倾斜式的优先发展，广袤的长江及黄河中游地区一直只承担劳动力和资源输出的任务，从而出现了“中部塌陷”的尴尬景象。开启于2006年、在2009年达到高潮的高铁大建设，彻底改变了物流、人流及企业投资的走向，进而重构了中国城市的格局，郑州、合肥、武汉、成都及重庆等城市因地处高铁大动脉的枢纽地位，而获得历史性的发展机遇。

在大建设中，负面效应也暴露无遗。首先是巨额债务的压力，到2009年年末，铁道部负债总额已达到1.3万亿元，每年仅还本付息就要支出733亿元，政企分开已成必行趋势。其次是部门腐败，铁路被认为是中国“政企不分症”最为严重的部门，也是垄断程度最高的领域之一，高铁涉及上万亿元投入，整体运营极不透明，预算超标是普遍现象却极少被追究。由于利益巨大，引来各路妖魔鬼怪的明争暗抢。在这一过程中，19 岁就进入武汉铁路分局当养路工的铁道部部长刘志军既是铁路建设“大跃进”的功臣，同时也成为官商勾结的牺牲品。[①]

▲“7 · 23”甬温线特大铁路事故

陈桂林是东北一家大型国有企业铸造分厂的工人，40 多岁那年，工厂难以为继，被“改革”了，他和同在厂里干活的妻子同时下岗。他会拉手风琴，便与几位同样下岗的老伙伴组建了一个草台班子，在人家出殡和商场搞促销时赚点辛苦钱。他有一个正在读小学、特别喜欢弹钢琴的女儿，因为买不起琴，他跟几位老伙计去偷琴，结果被抓进了派出所。他还用木板为女儿“画”了一架不能发出声音的“钢琴”。陈桂林的生活“一败涂

① 高铁事故：2011 年 7 月 23 日晚，两组高铁动车在距离温州南站约 5 公里处的高架桥上发生追尾事故，造成 40 人遇难、172 人受伤，是为轰动全国的“7 · 23”动车事件。2013 年 3 月，铁道部被裁撤，分别成立中国铁路总公司和国家铁路局，后者纳入交通运输部。

地”。他的妻子离家出走，跟上了一个卖假药的老板。两人开始争夺女儿的抚养权。女儿倒也现实，提出谁能给她一架钢琴就跟谁。身无分文的陈桂林就回到破败不堪的废弃车间，跟几位老伙计一起——他们现在的“身份”是大嫂级歌手、小偷、黑社会团伙的小头目、打麻将还要赖的赌徒、杀猪专业户、退休老工程师，硬生生地“铸造”出了一台钢琴。

今年 7 月，一部名字叫《钢的琴》的电影在国内院线放映，它被安排在“中国年度大片”《建党伟业》和“世界年度大片”《变形金刚 3》之间上映，最终只获得 641 万元的可怜票房，像一个“聊胜于无”的插曲。

▲ 电影《钢的琴》剧照

这个故事发生在 1998 年到 2003 年之间，当时，中央政府提出“三年搞活国有企业”，除了少数有资源垄断优势的大型企业之外，其余数以十万计的企业被“关停并转”，超过 2 000 万的产业工人被要求下岗。当时还没有建立社会保障体系，实行的是工龄买断的办法。他们是这个世界上最好的产业工人，技能高超——否则不可能用手工的方式打造出一台钢铸的钢琴，忠于职守，男人个性豪爽，女人温润体贴，他们没有犯过任何错误，却要承担完全不可能承受的改革代价。

当《钢的琴》悄悄放映的时候，一切都过去了。一地衰败的铁西区过去了，国有企业改革的难关过去了，2 000 万下岗工人的人生也都过去了。只有很小很小的一点忧伤，留在这部叫作《钢的琴》的小成本电影里，它让那些企图在电影院里逃避现实的人，有了一次突然与当代中国直面相撞的机会。历史常常做选择性的记忆，因而它是不真实的，甚或如卡尔·波普尔所说的，是“没有意义的”。

这个时代若真有尊严，它从来在民间。

在2010年如神话般崛起的凡客，到今年年底就陷入了成长的烦恼。它的员工人数在短短的半年时间里从3 000人膨胀到1.3万人，用陈年自己的话说，“公司大到已经有点看不清楚了”。更糟糕的是，凡客的库存居然高达14.4亿元，总亏损近6亿元，而年初制定的100亿元销售目标也只完成了三分之一。

陈年第一次发现自己的问题，是有一次去跑仓库，他看到了五花八门的各类商品，据说品类数竟多达19万种，其中包括菜刀和拖把。“有谁会来我们网站上买拖把呢？”他问年轻的下属们。

凡客是一家靠广告和营销话题砸出来的企业，2011年，陈年投放了10亿元的广告费，占到实际营业收入的三分之一。在凡客的考核指标中，最重要的三项是销售额、新用户增长、老用户复购。这是最为典型的互联网流量逻辑，似乎把水塘弄大，鱼自然就会增多和长大。

▲ 陈年在仓储中心亲自“拣货”

随着员工数的暴增，公司早早地患上了大公司病，仅衬衫部门就有200多人，“一个大学刚毕业的小孩，进入公司半年就能以老员工的姿态对后招进来的员工指手画脚，一年下3 000万元的订单”。

在凡客的背后站着十多家著名的风险投资机构，对它们来说，把规模做大，然后敲锣打鼓地上市，是至为紧要的事情。陈年曾经为了达到百亿目标，倒推需要扩张多少品类、多少SKU（库存量单位），需要有多少人去承担这样的业务量，“按照一个人管七个人的原则，公司就要有几十位副总、两三百位总监”。根据董事会既定的目标，公司应在2011年12月8日赴美上市，遗憾的是，下半年纳斯达克股市暴跌，加上马云的支付宝股权纠纷，凡客错过了“最好的上市窗口期”。

日后来看，凡客引爆了流行，却迷失于常识。

在创业的前三年，凡客符合马尔科姆·格拉德威尔在《引爆点：如何引发流行》[①]一书中提出的所有原理：由专家、网络极客和粉丝共同推动概念的诞生（个别人物法则），以精准的消费者定位撬动市场的热情（附着力因素法则），通过明星效应引发非理性和围观式购物（环境威力法则）。

接下来的三年，陈年面临的问题是，在流行被引爆之后，一家引领了潮流的企业如何让自己成为“正常的营利性组织”。

互联网营销就本质而言，是一种工具，而非目的本身。流行，如同字面呈现所示，它“既流且行”，是不确定的，是运动中的，而且未必按预想的方向衍生及变异。因此，引爆者如何将流行控制住，导向为一种可以被量化和可持续运营的商业能力，便成为一个更实际，也是最终具有价值的过程。

从这一角度考察凡客，可以发现陈年的四个“迷失”：

第一，在流行被引爆之后，凡客突然在品类上迷失，其产品从主打的衬衫、T恤和帆布鞋迅速扩展开去，似乎想要涵盖所有的年轻人商品；第二，在品牌销售和平台销售之间出现模式抉择的迷失，由一家专业垂直的电商模式向平台猛烈转型，公司定位漂移模糊；第三，在规模和产业链上迷失，为了一步迈入“百亿俱乐部”而不惜制造泡沫，营收、业务链条及人员规模无度扩大；第四，在实业经营和公司上市之间迷失，急于套现和制造神话的风险投资以它的贪婪吞噬了成长的理性和耐心。

事实上，凡客并没有犯下什么独特的错误。回望40年的公司史，在

---

① 《引爆点：如何引发流行》，［美］马尔科姆·格拉德威尔著，中信出版社，2014年。

不同的阶段和行业，出现过很多在极短的时间内引爆了流行的企业和品牌，譬如饮料业里的脑黄金、昂立一号和三株，电子业里的爱多、波导和厦新（后改名夏新），白酒业里的秦池、酒鬼，服装业里的杉杉、美特斯邦威等，它们中的大多数均没有闯过“引爆流行之后”那道坎。而在互联网领域，也可以列出一大排正在经受考验的年轻企业。

在后来的几年里，陈年展开了艰难的自救。

他把公司总部从北京西二环的高档商务中心搬到了偏远的亦庄，员工裁掉了98%，只剩下300人，销售品类从10多万个减少到300个。

陈年的老朋友，也是凡客投资人的雷军热心地为他下“指导棋”，在雷军看来，不够专注、不够极致是凡客遇到问题的原因。“雷军和我有过七八次、每次七八个小时的长谈，他开出了‘去毛利率、去组织架构、去KPI（关键绩效指标）’的三个改造方向。雷军问我，你能不能先专注地只做好一件最基本的产品？我想，衬衫最基础，也能体现出技术含量，而衬衫中最基础的是白衬衫。”

2014年，凡客完成第七次融资，金额超过1亿美元，绝大多数的早期投资人都“成功”退出。8月，陈年举办了名为“一件衬衫”的产品发布会，陈年像雷军那样，站在偌大的舞台中央，用一个多小时解答了一件好衬衫是怎么设计和制造出来的，他宣布这是全世界最好的衬衫，只售129元。

但是，白衬衫和小米模式似乎并没能拯救凡客，成功很难被复制，何况小米也在接下来的几年里陷入困境。

2016年春节，陈年对外界表示，历时两年多，曾经19亿的库存包袱终于清掉了。在一次创业者论坛上，陈年对台下的数百名年轻人说：“库存！库存！记住，库存、周转对于一个品牌来说，真的是唯一的生死线。在考虑这个大的风险前提之下再考虑其他的问题。记住，库存是个大问题。”

从2008年起，凡客先后融资4亿美元，估值一度高达30亿美元。

商业是一场持久战，一开始比的是灵感、勇猛和运气，接下来拼的是坚忍、格局和理性。

2012 落幕上半场

“人生总有起落，精神终可传承。”

——褚橙广告词

34岁的丁志健是北京一家出版公司的编辑部主任，北大研究生毕业后留京，然后结婚、购房、买车，每一天的生活都看上去忙碌而舒适，俨然已是这座拥有1 900万人口的大都市中的一个中产人士。2012年7月21日清晨，他出门去谈业务。妻子提醒他，昨天气象局发了预报，今天有大到暴雨，雨量可能达40到80毫米。

下午，果然有暴雨，可是雨量居然是215毫米，创下1951年以来的最高纪录。倾盆大雨之下，北京彻底沦陷，城区至少63处路段严重积水，交通大面积瘫痪。丁志健驾着黑色现代途胜SUV，在东二环广渠门桥西侧约300米的铁路桥下陷入大水之中，因车门无法打开，在束手无策的消防队员、大哭赶至的妻子和十多位围观市民的目睹下，窒息而死。

这一天，全北京死亡 79 人。[①]

和平年代，泱泱首都，一场大雨居然造成数十人溺亡，新闻震惊世界。排水专家告诉记者，北京的排水系统在全国各大城市中已属先进，但与东京、巴黎、纽约等国际大都市相比，其实远不在一个层次上，“建筑交通发展很快，但是地下落后得很远”。[②]

“下水道是一座城市的良心。”整个 7 月，全国媒体都一再地引用雨果的这句名言。一场暴雨洗刷出了两个残酷的事实——鲜亮的城市建设也许仅仅是表面的繁荣，而每一个中产阶层人士的生命居然是那么脆弱。

就在丁志健溺亡的两个月后，在距离广渠门不到 4 公里的地方，一根地下桩在雷鸣般的掌声中被响亮地打下。北京市宣布将建造一座 528 米高的摩天大楼，总投资 240 亿元，项目将创造 8 项世界之最和 15 项国内纪录。建成之后，这座定名为“中国尊”的建筑物将成为新的北京第一高度。

很显然，与复杂而隐蔽的排水系统相比，摩天大楼更容易令人兴奋。就在 2012 年，中国的各个城市正在展开一场以摩天大楼为主题的竞赛。此时，全国最高楼是建成于 2008 年的上海环球金融中心，楼高 492 米，几乎所有的新大楼都以它为赶超目标。上海宣布将建造 632 米的上海中心，深圳的平安中心则很“巧妙”地把高度设定在 646 米，武汉绿地中心的高度原定为 606 米，在得知上海和深圳的消息后，随即宣布将“拔高”到 666 米。

就在各个城市吵得不可开交的时候，11 月，一则来自湖南长沙的新闻，让大家都不好意思再开口，它宣布将兴建“天空城市”，高度为 838 米，一举超过 828 米的世界第一高楼迪拜塔。

有媒体计算了一下，未来十年内，中国将建设 1 300 座摩天大楼，已

---

① 中国天气网，“城市之殇——‘7 · 21’北京特大暴雨”，2012 年 8 月 20 日。

② 《新世纪》，“北京逝者”，2012 年第 30 期。

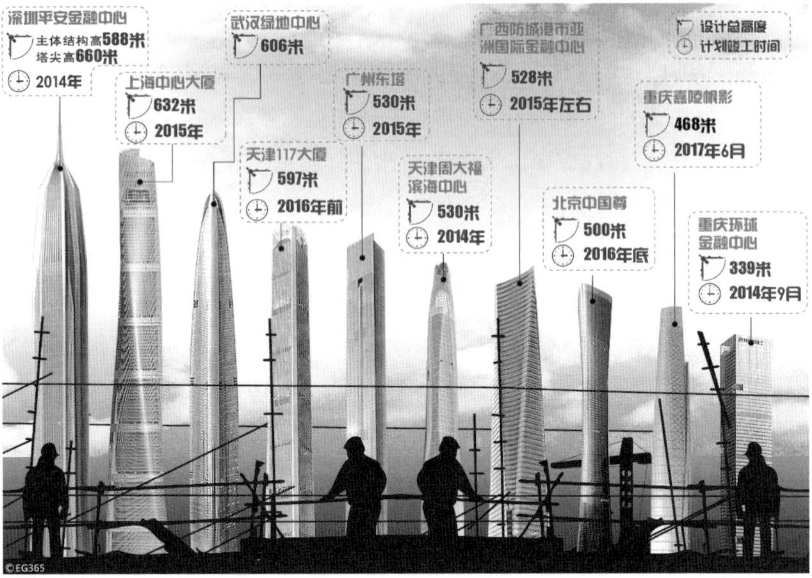

▲ 截至 2013 年 7 月时的全国十大在建摩天楼工程（图中数据为最初的设计高度，与实际建成或在建高度不同）

经投入的在建资金为 5 100 亿元，即将投入的约 1.1 万亿元，占商品房投资的 23%，约为铁路投资的 2.7 倍。[①] 到 2018 年前后，若那些宣布的项目全数落成，排名全球前十的摩天大楼中，有九座属于中国。

如果城市下水道与摩天大楼构成一对隐喻，那么，它体现了中国经济的极致两面性。在悲观论者看来，中国的迅猛发展只是一个空洞的泡沫，无论多么的炫目或膨胀，都无法掩盖内在的空虚，甚至其成长模式本身就是一个悖论。在乐观论者看来，成长从来是脆弱的，而且有必须支付的代价，外延与内在的不匹配正为制度创新提供可能性。

关于中国问题的此类争论，三十多年来，似乎从来没有停歇过，只是在今年，它呈现出了一些与以往不同的主题和特质。

① 摩天城市网，“中国摩天城市报告”，2012 年。

2012年4月，中共中央宣布对政治局委员、重庆市委书记薄熙来立案调查，一场历时五年的“唱红打黑”政治闹剧结束。

11月，中共第十八次全国代表大会在北京召开，全会选举习近平为党的总书记。在新的政治时代到来的时候，中国的经济局面也展开了新的一幕。

路透社在2012年11月的一篇总结性报道中，罗列了关于“胡温十年”的成绩单：“中国GDP平均每年都保持近两位数的增长，总额翻了近四番，相继超越德国、日本成为世界第二大经济体。2011年中国货物贸易进出口总额跃居世界第二位，连续三年成为世界最大出口国和第二大进口国。在改革开放的短短三十多年时间里，中国已经成为全球第一大外汇储备国，十年间增长超过10倍。中国由一个原先接受援助与贷款的国家，开始变为向外输出贷款和援助的国家。”

同时，它也指出了困扰中国经济局势的种种难题：“‘国进民退’的模式让本应最具活力的民营中小型企业融资困难，沉重的税务压力让它们在严峻的经济形势下更难生存，资本纷纷外逃，弊端凸显。经济产业结构畸形，不得不进行调整，但要实现产业优化升级困难重重，前途未卜。中国的经济结构过分依赖出口，作为拉动经济发展的三驾马车中的一支重要力量——消费，还未起到真正拉动内需的作用。地方政府追求巨额投资而大规模举债，危机四伏。城市化进程快速推进，但土地利用效率低下、建设规划混乱、环境恶化等一系列问题也接踵而至。”

也是从今年开始，《经济学人》杂志做了一个不动声色的改版，它把关于中国的专题报道从“亚洲”板块中剥离出来，做成一个独立的门类，在该刊历史上，只有“美国”享受这一待遇。主编解释说，“自从1942年对美国进行这样的详细报道之后，这还是我们第一次为一个国家开设类似栏目。主要原因是中国已经成为一个超级经济大国”。

的确，此时的中国，你已经很难用“发展中国家”这样的视角来描述和观察。

在经济体形上，它已经十分庞大和健壮，在成长模式上，它陷入苦恼的制度瓶颈和路径依赖，“下水道”式的结构性难题层出不穷。一些原本支持经济增长的基本性要素，如劳动力和土地成本优势、环境可持续的代价、“中国制造”的国际空间等，都开始次第消失。某些重大指标出现峰值，一些战略级能力发生不可逆的改变，而人们对某些事物的价值判断也出现了变化。

种种迹象表明，改革开放的上半场结束了——尽管经济学界要到两年后才意识到这一点。

在今年，一个叫卡森·布洛克的美国人，突然成了资本圈的“隐形明星”，几乎所有人都没有见过他，可是都能够感受到他带来的阵阵寒意。

如果说英国人胡润在中国的赚钱故事属于20世纪90年代的话，那么，卡森·布洛克的故事则更加新鲜和刺激。据《华尔街日报》报道，布洛克从12岁起就梦想着到中国淘金，于是在2005年，28岁的他来到上海，做了一年律师，还与人合伙开办了一家自助储存库公司，其间也帮一些对冲基金和他的父亲做调研，他甚至还写过一本《傻瓜也能在中国赚钱》的书。可是，在五年时间里，他并没有如愿以偿地成为那个“傻瓜”，相反，他几乎赔光了所有的钱。然而，也是在这五年里，学法律出身的他，发现了一个秘密。

2010年，布洛克成立浑水公司（Muddy Waters），它的主页上没有披露任何注册和联系信息，只有一段颇有禅意的简介：“中国成语有云，浑水摸鱼，它也可以解读为——不透明亦可产生赚钱的机会。”《经济学人》杂志形容他：“布洛克并不是那种耀眼到可以做财长的角色，也不像华尔街拥有数十亿资产的基金经理，看上去并不出众的布洛克，却深谙中国市场之道。”

浑水是一家专门针对在海外上市的中国企业的做空机构，布洛克发现的秘密是，“在美国和中国，有不少人勾结起来合伙将一些空壳上市公司带到美国”。[①]所谓的做空机构，就是先借股票卖掉，然后宣布一些利空消息，等股价大跌之后买回来还掉。跟股票市场的其他卖空者一样，浑水公司通过调查报告引起投资者对一家公司生存发展能力的怀疑与不信任，致使该公司的投资量减少、股价下跌，然后浑水公司便从中获利。

▲ 卡森·布洛克

浑水的第一个狙击对象是东方纸业。布洛克通过电话沟通及客户官网披露的经营信息，逐一核对各个客户对东方纸业的实际采购量，最终判断出东方纸业虚增收入。虚增的方法其实很简单，即拟定假合同和开假发票，这也是国内上市公司造假的通用方法。布洛克派出的调查员发现工厂破烂不堪，机器设备是20世纪90年代的旧设备，办公环境潮湿，不符合造纸厂的生产条件，而工厂的库存基本是一堆废纸。布洛克在报告中惊呼：“如果这堆废纸值490万美元，那这个世界绝对比我想象的要富裕得多得多。”

浑水的报告导致东方纸业股价大跌，浑水也因此一战成名。

布洛克的调查手法并没有出奇之处。据他自述，这家公司只有他一个全职员工，其余都是临时聘用的合约调查员。浑水所依据的资料全数来自公开资料以及实地调研，令人叹息的是，几乎所有被调查的中概股公司的

① 《巴伦周刊》，“如何做空在美借壳上市的中国股票获利”，2011年3月17日。

遮羞布都是用纸糊的，稍稍一扯，立刻脱落。在调查多元环球水务时，浑水去会计师事务所查阅了原版的审计报告，证实上市公司篡改了数据，把收入至少夸大了100倍。然后，调查员根据多元环球水务公布的经销商名单，一一打电话，结果发现所谓的80多个经销商的电话基本打不通，能打通的公司，也从未听说过多元环球水务。浑水的狙击，最终导致这家公司黯然退市。布洛克式的狙击再次证明，中国的商业世界是一个多么不认真的世界——哪怕作假也缺少技术含量。

浑水的一次又一次得手，让中概股在北美资本市场基本上失去了信用。东方纸业事件后，美国证券交易委员会开始调查反向收购和IPO类中国企业的会计审计等问题，一度颇受追捧的中概股从而陷入长期的集体低迷。

在这一年7月，布洛克再发神威，此次的对象是赫赫有名的新东方。

7月11日，新东方宣布简化北京新东方的股权结构，清理了其他10位股东的股份，通过无对价协议将北京新东方100%的股权转移到俞敏洪控制的实体下。6天后，美国证券交易委员会对新东方发出调查函，调查事项为其可变利益实体（VIE）的股权变更，当日股价暴跌34.32%。

又过了一天，浑水发布一份近百页的报告，强烈建议投资者卖出新东方股票。它所质疑的内容包括：新东方将特许加盟学校算作自办的学校，报告了不实的学校数目和总收入；指控新东方的财务报表没有准确反映北京海淀学校缴纳的企业所得税；指控新东方不适当地将不同利益实体及其子公司的财务数据并入公司的报表等。在卡森·布洛克看来，新东方是一个造假者，他在接受采访时暗示，新东方存在的缺陷无法改正：“斑马无法改变自己身上的条纹，也许私募投资者认为他们可以做到，但我不这么认为。”[①]在浑水报告的刺激下，新东方股价当日再跌35.02%，连续两日跌幅累计57.32%，市值缩水14亿美元。

---

① 《中国企业家》，“谁能看住俞敏洪：上帝还是SEC？”，2012年12月。

浑水报告发布的时候，俞敏洪正坐在开往西藏的列车上，火车途经沱沱河时，他还在新浪微博上发了一张抢拍的照片。他是一个拥有 863 万粉丝的网红人物，被很多年轻学生视为“励志大哥”，暴跌的股价把他一下子摔进沱沱河的激流旋涡之中。“我听到这个消息的第一时间，就想买进公司股票，可是公司法律顾问劝阻了我，说现在买会引起怀疑，在法律上有风险。”俞敏洪后来回忆说，在熬了四天后，他实在忍不住了，“除非美国有明确的法律证明我不能买，否则我一定要买”。7 月 20 日，新东方宣布，董事会将在公开市场购买新东方总计 5 000 万美元的美国存托股票，并保证 6 个月内不会卖出。

与此同时，新东方接受了美国证交会长达两个半月的“彻底体检”。调查员近十次飞到北京，将新东方历年来涉及股权的几千份合同全部翻译成英文；拆走了高管的电脑硬盘，将其中文件全部拷出来；邮箱里的电子邮件也全部打印出来，哪怕是已删除的邮件，也要用特殊的手段恢复。调查人员还细读了俞敏洪个人邮箱里的三万多封邮件，他跟美方人士开玩笑：“我女朋友的信你们可不能乱看。”为应付此次调查，新东方投入的资金高达数百万美元，创下了一个纪录。

后来的事实证明，新东方是少数没有被浑水击倒的中国公司之一，然而，事件前后的火药味，显示出美国投资人对中概股的极端不信任。俞敏洪对记者抱怨说：“因为美国市场对中国公司形成了一种不信任的情绪，所以浑水弄哪家公司，哪家公司股票就会跌，它就能赚钱。”2012 年是 2008 年以来中国企业赴美 IPO 数量最少的一年，有长达 8 个月的时间里，没有一家公司获准上市。在严厉的审查和浑水式的做空下，因财务造假而被停牌和退市的中概股达 60 家之多，依然挂牌的 80 多家中概股股价在过去一年中蒸发了一半的市值。

在已经到来的 2012 年，无论是外贸还是内贸，都让人忧心忡忡。

启动于三年前的那场“四万亿计划”，在随后的几年里形成了炙热的投资热浪，但是因为内需消费，无论从品类还是商业模式创新上，始终没有寻找到突破口，到今年已如强弩之末，甚至挥发出若干负面效应，增长再次停滞。

如果在今年，你沿着海岸线驾车从南到北，一行数千里，经过的每一个产业园、开发区、码头或工地，都可以看到冷清不振的场景和忐忑不安的人们。在媒体上，越来越多的人开始讨论转型升级，可如何转、怎么升，却是让人莫衷一是，有些企业主更是叹息“不转型是等死，转型是找死”。

服装产业的扩张后遗症正在爆发中。在今年，六大运动品牌共关店近5 000家，其中，匹克和李宁创造了关店最多的尴尬纪录：前者的网点净减少1 323家，相当于平均每天关3家，后者净减少1 821家，相当于平均每天关5家。[①]公开数据显示，仅上半年，全国42家上市服装企业存货总量就高达483亿元。[②]

今年的春、秋两季广交会都出现了订单大幅下滑的景象。其中，在11月的第112届秋季广交会上，境外采购商人数同比减少10.2%，出口成交额同比下降9.3%，都创下历史纪录。更让人担忧的是，在所有的外商订单中，中短期订单的比例占八成以上，这充分表明国际市场的需求和信心不足。而广交会的日趋清淡仅仅是一个开始，在未来的五年里，成交额将继续同比下滑。

---

① 匹克年报：“据匹克体育近期发布的2012年业绩报告显示，其零售网点数目由2011年年底的7 806家减少至2012年年底的6 483家，净减少了1 323家。”

李宁年报：“截至2012年年末，李宁品牌常规店、旗舰店、工厂店及折扣店的店铺总数为6 434家，较2011年报告期末净减少1 821家，幅度达22.06%，平均每天关店5家。”

② 《北京晨报》，“42家服装企业存货达483亿元，足够在市面卖三年”，2012年11月26日。

相比于消费品市场，能源和重工业领域的景象更为萧条。随着基础设施投资的相继完成，钢铁、煤炭出现严重的产能过剩，其痛苦时期将长达五年之久。局面的反复跌宕，体现在一些具体的企业人物身上，又是那么的步步惊心。

在胡润公布的 2011 年富豪榜上，一个陌生的名字——梁稳根出人意料地出现在榜单的第一名，他是三一重工董事长，来自长沙，个人资产达到 700 亿元。

▲ 梁稳根

这是一位出生于 1956 年的草根创业者，早年贩酒、做玻璃纤维，到 1986 年，凑了 6 万元创办了一家焊接材料厂。20 世纪 90 年代中期，中国进入城市化建设周期，梁稳根开始生产混凝土拖泵，他从北京自动化研究所挖来液压技术的专家，着力于核心技术的突破。1995 年前后，在混凝土输送泵行业，国外产品占据了中国市场 95% 以上的份额，在三一重工等中国企业的努力下，以不到 10 年的时间，完成逆袭。2002 年 9 月，在香港国际金融大楼施工现场，三一混凝土泵将混凝土送上了 406 米高的施工面，把世界纪录提高了将近 100 米。2003 年 9 月，在三峡三期工程中，三一的三级配混凝土输送泵试打成功，填补了国内外工程机械领域的又一项空白。

不夸张地说，正是因为中国城市化建设的空前容量，为与此相关的很多中国企业创造了成长和超越国际同行的世纪性机遇，每一项百亿工程、每一栋摩天大楼，都意味着新的制造和技术突破的可能性。三一重工创造了诸多的纪录，包括中国第一台拥有自主知识产权的 37 米泵车、全球臂架最长的 86 米泵车、亚洲第一台千吨级全路面起重机、全球重量最大的 3 600 吨级履带起重机等，梁稳根被称为“世界泵王”。

在 2009 年的“四万亿计划”中，三一重工成了最大的受益者之一。很多年后，三一的干部回忆当时的景象都还用“震惊”两字来形容，“当年，一台泵车还在生产线上，客户就已在外面焦急等待，并且主动要求不需要调试，有问题自己承担，只求尽快交货。有一次，当产品出厂后，一位客户拿了块砖头立马冲过去，照着窗户，‘哐’的一声把玻璃砸碎，然后宣布这台出厂价高达百万元的‘有质量问题’的搅拌车是自己的，谁也别想抢，谁也没法抢”。①

在随后的两年里，三一的各项业绩指标连续同步增长超过 70%，营业收入突破 800 亿元，股价连创新高，一度达到 1 370 亿元，梁稳根因此以超级黑马的姿态，登顶中国富豪榜。在刚刚过去的 2011 年，梁稳根无疑是最引人注目的企业家，他还宣布将投资 86 亿元建设北京总部。

可是就在 2012 年，随着基建投资的降温，工程机械行业陡然进入“最为困难的一年”。三一重工在今年上半年的营业利润下滑 18.6%，负债水平更是急剧增长，其流动负债合计达到 307 亿元，种种关于资金链断裂的消息令人揪心。中国工程机械工业协会数据显示，在 2012 年，国内 13 家主要企业利润下滑 34%。

从日后来看，这仅仅是产业拐点出现的时刻，在今后的几年里，工程机械行业一直挣扎在停滞的低谷。到 2016 年中期，三一重工的员工由鼎盛时的 6 万多，裁到不足 3 万，营业收入只有五年前的五分之一左右。梁稳根后来对记者说：“调了五年，调得很深，国内市场调低了 75%，真的没有想到。”

---

① 《中国企业家》，“曾经的中国首富，这五年几乎被人忘记了，没想到，他在做这件事”，2017 年 8 月。

与昙花一现的“景气首富”梁稳根相比，另外一位首富级人物则更为悲惨，他在2012年直接陷入了破产的困局。

9月底，在无锡至上海的高铁上，49岁的施正荣接到了《中国企业家》记者的电话。在连珠炮般的提问之后，他沉默了很久，然后幽幽地说：“在现在这段时间，你要我说什么？我自己也不知道明天在哪里。”

▲ 施正荣

施正荣一度被看成是海归科学家创业的标本。2000年，他背着一个双肩包从澳大利亚来到家乡江苏扬中附近的无锡市，包里只有一台笔记本电脑和几页商业计划书。仅仅六年后，他就以32亿美元的个人资产成为新晋的“中国首富”，又过了六年，神话回到起点。

在个人秉性上，施正荣是一位科学家，他师从“太阳能之父”马丁·格林教授，留学期间就握有十多项太阳能发明专利，他归国创办尚德电力，正赶上中国大力发展光伏产业。《中国企业家》杂志曾以《首富，政府造》为题，分析了“尚德模式”的崛起秘密，即一个开明的政府与一位具有商业精神的科技人才携起手来，对后者注入各种资源，包括政策、资本、技术、市场等，在企业发展起来后，政府“功成身退”。无疑，这是苏南模式的进化版本。

施正荣在无锡创业，从第一天起就得到了政府的全力支持。无锡市政府出资650万美元作为启动资本，同时在土地和税收政策上予以全面倾斜，市政府甚至派出刚刚退休的经贸委主任担任尚德的首任董事长，为施正荣协调各种公共关系。而在企业走上正轨、即将赴美上市前夕，政府又“适时”地令国有股退出，并安排董事长退位。在本部企业史上，澳大利亚籍的施正荣是罕见的、在股权改制上吃到了全部红利且并没有遭到任何质疑的民营创业家。

在中央及地方政府的政策刺激下，中国的光伏产业经历了长达十年的大跃进，全国有600多个城市把光伏作为战略性新兴产业，[①]多晶硅炉像大炼钢铁一样遍地开花，仅浙江省就有光伏企业205家，[②]它们大多得到了中央政府的产业补贴和地方财政的扶持。曾有媒体感慨：“过去十年来，如果有一个行业笼罩的光环能与互联网相媲美，一定是光伏；如果有一个行业的造富能力能与互联网相媲美，一定是光伏；如果有一个行业吸引资本的能力能与互联网相媲美，一定是光伏；而如果有一个产业激发地方政府的追逐热情超过房地产，一定还是光伏。”[③]

除了无锡尚德，隔壁的江西省则如法炮制地支持了一家叫赛维的民营企业，其创办人彭小峰的名字，曾在2008年与施正荣一起出现在胡润富豪榜的前十位名单上。到2010年前后，中国光伏产业从无到有，产能占到全球一半以上，全球前十大光伏组件生产商中，中国包揽了前五名。

尚德式的成功，被认为是“地方政府公司主义”的胜利，它体现了中国式产业发展的独特性。在无锡，施正荣成了城市的名片，他的巨幅照片被树立在高速公路入口处，所有进入这个城市的来客第一眼望见的便是他的标准式微笑。市政府甚至还为他塑了一座宽3米、高2米的巨幅半身人像。一位地方官员分析，对无锡来说，尚德产值的政治意义远大于经济意义。“你要是比其他工业，无锡在全国不一定是数一数二的，而若比光伏，尚德世界第一。这大大满足了无锡市政府的虚荣心。”

---

① 新华网，“中国多地热衷显示产业，或将再酿光伏悲剧”，2014年5月3日。

② 《界面》，“亿万黄粱梦碎：7年赔光186亿，从中国首富到身无分文”，2017年9月27日。

③ 《中国企业家》，“双雄早衰”，2012年10月。

在产业膨胀和“首富”的光环之下，科学家施正荣也成了时髦的企业家，原本内向讷言的他学会了滔滔不绝地“布道”，还能够在几千人的论坛上，有板有眼地独唱一段锡剧。他曾经花 20 万美元包一架公务机去参加达沃斯论坛，同美国副总统戈尔共进午餐，与英国查尔斯王子谈合作，他还给自己买了近十辆豪车，见不同人时会开不同的车。2005 年年底，尚德上市当天，施正荣对友人说：“从此以后，我再也不会去挣一分钱，我就花钱。”

然而可怕的是，中国的光伏产业是一座建造在沙滩上的漂亮城堡，它 90% 的原料依靠进口，而 90% 的产品则全数出口，最重要的原材料多晶硅，也基本上掌握在国外厂商手中，价格最高时甚至达到每千克 400 美元以上，占整个光伏产业链利润的 70%。2011 年，受欧洲债务危机影响，美国和欧洲开始对中国光伏产业开展反倾销、反补贴的“双反调查”，直接导致全行业的大雪崩。

在经营行为中，施正荣似乎比“单纯而无私”的无锡市政府要精明得多。他在尚德体系之外，组建了亚洲硅业和三家都以荣德命名的公司，它们都独立于上市公司之外，是施正荣的私人家族企业，其业务是向无锡尚德提供硅料和组件，因此形成了利益关联链条。三家荣德系公司在两年时间里，获得了近 25 亿元的业务收入，亚洲硅业则在 2010 年与无锡尚德签署了总额 15 亿美元、为期七年的长期供货合同，更夸张的是，这些家族企业还同时得到了尚德的 20 亿元担保资金。

2011 年，尚德净亏损 10 亿美元，到第二年的二季度，情况继续恶化，电池工厂停产，公司大规模裁员，其总欠债额高达 20 多亿美元，纽交所的股价从最高的 98 美元跌到 1 美元。美国投资者对施正荣提起集体诉讼，指控他借亚洲硅业掏空上市公司，并挪用公司 16.8 亿美元为自己的个人公司提供无息贷款。

在最危难的时刻，施正荣拒绝拿出个人资产拯救尚德，他的“科学家理性”似乎战胜了企业家伦理与血性。

树在高速公路入口处的施正荣巨幅宣传照，是在2012年8月被悄悄撤下来的，在这个月，他辞任尚德CEO。12月，董事会宣布罢免他的董事长职务，施正荣发声明认为此举“违规”。又过了三个月，尚德被当地法院宣布破产重整，无锡的地方国企——国联集团成为政府指定的“接盘侠”。在后来的几年里，施正荣的名字在无锡成了一个尴尬的禁忌。

“涨潮的时候赶海，你很难得到大海的馈赠；退潮的时候，哪怕在海滩信步，也能捡到美丽的贝壳。商机也是这个理。”信奉这个“商理”的人叫张志熔，在2010年的《福布斯》内地富豪榜上，排名第十。

张志熔是最近几年最激进的“造船大王”，他的熔盛重工在短短六年时间里迅速成长为中国第一大民营船企。张志熔的发迹与施正荣颇有相似的地方，即得到了地方政府的大力扶持。2004年，他与江苏如皋市政府签订合作协议，准备建一个年产350万载重吨的造船厂，当时中国最大船企中船集团的产能也不过357万吨。

到2009年年底，随着“四万亿计划”的推出和银行大规模放闸，重资产、高产值的造船产业被赫然列入“十大振兴产业”之一，受到地方政府和金融机构的强烈青睐，上千亿资本疯狂涌入，中国的造船热浪平地卷起。工信部的数据显示，在整个2010年，全国造船完工量6 560万载重吨，同比增长54.6%，新承接船舶订单量7 523万载重吨，是去年同期新接订单量的2.9倍。正是在这一年，全国造船完工量、新承接船舶订单量、手持船舶订单量三大指标均超越韩国，成为世界造船第一大国。

在这股造船运动中，沿海的江苏、上海、浙江、山东、广东等省展开了一场大竞赛，其中，江苏省遥遥领先。2010年，全国造船完工量超过百万载重吨的11家企业中，江苏省占9家，新承接船舶订单量占世界份额高达21.6%。

而在江苏省，如皋的张志熔又是最凶猛和高调的一位。熔盛重工在2009年的最后两个月一举拿下12艘船舶订单，在2010年更是接获46艘船舶订单，实现销售收入126亿元，净利润17.19亿元。11月，熔盛重工成功在香港挂牌上市，募集资金140亿港元，是当年香港市场非金融企业中的“募资王”。据媒体报道，“在熔盛鼎盛的2010年，下班高峰时，在江苏如皋长青沙岛中央的疏港公路上，数不清的助动车和摩托车会汇成一条钢铁洪流”。

然而，日后查阅当年的报道，可以清晰地看到，即便在最狂热的时候，局内人士都对这一景象忧心忡忡。2011年1月，《第一财经日报》发文《中国造船业全球成第一，五省市争霸》，在弹冠相庆超越韩国的同时，几乎所有的专家都表示担忧：“总体来说，未来的国际国内环境都比较艰难。”“影响造船业未来的因素，首先要看需求是否跟得上。目前外部环境、宏观环境存在不确定性，未来可能会需求不足，产能过剩显现，竞争残酷化，进而价格降低，打击行业整体利润。”

▲ 2012年5月，熔盛重工建造的两艘超大型矿砂船在如皋建成，这也是当时世界上最大吨位的矿砂船

可是，这样的声音被夹杂在欢呼声中，似乎不被看成是警告。在张志熔们看来，“现在先狠赚一笔，将来船市不好的时候，再转做钢结构或其他业务”。而在国企看来，它们更有不怕死的理由，一位中船集团的高管对记者说：“产能过剩是将来的事，至少目前订单多得都接不完，当然要加大造船力度。即使将来有了风险，央企也不会受到太大影响。”①

谁也没有料到，局势的反转会来得那么猛烈。

2012 年 2 月，有“温州船王”之称的陈通突然失去联系。去年 8 月，他的东方造船集团刚刚在伦敦证交所 AIM 市场挂牌交易，可是仅仅几个月后，就被曝出 11 亿元的巨额负债无法偿还。

陈通跑路是造船业危机的第一张多米诺骨牌：3 月，江苏南通启东的惠港造船公司宣布破产；5 月，浙江台州规模最大的出口船舶企业金港船业向法院申请破产；6 月，大连东方精工船舶配套有限公司宣告破产，厂房彻底停工。中国船舶工业行业协会的数据显示，在 2012 年到 2013 年，全国 3 400 家造船企业全数陷入资金链绷紧、订单量锐减和交船难的困境，倒闭歇业企业超过 2 000 家，成为制造产业的重灾区。在 2012 年年底的国务院会议上，造船业从“十大振兴产业”名单中滑出，被明确定义为“过剩产能”。

即便在这样的时刻，张志熔看上去仍然“大而不倒”。从 2010 年到 2012 年的三年间，熔盛重工的手持订单稳居全国第一，一直到 2015 年，熔盛的秘密才被财新记者揭露出来。

事实上，没有一位超人可以抵抗潮涨潮落的规律。张志熔的财技来自两个方面。一是融资能力和政商关系，在金融机构的支持下，熔盛重工的银行贷款水涨船高，到 2011 年已达 254.3 亿元，实际上是一个被银行硬撑起来的稻草巨人。同时，熔盛每年从如皋市取得巨额退税和补贴，在 2010 年到 2012 年的三年中，金额共计 33.8 亿元，超过其利润总额。

---

① 《中国经营报》，“船企大跃进：把握现在不管未来”，2007 年 11 月 24 日。

二是“自己给自己下订单”。财新记者的调查显示，一位叫关雄的掮客在香港成立了 12 家单船公司，专门向熔盛重工下订单，“这些订单实际上是张志熔通过个人渠道将钱转给关雄的香港公司，然后关雄的香港公司再到熔盛重工下单造船。接单后，只有一部分船会继续造完，并由关雄的公司出租赚取租金或干脆转让”。在熔盛重工的历史订单中，与关雄有关的有 30 艘船之多。

从“世界泵王”“光伏之王”到“造船大王”，他们的旋起旋落在世界工业史上都堪称经典，并似乎不可复制。

在一个由强势政府主导的市场经济环境中，资源的配置模式十分极致，它既足以在最短的时间内聚合能量，拉动经济的复苏，对任何一个产业造成战略性的调整，同时，也因“看得见的手”的干预，无法避免资源错配和浪费的后果。如斯蒂格利茨所揭示的，“势不可当的政府活动之后，便是反方向的剧烈变动”。①

如果我们把 2008 年年底到 2012 年视为一个经济周期的话，可以看到四个重要的新特征。

其一，中央政府对产业经济的主导能力非常强悍，而其政策的传导性则更会层层加码。无论是机械装备、光伏还是造船业，在四年时间里的规模扩容均非顶层设计时所预想，而出现了倍级的扩容效应。它非常容易形成GDP意义上的大胜利，然后又会在下一轮周期调整中发生严重的失控。

其二，中国政府始终没有摆脱对投资的路径依赖。相比于内需消费的唤醒，以大规模货币投放为基础的基础设施投资，无疑是一剂立见成效的猛药，但是，它所造成的后遗症则不可避免。在这一过程中，国有资本控制的银行系统扮演了“白马骑士”和后果承担者的双重角色，金融系统和

---

① 《政府为什么干预经济》，[美] 斯蒂格利茨著，中国物资出版社，1998 年。

地方债务平台的高风险，成为长期存在的隐形危机。

其三，随着人口红利的消失和城市化运动进入中期，外延式发展的边界渐渐出现，陡然增加的制造能力很容易在周期波动中出现战略性过剩，终而造成企业的危机和社会资源的巨大消耗，以效率提升和技术创新为主题的转型升级已经势在必行。

其四，作为全球第一的人口大国和制造大国，中国产业经济的波动直接影响国际能源的价格和产业格局重构，甚至足以影响一些能源输出国的政局稳定。摩根大通的研究显示，当中国的增长率下降 1 个百分点，新兴市场就会相应下降 0.7 个百分点。“中国效应”的传导性变得越来越强，也越来越可怕，它成了全球经济复苏的中枢地区，也是最不确定的因素之一。

这些新特征的出现，意味着中国经济进入了新的发展阶段，它既不是一个经典意义上的市场经济国家，也不再是一个经典意义上的发展中国家，它需要被重新审视和定义。

7 月 17 日，阿迪达斯的中国公司发布了两条看上去让人有点疑惑的消息：

其一，它宣称在过去的一年里，在中国新开了 1 175 家分店，目前拥有 6 700 个销售点，是全球增长最快的区域市场；其二，它宣布将关闭位于苏州工业区的唯一一家自有工厂，把生产线迁移到东南亚的缅甸。

这两个貌似冲突的消息背后，体现出了 2012 年中国产业经济的一个新的基本特点：在消费能力不断抬升的同时，制造业的成本优势即将消失殆尽。所有的全球化企业都开始小心翼翼地重估中国市场的价值。

作为劳动密集型产业的标杆，服装鞋革业是中国改革开放之后，第一批被引入的全球化产能，它们天然具有“漂移”的属性。阿迪达斯的生产基地最早设立在欧洲，随后转战至相比生产成本较低的日本，接着是韩国和中国台湾，然后又是中国大陆，数十年间，经历了候鸟一样的迁徙路径。就在今年的早些时候，英国媒体爆料称，阿迪达斯提供给伦敦奥运会的特许商品均出产于柬埔寨服装厂。在那里，工人月平均工资为 130 美元（约合人民币 828 元），而在阿迪的苏州工厂，其对外招工的人均月工资不低于 3 000 元。[①]

▲ 阿迪达斯的越南工厂

阿迪达斯的撤厂，被认为是一个“迟早要做的决定”。早在三年前，阿迪“永远的竞争对手”耐克就做出了一模一样的决定。2009 年 3 月，耐克关闭了公司位于中国的唯一一家鞋类生产工厂——太仓工厂，遣散中国员工 1 400 人，当时由于补偿方案未能与工人达成一致，还引发了大规模的工人罢工。自金融危机爆发后，耐克明显加速调整全球生产布局：2001 年时，中国生产了其 40% 的鞋，在各国中排名第一，而越南只占到 13% 的份额；到了 2005 年，中国的份额降至 36%，越南升到 26%；到了 2010 年，越南超过了中国，占 37%，中国退居第二，占 34%。[②]

全球运动鞋品牌商的迁移行动，在后来的几年里将引发连锁效应。阿

① “Cambodian Workers on €10 a Week Making Olypics ‘Fanwear’”, *The Telegraph,* Jul 13, 2012.

② 《第一财经日报》，“耐克工厂工人五年缩减七成”，2013 年 2 月 26 日。

迪达斯在中国有300家代工厂，涉及员工总数超过30万人，随着品牌自营厂的迁徙，很多代工厂受到产品工艺流程完整性的影响，就必须跟着一起转战东南亚。

一位台商在接受《南方周末》记者采访时，算了一笔账："我们1990年从台湾将工厂全部迁移到广东，当时珠三角的工人月薪只需200元左右，而如今涨了10多倍，尤其是金融危机后，用工成本上升更加迅猛。目前的工厂工人月薪大约是500美元，而印尼的大约300美元，越南的是250美元左右，差距由前几年的50美元扩大到200美元以上。如果耐克的采购商能用10美元买一双鞋子，绝不会掏11美元来购买，因此工厂流失了一些低价订单。"

这位台商所描述的景象显然并不仅仅出现在鞋革业。日本贸易振兴机构（JETRO）统计显示，2012年，广东深圳工厂员工的人工费（包括社会保障费等）为每人6 563美元，比2008年增长了70%。富士康董事长，也是大陆最重要的台商郭台铭在一次论坛上抱怨说："中国的年青一代不愿意在工厂里工作，他们希望从事服务业、互联网行业或者其他一些更轻松的工作。"

对于富士康，大陆的政府和舆论界充满了矛盾的心态，一方面，"十三跳"事件让人们看到了这家巨型工厂的原始血腥，它以效率和效益的名义把中国劳动力的红利吃到了人伦的边缘。另一方面，它不但提供了数百万的就业机会，更是正在下滑中的外贸经济的支柱。从2009年开始，中国对外贸易的前20强企业中，便有8家与富士康体系有直接关系，其业务额占到了全国进出口总额的4.1%。"富士康不能走"，几乎成了一个不得不接受的事实。

在过去的几年里，郭台铭一直在重构富士康的产业布局，深圳园区将打造专注于科技研发和电子商务的"五中心一基地"，长三角地区形成了精密连接器、无线通信组件、液晶显示器、网通设备机构件、半导体设备和软件技术开发等产业链及供应链聚合体系，环渤海地区以无线通信、消费电子、云运算、纳米科技等为骨干产业。智能手机、平板电脑、汽车零部件、精密磨具等业务则转移至了中西部地区。

在这一布局之下，富士康于2003年投资山西太原，2009年建厂重庆和成都，2010年进入河南郑州，2012年签约贵州贵阳。郭台铭还宣布将在未来的10年内，用100万台机器人替代生产线上50%的劳动工序。

与制造业所发生的种种危情相比，中国的互联网经济仍以轻快的步伐在前行，内需消费和文化产业则正在发生新的变化，而所有的创新，都建立在移动互联网的井喷风口上。在2012年，全球智能手机出货量达7.17亿部，比去年增长45%，中国的出货量达1.82亿部，居全球之首。一个更值得关注的数据是，三四线市镇的手机销售第一次超过了一二线城市。

3月29日凌晨4点，马化腾在腾讯微博发了一个六字帖："终于，突破一亿！"此时，距离微信上线仅433天，在互联网史上，微信是迄今为止增速最快的在线通信工具。QQ同时在线用户数突破1亿，用了将近十年，脸书用了六年半，推特用了整整四年。4月19日，微信推出"朋友圈"，它意味着这款通信工具向社交平台的平滑性升级，由此，一个建立于手机上的熟人社交圈正式出现。

8月23日，微信公众号平台上线，这是张小龙团队的一个"发明"，它兼具媒体和电商的双重属性，从而革命性地改变了中国互联网以及媒体产业的既有生态。

在公众号诞生之前，博客及微博已经对中国的舆论传播业态构成了巨大的冲击，民众掌握了舆论的发布权和选择权，金字塔式的精英传播模式遭到颠覆。然而，尽管如此，由于博客和微博的草根及碎片化的特征，主流舆论的势力其实并没有被彻底瓦解。公众号推出后，拥有持续创作能力的精英写作者敏锐地发现，这一模式更适合沉浸式创作，而其传播的路径由熟人朋友圈发动，且在通信和社交环境中实现，因此，具有更为强大和有效的舆论效率，同时，经由订阅而产生的粉丝（订户）有更强的忠诚度并易于管理互动。

很快，越来越多的写作者开通了自己的公众号，它们被称为“自媒体”，这是一个由中国人独立创造出来的新概念。传统媒体的传播壁垒被击穿，以专业能力为基础的人格体能量开始爆发。在后来的几年里，报纸、杂志等媒体出现雪崩式的倒塌——中国传媒业的式微速度远远大于所有欧美国家，一个全新的舆论生态在微信平台上赫然出现。

罗振宇自称“罗胖”，原本是中央电视台《对话》节目的制片人，他同时也是策划专家，3Q大战后曾被马化腾请去给全体高管培训“舆论管理”。他在公众号平台出现不久就开通了“罗辑思维”，每天讲述60秒的音频“死磕”用户，他的订户在一年后超过了100万。后来几年里，他成了自媒体和知识付费的风向标。

对于企业而言，公众号也开拓出一片陌生而新颖的商业天地，商家以最低的成本和最快的速度发布资讯，获得了精准的用户，无论是服务互动还是商品贩售，都具有了新的可能性。由于公众号内植于社交环境，导流和呈现的成本大大低于传统意义上的App，因而产生了对后者的替代效应，几乎每一家中国公司都必须认真思考一个问题：“我与微信有什么关系？”

▲ 张一鸣

在2012年，微信的迭代和扩张几乎吸引了所有人的目光，不过也有其他一些创业者的表现值得记录。小米手机在今年实现了126亿元的销售额，雷军在制造业中造成的恐怖效应正在急速地发酵。王兴的美团和张涛的大众点评从“千团大战”中浴血杀出，逐渐形成对峙之势。

今年夏天，两个出生于1983年的人做出了一生中最重要的产品。

张一鸣是一位连续创业者，他在8月推出了一款基于数据挖掘的新闻推荐引擎产品——今日头条。这位从来没有新闻从业经验的理工男，决定用算法替代编辑，把用户喜欢的资讯“喂送”到他们的嘴前。今日头条的口号是，“你关心的，才是头条”。他拒绝设立总编辑的岗位，立志要当一个“新闻的搬运工”。在当时，新浪、腾讯和网易的手机新闻客户端已经铺天盖地，谁也没有料到，小个子的张一鸣有可能杀出一条血路。

9 月 9 日，前阿里巴巴员工程维推出滴滴打车 App。他花了 8 万元开发出的这款产品，非常的粗糙，当日，全北京的 189 家出租车公司中，只有 16 个司机使用了这个毫不起眼的小软件。在程维的记忆中，这一年北京的冬天非常寒冷，他和三个小伙伴在北京西客站的出租车停靠点推销，“那个地方是个过道，很强的过堂风，司机停留时间又很短”，他们硬是让 1 万个司机装上了滴滴 App。11 月 3 日，北京城下了第一场大雪，很多人上班打不到车，就开始尝试打车软件，这一天，滴滴打车首次单日订单超过 1 000 个。

▲ 程维

在今年，保时捷在中国卖出了 33 590 辆跑车，雅诗兰黛的销售额增长了 30%，巴宝莉在北京开出了面积达 1 200 平方米的亚洲最大旗舰店。

据彭博社的报道，中国消费者的花费占到该集团销售额的 40%。

根据贝恩咨询的数据，2012 年，中国首次超越美国，成为全球最大的奢侈品消费国，中国内地、香港和澳门的消费者占全球奢侈品销售份额的四分之一，而美国消费者仅占五分之一。在 1995 年，中国消费者仅占全球奢侈品市场份额的 1%，而美国消费者占 27%。2010 年《胡润百富》报告称，中国富豪的平均年龄比西方富豪小 15 岁，“跑车买家的平均年龄是 30 出头，豪华轿车买家的平均年龄大约是 40 岁”。根据胡润的计算，上海有 14 万家庭的资产达到了 1 000 万元，不过七成是因为炒股和不动产的增值，这座城市里大约有 250 位富豪的个人财富在 20 亿元左右。

10 月，山东作家莫言击败日本作家村上春树，获得了今年的诺贝尔文学奖，他以农村题材为主的小说其实在“80 后”主流读者那里几乎没有市场。年轻的人们更喜欢轻快而浅薄的八卦娱乐，由浙江卫视制作、开播于 7 月的《中国好声音》一炮走红，成为继 2004 年《超级女声》之后的另外一个现象级综艺节目，它的节目原型来自荷兰，甚至连评委所坐的四把转动椅子都是从荷兰原版空运引进的。

随着网络文化的繁荣，一些新的流行词开始出现。其中之一是“屌丝”，它最早出现在百度贴吧，继而风行于微博和微信。在经典的汉字语境里，屌丝指的是生殖器附近的耻毛，可是在互联网词汇里，它成为社会底层族群的自称，而且，无论男女，皆为屌丝。这一部分人群面大量广，对现状不满，更是互联网上最乐于及敢于表达的人群——在中国互联网界，“得屌丝者得天下”一度被认定为铁律。

在这一流行词的背后，潜伏着一个事实，即互联网的红利爆发，在相当长的时间里是去权威化和去精英化的过程。草根阶层的崛起，就本质而言，是对既有秩序——从产业秩序、财富秩序，乃至知识和语言秩序的全面否定和颠覆，它既有进步的意义，也明显带有败坏的迹象。对这一屌丝化潮流的再否定，是 2016 年之后的事情。

中国电影的票房在今年首次突破 100 亿，这必须归功于一部屌丝电影《泰囧》，它取得了12.67亿元的空前票房。电影讲述三个年轻人在泰国旅行时的种种搞笑遭遇，人们在影院里笑得眼角流泪而忘却了世间的所有烦恼。其实，在今年真正应该被记忆的是冯小刚拍摄的《1942》，它取材自刘震云写于1992年的一部调查体小说，记录了1942年河南因旱灾、蝗灾粮食颗粒无收，3 000万民众离乡背井去陕西逃荒的真实历史。冯小刚从20年前发愿把它拍成电影："这篇小说在我的心里开始发酵，逢人便说，念念不忘。"[①]在经历了剧组的三聚三散后，影片终于在今年成片播出，结果亏损5 000万元，导致华谊兄弟公司的股价暴跌。

10月国庆期间，中央电视台记者扛着摄像机到街头随机采访路人，问的是同一个问题："你幸福吗？"一位行色匆匆的中年人茫然地对着镜头说："我姓曾。"

到2012年，改革的上半场即将落幕了。斗转星移之间，一切都变得越来越陌生。那些在历史舞台上曾经叱咤一时、留下过身影的人们，也相继步入了生命中最后的时光。

出生于1928年的吴仁宝住进了医院；出生于1939年的李经纬在广州的医院已经被"双规"了整整10年；出生于1934年的步鑫生被查出罹患绝症，他打算回到24年未曾回去的伤心之地——老家海盐县；出生于1939年的马胜利关掉了自己的包子铺，杜门谢客。

在这些人中，年纪最大的是出生于1928年的褚时健，他正在远离尘嚣的云南哀牢山上种橙子。

已经很少有人记得褚时健了。这位当年的"中国烟王"，于1996年因贪获罪入狱。其间，他的妻子、妻妹、妻弟、外甥均被收审，女儿在狱中自杀身亡，儿子远避国外，名副其实的"妻离子散，家破人亡"。褚案在当年经济界引起了极大的同情浪潮，在1998年年初的北京两会上，十多

---

① 《温故一九四二》，刘震云著，长江文艺出版社，2012年。

位人大代表与政协委员联名为褚时健"喊冤"，呼吁"枪下留人"。1999年1月，褚时健"因为有坦白立功表现"被判处无期徒刑，两年后，以身体有病的理由获准保外就医。

出狱后的褚时健与妻子在哀牢山上承包了2 400亩荒凉山地，种植甜橙。

此后十余年间，偏远寂寥的哀牢山突然成为很多民营企业家的奔赴之地，有的独自前往，有的结群拜访。对褚时健的同情和致意，超出了对其案情的法律意义上的辩护，而实质是一个财富阶层对自我境况的某种投影式认知。德国哲学家雅斯贝尔斯曾提出"极限情境"的概念，在这一情境中，通常遮蔽我们的"存在"的云翳消散了，我们蓦然直面生命的基本命题，尤其是死亡。雅斯贝尔斯描述了人们面对这一情境时的焦虑和罪恶感，与此同时，也让人们以自由而果敢的态度直面这一切，开始思考真正的命运主题。

褚时健与老妻两人独上哀牢山，并没有想过橙子的商业模式，他对所受遭遇毫无反抗和辩驳，亦不打算与过往的生活有任何的交集。自上山那日起，他的生命已与哀牢山上的枯木同朽，其行为本身是一种典型的自我放逐。也正因此，在公共同情与刻意沉默之间，无形中营造出了一个巨大的悲剧性效果。

在某种意义上，褚时健在哀牢山上"圈地自困"，带有极浓烈的意象特征，宛如一代在扭曲的市场环境中挣扎成长的企业家们的"极限情境"。面对这一场景，他们会不由自主地唤起同理心，构成集体心理的强烈回应，人人心中都好像有一座云缠雾绕的"哀牢山"。

2003年，刚刚登完云南哈巴雪山的王石顺道去看望褚时健，在哀牢山的一个小山坳里，他看见70多岁的老人蹲在路边与一个铺设水管的工人讨价还价，工人开价80元，老人还价60元。

站在一块荒地前，王石指着一尺多高的果苗问褚时健："什么时候能挂上果？"褚答："五六年后吧。"王石在自己的书中写道："他那时已经快

75岁了。你想象一下，一个年近75岁的老人，戴一个大墨镜，穿着破圆领衫，兴致勃勃地跟我谈论橙子挂果是什么情景。虽然他境况不佳，但他作为企业家的胸怀呼之欲出。我当时就想，如果我遇到他那样的挫折、到了他那个年纪，我会想什么？我知道，我一定不会像他那样勇敢。”①

▲ 王石与褚时健在哀牢山

到2008年，褚时健的橙子结果了，他起名叫“云冠”，但当地人却顺口地管它们叫“褚橙”。到2012年，褚橙的产量达到1万吨，销售突然成了一个新的难题。

10月，一家叫“本来生活”的农产品电商网站突然找到了褚时健，希望包销20吨褚橙在北京卖一卖。褚时健是一个从不上网的老人，但他下意识地觉得可以试试。

2012年11月5日，褚橙上线，五分钟内售出800箱，把本来生活网的服务器弄宕机了。三天内，20吨售罄，网站紧急订货，10天内卖掉了200吨。褚橙很快成为所有橙子品类中的“互联网爆品”，没有人会料到，移动互联网时代的人格化品牌，会由一位“囚困”于哀牢山的85岁老人来引爆。

“人生总有起落，精神终可传承。”这是网站的几个年轻人为褚橙想出来的广告词，几个简单的汉字里浸透了这个时代的所有曲折与顽强。

---

① 《王石说：我的成功是别人不再需要我》，王石口述，浙江大学出版社，2013年。

在危机四伏的2012年，八旬老人褚时健以互联网的方式重新创业，无疑在年末让人们心生敬意和勇气。本部中国企业史，从本质上而言，就是一部关于人的精神史，每一个产业的颠覆及重构背后，都起伏着无数个体生命的悲欣交集，时间之针会在终止之前一直前行，它裹挟一切，向不确定性宣战。

沈南鹏说自己最大的优点是“不够聪明”，凡是敢于这样自评的人，往往比较可怕。

2005年9月，沈南鹏与张帆，以及红杉资本（Sequoia Capital）一起创立了红杉资本中国基金，首期募集两亿美元。两年后，再筹7.5亿美元。这在当时是一个大数字，同年百度的市值为36亿美元。

1967年出生的沈南鹏毕业于上海交通大学，后赴美在哥伦比亚数学系和耶鲁大学读MBA（工商管理硕士）。在此之前的12年里，沈南鹏在雷曼兄弟证券、花旗银行和德意志银行有过七年的投资经历，接着与梁建章等人创办携程网，还个人投资了如家和易居中国。这两份阅历让他从一开始就显得与众不同。

▲ 沈南鹏

红杉是硅谷最杰出的风险投资机构之一，以赛道式投资著称，即看中未来的大势，密集投注领跑者，在它的投资名单上有苹果、谷歌、YouTube、思科等。沈南鹏回忆，他入伙红杉时，美国合伙人们并没有分享发现苹果和谷歌的心得，而是将40年的投资经历总结为一页纸，其中罗列着39个过往的重大错误，“有两个错误，是我之前就犯下过的：投资早期企业时股权太少，以及投资在早期就被估值很高的公司”。[①]

① 《环球企业家》，“沈南鹏是如何炼成的”，2008年7月。

沈南鹏投资的第一个企业是奇虎360。周鸿祎评价说，他是一个饥饿的人，看到项目就像闻到了血腥味的狼一样，或者像鲨鱼闻到血腥味一样，听到一点风声就会去拼抢，会去追踪，是一个非常积极的人，表现得特别符合乔布斯所说的保持饥饿感（stay hungry）。

在一开始，沈南鹏的投资显得小心翼翼。红杉中国创办的前两年，只投出了5 000万美元，而很多项目都凭直觉和偶然性。2007年，红杉的一个合伙人去重庆考察，喝咖啡时发现对面有家餐厅人满为患。他带着好奇，也排队买了份餐，觉得味道不错。然后，红杉投资了这家名为"乡村基"的快餐连锁企业，3年后，在纽交所上市。

2009年，沈南鹏终于找到了一条无比重要的赛道。

这一年开春，红杉中国在京郊的长城公社召开年会，沈南鹏把主题定为"Mobile Only"。"这个主题我不知道怎么翻译合适，我们就是想给大家一个警醒，新的移动互联网时代要到来了。"

红杉中国是最早全力押注移动互联网的风投机构。沈南鹏和团队整理了一份移动互联网"产业地图"，上面有运营商、SP（Service Provider，电信增值服务提供商）、电商、游戏公司等产业链环节，并标明各个环节的关系。对着这张图，红杉中国开始研究有哪些点应该去看一看，有哪些点可能会有机会。"红杉在后来的投资中沿着这个图解不断深入和补充，因此能捕捉到一批今天从竞争中脱颖而出的互联网公司。都是因为那时的这张地图，让我们提早布局。"①

中国的移动互联网投资热潮，启兆于2007年的iPhone面世，大风涌动于2011年的智能手机大爆发和微信诞生，终于2016年的共享单车。十年之间，赛道辽阔，细轨纵横，奇才异能之人蜂起，红杉中国无疑是其间最活跃的大赢家。美团的王兴曾感慨："只要你还在创业，只要你还在这个大的行业里面，我相信大家绕来绕去都会遇到红杉，因为红杉总在那里，

---

① 《中国企业家》，"沈南鹏买下赛道"，2014年4月。

而且总是冲在最前面。”而唯品会的沈亚更认为：“沈南鹏至少通过在电商的布局，已把整条赛道都买了。”

特别是在O2O一役，沈南鹏几乎投到了所有的独角兽，甚至还投资了整条产业链，包括采购、物流、数据等公司，这些企业犬牙交错，接连成壁。2015年，行业进入最后的洗牌并购期，红杉中国是美团、大众点评、赶集网、滴滴的投资人，沈南鹏又是携程的创始人，因此在这几起艰难的巨型合并的幕后，始终隐现着他合纵连横的身影。

到2017年，红杉中国共计投资200多家企业，所投企业总市值高达2.6万亿元，沈南鹏被戏称拥有一个“2万亿的朋友圈”。自1998年，VC（风险投资）、PE（私募股权投资）这两个概念进入中国之后，风险投资人成为新兴产业发展的重要推进力量。他们有的时候被视为“门口的野蛮人”，有的时候还要承担“脱实入虚”的罪名，不过，最终他们以自己超凡的勤勉和智慧，成为产业的推动者和利益分享人。

沈南鹏说：“我会尝试去寻找好的机会，但通常我不是第一个尝试的人。我会观察一下，看自己是否适合。”[①]因为总是觉得自己“不够聪明”，所以，他能够保持一份对职业的敬畏。如王尔德所言，“‘傻瓜’创造了世界，聪明人不得不生活于其中”。

① 《新京报》，“沈南鹏：创业要有纯真愿望”，2015年7月2日。

2013 金钱永不眠

我们依然在大大的绝望里小小地努力着。这种不想放弃的心情，它们变成无边黑暗的小小星辰。我们都是小小的星。

——电影《小时代》

湖北鄂州人孟凯，可能是全中国第一个意识到风向突变的企业家，不是因为他有独特的政策嗅觉，而是他的酒馆突然门庭冷落。这一切都来得那么突然，却又难以逆转。

孟凯的湘鄂情开在北京市海淀区定慧寺的路边，位置虽然不起眼，却是中央八大部委密集的地方，平日里车水马龙，日日爆满，菜价也是全北京最昂贵的，而且是“越贵越有人买单”，他的这个酒馆甚至被人视为经济景气的风向标，只要“跑部钱进”的人多了，投资肯定就要加大了。孟凯原本是一个下岗工人，1995 年在深圳蛇口开了一家只有 4 张桌面的小店，他有一位能干的湖南媳妇，湘鄂情的店名，更像是一对贫贱男女的爱情故事。1999年，孟凯夫妇进京，本能地摸到了公款消费的门道。在后来的十多年里，他们的生意越做越大，陆陆续续开出了34家门店。与官员们接触得频繁了，八面玲珑的孟凯自然还学会了资本经营的新本领，2009年11月，湘鄂情在深交所正式挂牌上市，成为中国第一家上市的民营餐饮企业，孟凯身价36亿元，俨然是餐饮界的首富了。

▲ 北京的湘鄂情餐饮店

然而，就是从2013年1月开始，湘鄂情的生意陡然一落千丈。在去年的12月4日，中央下达关于改进工作作风、密切联系群众的“八项规定”，提倡精简节约，严令禁止官员出入高档消费场所。此后，各地纪委厉行严查，高档场所及高价烟酒的消费顿时萧条，杭州西湖边的30家高档会所被全数关停，其中包括马云的“江南会”。在2013年，全国白酒行业创下2009年以来的最低增幅，14家白酒上市企业的市值缩水超过2 500亿元。

“不要再抱任何幻想，不会再好起来了。”一位相熟的官员私下里对孟凯说，“八项规定”不是一阵风，而是体现了执政者的新决心。在这一年，湘鄂情相继关闭了8家门店，上市公司巨亏5.64亿元。孟凯开始尝试转型，他先是投资环保项目，紧接着进军房地产和影视业，然后又发力新媒体大数据，后来索性把公司名称也改为“中科云网”，宣布要与中科院合作，募资数十亿元成为一家云服务企业。在接受记者采访时，曾经的“京城第一大厨”孟凯说：“别和我谈餐饮，谈大数据。”

到 2014 年 12 月，几经转型的湘鄂情终于转进了死胡同，孟凯因涉嫌违反证券法律法规，遭证监会立案调查，所持股份被冻结，他辞任公司董事长，避居海外。在发给《新闻晨报》记者的一条微信中，他说："在各种压力下，我的精神濒临崩溃，无力回天。"

进入 2013 年之后，所有的人都呼吸到了别样的空气，感觉风向正在发生强劲而微妙的变化。

在政治上，中共中央加大了反腐的力度，习近平提出"'老虎'、'苍蝇'一起打"。6 月，曾长期任职中石油的时任国资委主任蒋洁敏被双规，8 月，石油系统的腐败窝案被曝光，4 位中石油高管遭纪委部门调查，据《南方周末》的统计，"在整个 2013 年，央企反腐浪潮是最为舆论瞩目的事件，至少已有十余位央企中高层管理者涉案被查"。

在经济上，新任总理李克强展现出了新的执政风格，他不同于前任，曾当政于工业大省辽宁和农业大省河南，对地方经济情况更为娴熟，而本人又是经济学博士出身，还获得过中国经济学的最高奖——孙冶方经济科学奖。今年的 9 月 9 日，李克强在英国《金融时报》发表署名文章《中国将给世界传递持续发展的讯息》，明确提出"中国已经不可能沿袭高消耗、高投入的老旧模式，而是必须统筹'稳增长、调结构、促改革'"。

国际舆论开始用它们的方式揣测这位"博士总理"的新作风。

《经济学人》杂志提出了"克强指数"，据它的观察，李克强在主政辽宁省时，"不会把各级官员上报给他的数据太当回事"，[①]他有自己评估经济的三个数据：该省的铁路货运量、用电量和银行发放的贷款额。

英国巴克莱银行更直接，它在今年创造出一个新名词——"克强经济学"，用来指代这位新任总理为中国制订的经济增长计划。巴克莱认为，"克强经济学"有三个重要"支柱"：不出台刺激措施、去杠杆化和结构

---

① "Keqiang Ker-ching", *The Economist*, Dec 9, 2010.

性改革。“除非经济和市场面临迫在眉睫的崩溃风险，我们预计中国决策者不会采取激进的财政和货币扩张政策。”[①]据此，巴克莱预计，“克强经济学”可能导致中国经济“临时硬着陆”，即未来三年，中国经济增速会显著下降，但经历短痛之后，中国经济应能在未来10年内保持6%到8%的增速。

巴克莱的这个新名词从来没有得到官方的正式认可，不过却在今年被《人民日报》、新华社一再引用，更是引起了学界广泛的讨论。随着新领导人的上任，一度消沉的经济学界貌似又活跃了起来，人们开始就改革的顶层设计，提出了各种版本的路线图。

有人认为，改革的突破口应该是国有企业改革，混合所有制改革的方案在今年的两会上被再次提出。在4月的博鳌论坛上，北大教授张维迎说，“过去10年中国的国有企业越来越强大，如果不能改变这种国企主导的经济模式，中国将无法实现7%的年增长率。所以我希望新一届政府继续进行市场化改革，并且重新启动被打断的国有企业私有化进程”。

有人提出，收入分配的改革才是中国经济调整、拉动内需的核心问题，当务之急是缩小日益扩大的贫富悬殊，把社会保障体制改革当成重中之重。

还有人则把结构性减税视为未来改革的主战场，认为应进一步加大对小微企业技术创新和改造的财税支持力度，加快增值税扩围改革试点，解决现行营业税重复征税问题。其中，是否立即征收房产税成为一个热烈讨论的焦点。

一些中生代经济学者组成了一个新供给五十人论坛，他们的主张是把改革的重心从需求端向供给端转移，全面推动产业领域的创新和资源配置机制。

当然，也有一些颇为激进的观点再次出现，有人提出应取消发改委，彻底废除政府审批投资项目，在民营企业投资行为中，政府需要做的是

① 华尔街日报中文网，“李克强经济学的三大重要支柱”，2013年6月28日。

“放手、放手、再放手”。中欧商学院的许小年教授更是建议“将几十万亿的国有资产分给13亿民众以刺激消费”。[①]他的这个主张让很多人在茶余饭后开始“认真”地算账，万一真的分了，落到自己钱袋里的会有几万元。

学者们提出的改革领域，个个都是“当务之急”，可是每一项都“剪一刀而动全身”。

中国的改革从来有多目标治理的特征，就如同很多年前中国高级官员向米尔顿·弗里德曼提问的：“这只老鼠有很多条尾巴，到底应该先剪哪一条？”当年弗里德曼给出的药方是“一次性全部剪掉，长痛不如短痛”。事后看来，这种“休克式疗法”似乎并不符合中国的现实国情，有些尾巴不是被剪掉的，而是自我萎缩掉的，比如物价改革和粮食体制改革；有些尾巴则好像是这只老鼠的“命根子”，比如独特的国有经济体系；而更多的尾巴则血脉互通，动一条则波及其余。糟糕的问题是，你甚至不知道波及的是哪几条，而它们又会发生怎样的状况。

这种复杂而危险，且需要极大耐受力的“剪尾巴游戏”一直在进行中，到今天仍然是中国的决策者们所亟待处理的。在2013年，李克强的剪刀伸向了两处，一是政府的权力清单，二是金融体系的证券化再造。这两处手术均属“内科”，动之艰难，事关长效。

在3月17日的两会记者会上，李克强第一次“亮相”，他提出的首项执政改革就是简政放权，宣布将国务院各部门行政审批事项削减三分之一。到年底，国务院召开9次常务会议，先后分三批取消、下放334项行政审批等事项。8月22日，国务院正式批准设立中国（上海）自由贸易试验区。一个月后，自贸区就公布了“权力负面清单”，共计18大类，在这个清单之外的领域，外商投资项目核准均改为备案制。这种与国际惯例接轨的审批制度的确立，是改革开放以来的第一次。

---

① 《新京报》，“经济学家许小年：几十万亿国有资产应分给13亿民众”，2010年11月6日。

金融体系的证券化再造，则比简政放权更为复杂。中央政府在今年的种种作为，带来了金融业的巨大变化，在某种意义上，可谓是“变天之年”。

接下来的记录将有点枯燥，涉及一系列的法规政策名词和它们颁布的时间节点，读上去会让人昏昏欲睡。不过，即便是把它们简单地堆砌在一起，你也可以清晰地看到一个新金融时代到来的清晰轨迹。如果说，在改革开放的上半场，中国解决了劳动力的自由流动，那么，在下半场的一开始，决策层就试图从最坚硬的地带突破，解决资本的自由流动。这是一个令人兴奋却又充满了种种焦虑、动荡和博弈的开始。

金融产业是市场化改革的最后一块堡垒，在很长时间里，这一产业有两个基本特点，一是银行主导一切，二是民间资本滴水不进。对现状的突破，正是从这两个方向次第展开的。

《大资管时代到来》——在今年1月31日的财新网上，出现了这样的一篇专题评论。敏感的人们已经意识到，中国式的治乱大景观将出现在一向风平浪静的金融领域，从此往后，金钱永不眠。

一切变化的开始，都从2012年下半年以来的一系列新法律、法规的颁布开始。

证监会——

8月，证监会发文，明确鼓励证券公司开展资产托管、结算、代理等业务，为专业投资机构提供后台管理增值服务，一举突破长期以来私募证投基金综合托管业务由商业银行垄断的格局。①

9月26日，证监会修订颁布《基金管理公司特定客户资产管理业务试点办法》，首次允许基金公司进入股权投资（PE）领域。

10月，证监会连续发布三个细则对券商资管业务大松绑，券商资产

① 《关于推进证券公司改革开放、创新发展的思路与措施》。

管理从无到有，到 2013 年 1 月，规模就突破了 2 万亿元大关。[①]

也是在 10 月，证监会还发布《关于进一步完善证券公司直接投资业务监管的通知》，确立了直投基金的备案制度，首次明确了直投子公司和直投基金可以参与股权相关的债权投资。

12 月 28 日，全国人大表决通过了修订后的《中华人民共和国证券投资基金法》，此法最大亮点是，首次将非公开募集证投基金（即私募证投基金）纳入了调整范围，意味着通常所指的"阳光私募基金"终于获得合法地位。在接下来的一年，一大批公募基金里的明星基金经理纷纷离职，创建自己的私募基金。

保监会——

7 月 16 日，保监会发布《保险资金委托投资管理暂行办法》，同意保险公司将保险资金委托给符合条件的投资管理人，开展定向资产管理、专项资产管理或者特定客户资产管理等投资业务，从此打开了"保险委托投资"的业务大闸。

10 月，保监会又相继发出通知，大大扩大了保险资产管理的业务范围，也为保险资金与其他非保险资产管理机构的合作提供了依据。在这一系列新政的刺激下，诸多业外资本纷纷进入保险市场。[②]

央行和银监会——

8 月 3 日，中国银行间交易商协会首次允许设有基础资产现金流质押的证券化产品的发行，当月，一些地方政府的城建公司及信托集团即先后发行资产支持票据。[③]

---

① 《证券公司客户资产管理业务管理办法》、《证券公司集合资产管理业务实施细则》和《证券公司定向资产管理业务实施细则》。

② 《关于保险资产管理公司有关事项的通知》和《关于保险资金投资有关金融产品的通知》。

③ 《银行间债券市场非金融企业资产支持票据指引》。

12 月，经国务院批准，放宽了商业银行设立证投基金管理公司的门槛，推动数十万亿级的储蓄资金向资本市场的有序转化。

这些令人眼花缭乱的新政的出台，其核心目标就是两条：放松监管力度，鼓励混业经营。

自 1992 年以来，朱镕基时代所形成的金融严管思路一直得到坚决地执行，其间虽然也出现过若干的反复和纠结，但是垂直监管、分业经营的主导思想从未动摇。2012 年的金融新政实质上终结了 20 年的既有格局，证券、期货、基金、银行、保险、信托之间的竞争壁垒被打破，金融市场进入了一个全新却注定更加混乱的大资管时代。

进入 2013 年之后，一些重大的金融业改革措施继续密集出台。

1 月，全国中小企业股份转让系统（简称新三板）在北京金融街正式揭牌，这意味着继上海和深圳两大交易所之后，又出现了第三个全国性的证券交易场所。

▲ 2014 年 1 月 24 日，“新三板”首批全国企业集体挂牌仪式举行

实际上，这个新三板早在 2006 年就已经开始试点运营，被挂在深交所下面，当初是为了扶持北京中关村的高科技企业。然而在六年时间里，先后只挂牌了一百多家公司，定向增资总额不到 18 亿元，几乎微不足道。此次的揭幕，是一次全面的功能和定位升级，它从深交所独立出来，面向全国的中小企业开放，上市门槛大大降低，几乎已接近注册制。在未来的几年内，新三板的上市公司数量迅速突破万家，成为资本市

场的新一极。

今年的7月6日，一场名为“吴英‘民告官’研讨会”的小型会议在北京举行。

在过去的几年里，围绕这位“东阳小姑娘”的争论一直没有停歇，而且发生了出人意料的转机。吴英在2009年12月被一审判处死刑，2012年1月，二审维持原判。然而，在4个月后的5月21日，吴英案终审改判死缓。

吴英案的峰回路转，很难仅仅从法律的层面来解读，在这个罪与罚的宽严尺度带有浓厚政治意味的国度里，吴英式的“幸运”是一个特殊时期的戏剧性投影。

就在北京那场小型研讨会的前一天，7月5日，国务院发布《关于金融支持经济结构调整和转型升级的指导意见》，提出“尝试由民间资本发起设立自担风险的民营银行”——长远而言，这也许是本年度最重要的经济事件，中央政府开闸银行业，首次表态允许民营资本合法进入。

9月初，有消息称，全国首份地方版《试点民营银行监督管理办法(讨论稿)》已完成报至银监会。

9月29日，银监会发布《中国银监会关于中国（上海）自由贸易试验区银行业监管有关问题的通知》，提出“支持符合条件的民营资本在区内设立自担风险的民营银行、金融租赁公司和消费金融公司等金融机构”。

“民资银行呼之欲出”——这样的政策动向引起市场巨大的震动。

从百年中国现代化史的角度，银行业一直是政权与民间争夺主导权的核心战场，孙中山的“节制资本”主张被国民党政权奉为圭臬，在1935年的“孔祥熙变法”之后，国家资本就开始全面控制金融资本市场。1949年之后，民营资本被全数清理出局，银行产业已无一分钱民间资本，一直到改革开放的整个上半场时期，银行业从来是被禁止染指的“天字第一号雷区”。据渣打银行的一份报告显示，在过去的很多年里，存在着两个“60%”现象，即有60%的民营企业从来没有从银行贷到过款，而获得贷款服务的企业中，又有60%是一年期短贷。这一事实造成了资本市场的体制歧视，种种后遗症和并发症层出不穷，以吴英为代表的地下金融业者的长期存在，正是制度性的产物。曾有民间业者感慨：“千开放，万开放，不如让我办银行。”

政府对银行业的开闸，如同在市场上投下了一大把兴奋剂，在接下来的几个月里，各地关于民营企业申请银行的消息此起彼伏，温商银行、苏宁银行、苏南银行、荆州银行、渝商银行等银行名称也频频曝光，江苏一家老牌的纺织企业红豆集团宣布将申请成立苏商银行，结果在1个多月的时间里，它的股票涨了40%。

在银行开办热中，互联网人当然不甘落后，腾讯主导发起前海微众银行，阿里巴巴筹备网商银行，它们都成为银监会批复的首批五家民营银行之一。百度则与中信银行合资成立直销银行——百信银行。[①]

在BAT中，动作最大的是阿里巴巴。天然的电商属性，以及强大的第三方支付工具让马云有更灵活的创新空间。早在2008年的一次企业家峰会上，他就直言不讳地喊道：“我听过很多的银行讲，我们给中小型企业贷款，我听了五年了，但是有多少的银行真正脚踏实地地在做呢？很少。如果银行不改变，我们改变银行。”

这句被银行业者嘲笑了五年的狂妄之言，在今年终于兑现。6月13日，一款名为“余额宝”的类存款产品悄悄上线，所有的支付宝用户都可以十分便捷地把零钱存入这个账户，其七天的年化收益率接近7%，秒杀所有银行存款利率。到12月底，余额宝的用户数达到4 303万人，资金规模1 853亿元。支持这一产品的天弘基金原本是一支微不足道的小基金，在三年后将成为全球最大的货币市场基金。

---

① 前海微众银行于2014年7月被正式批准筹建，网商银行和百信银行的成立时间分别为2015年6月和11月。

对官员的纪律整肃、央企反腐以及金融业的大震荡，生动地体现出了 2013 年的不同寻常，在本质的意义上，它预示着利益重构的开始，这是一个新的大棋局，玲珑初开，百子待落。历史从来有自己的逻辑，你不可否认它的偶然性——否则历史将非常无趣，不过，你又必须尊重它的必然性。种种迹象表明，市场化是不可逆的方向，而与此同时，一个更强势的中央政权也正在回归，所有的局中之人都在谋划和重新确立自己的新角色。

在今年的春夏之交，北京和香港的财经圈里，关于长江实业抛售内地及港岛资产的传闻不绝于耳。一个颇有点敏感的话题在小圈子里被不断地提及：李嘉诚是不是要跑路了？

9 月 4 日，长江实业发布公告，宣布将北京朝阳区的一块土地以 21 亿元的价格转让出手。王石在自己的微博中转发了这条新闻，并配了一条耐人寻味的评论："精明的李嘉诚先生在卖北京、上海的物业，这是一个信号，小心了！"

很快，媒体列出了一张李氏抛售清单：8 月，李嘉诚为旗下创立了 40 年的百佳超市寻找买家，其估值约 310 亿港元；同时，计划以 75 亿港元的底价叫卖上海陆家嘴的东方汇金中心 OFC 写字楼；此外，还以 32.68 亿港元的价格出售了广州西城都荟广场和停车场。这几个项目加起来，涉及金额约为 410 亿港元。此外，他还同步出售了价值 71 亿港元的香港物业资产，连一直作为公司稳定"现金奶牛"的香港电灯也被分拆上市。

与持续变卖内地资产对应的是，李嘉诚近年频频投资欧洲市场，仅 2013 年上半年就完成 4 宗海外并购，共耗资 248.7 亿港元。就在 9 月，和记黄埔又斥资 11 亿美元，收购了西班牙电信在爱尔兰的子公司。据不完全统计，自 2010 年以来，长江实业与和记黄埔系总共在香港和中国内地以外完成了 11 笔收购，涉及金额约 1 868 亿港元，这其中，欧洲地区占比高达 97%，有英国媒体惊呼，李嘉诚要并购"整个英国"。

李嘉诚的撤资动向，迅速引起了多角度的解读和猜测，你很难把一位

85 岁首富的行为当成一种冲动。在很多酒席之上，企业家们都在互相询问："你怎么看李嘉诚跑路的事？"

在很多年里，李嘉诚是一个象征性的存在。这位潮汕人由逃港难民成长为华人首富，被看成是香港奇迹的代名词，但是在过去的十多年里，以李嘉诚为首的地产富豪把持香港几乎所有的命脉性产业，成为凌驾于平民社会之上的超级阶层。在香港经济低迷徘徊的同时，他们的财富却实现了倍级增长，有人甚至讽刺性地把香港更名为"李家城"。[①]他的此次撤资，被视为看衰内地经济的标志性行为，有人甚至把它视为一种"示威"，在去年的特首选举中，李嘉诚等富豪力挺的唐英年落败于得到中央政府支持的梁振英。

许知远是这几年中国最好的政经作家之一，他曾参与李嘉诚传记的创作，在他看来："李嘉诚对此刻中国的政治制度与社会情绪，都有自己的看法。他是一个有高度风险意识的人，他特别敏感于一个市场的政治与法治上的不确定性。他与内地的关系，也多少象征着中国与海外华人社会的关系，他们之间的关系在发生戏剧性的转变。在改革开放最初时，海外华人是改变中国的重要力量，他们也受到特别的礼遇。如今，情况在发生改变。"

11 月 22 日，李嘉诚罕见地在他位于香港中环的长江集团办公室接待了几位来自内地媒体的记者。在过去的大半年里，关于"李嘉诚要跑路了"的新闻正甚嚣尘上。

李嘉诚在此时接受采访，显然是一个刻意的安排，而且，时间点选在北京召开十八届三中全会的 10 天之后，更是颇有意味。他对记者说，"撤资"是天方夜谭的笑话，"我感觉在经济全球化的大环境下，'撤资'这两

---

① 根据彭博亿万富翁指数和国际货币基金组织（IMF）的测算（2016），香港前十大亿万富翁的净资产总和，占香港 GDP 的 35%，为全球占比最高的地区。2011 年，香港基尼系数超过 0.5，成为发达国家和地区中，贫富悬殊情况最严重的地方。对香港富豪的发展史研究，参见乔·史塔威尔所著的《亚洲教父》，复旦大学出版社，2011 年。

▲ 李嘉诚在香港的办公室接受记者采访

个字是用来打击商界、扣人帽子的一种说法，不合时宜，对政府和营商者都是不健康的”。

在记者的追问之下，老辣的华人首富还是真诚地表述了自己的某些真实观点，他说：“世界上的投资机会和选择，实在令我们应接不暇；集团可以挑选有法治、政策公平的环境投资；在政策不公平、营商环境不佳、政府选择性行使权力之下，投资意欲便一定相对下降。”①②

今年4月的最后一天，柳传志去协和医院例行检查。医生仔细地看了他的胸片，告诉他，你的肺出问题了，应该是肺癌。在场的人都大惊失色，只有柳传志看上去挺平静的。

1944年出生的他马上要70岁了，按南方人的习惯“过九不过十”，他的朋友们都在张罗着为他开一个小型的祝寿会。在过去的几年里，老柳过得并不安宁。2009年，联想巨亏2.2亿美元，他被迫重新出山担任董事长，杨元庆将战略重心回归于中国市场，花了三年时间，总算稳住了阵脚。2011年，柳传志把联想集团董事长的职务传给了杨元庆，2012年，

① 《南方人物周刊》，“做一个有价值的国民——对话李嘉诚”，2013年11月。

② 在后来的几年里，李氏一直在坚定地出售内地及香港资产。中环中心是李嘉诚家族在香港的标志性物业，2017年10月，长实集团以402亿港元的价格出售中环中心75%的权益。

又让朱立南担任联想控股总裁的职务，按他自己的话说，算是把团队交出去了。

在得知自己罹患了肺癌之后，柳传志表现得比所有人都要镇定一些。他后来回忆说："当时在场的人里，我大概是最镇静的人。为什么这么镇静呢，因为我觉得我这辈子很幸福，我 40 岁的时候，赶上改革开放能让我办公司，事情呢，做得不错，家人也对我不错，还有很多的朋友，我觉得我这辈子值了。应该讲，人生无非是匆匆一个过客，活多长都是活，反正酸甜苦辣都尝过，我觉得很幸福，也觉得很平淡。"①

在朋友们的安排下，柳传志去长白山度假，希冀用那里的空气好好洗一下自己的肺。6 月中旬，他回到北京参加正和岛的一次企业家茶叙，席间他说："从现在起我们要在商言商，以后的聚会我们只讲商业不谈政治，在当前的政经环境下做好商业是我们的本分。"

谁也没有料到，他的这番话在企业家群体中掀起轩然大波，构成本年度最具争议性的话题之一。

正和岛是一个企业家组织，由《中国企业家》前社长刘东华创办，"岛内"聚集了两万多名民营企业家，柳传志的讲话被曝光后，一位叫王瑛的女投资人当即发布"退岛声明"——"我不属于不谈政治的企业家，也不相信中国企业家跪下就可以活下去……为了不牵连正和岛，我正式宣布退出正和岛"。

到 2013 年，中国的民营企业家数量从无到有，已经突破 1 253 万人，是中国商业世界里最活跃，也具有财富能力的族群，他们对政治和公民社会的态度是中国进步的一个重要指标。

作为多年来最具影响力的"企业界教父"，柳传志的"在商言商"，自然引起极大的争议，也体现出企业家群体在公共立场上的分野。王瑛的"退岛声明"发布后，在企业家群体内，迅速分化为"挺柳派"和"挺王

---

① 柳传志在 2015 年中国企业家俱乐部 10 周年活动上的讲话。

派”，争论持续了大半年。

在过去的十多年里，企业家参与政治的热情几经波折，在2000年前后，随着中国加入WTO，企业家对公共事务的参与和讨论达到沸点，然而，2004年的宏观调控，“国进民退”的事实令很多人沮丧，在2009年的“四万亿计划”中，民营企业家被边缘化，央企能力被进一步强化，失望情绪持续放大，从而引发了移民潮，民间投资热情下降。2011年到2012年之间，企业家的焦虑达到了顶点，很多人开始选择自己的立场，万达的王健林宣称自己的做法是“远离政治，靠近政府”，三一重工的梁稳根在一次公开访谈中称，“我是党的人，随时准备为党奉献一切，只要党愿意，三一也可以随时奉献给党”。

在过去的很多年里，柳传志从来不惮于谈论政治，甚至他可能是讨论政治最多的人之一。在2012年，一向出言谨慎的他公开表达了自己的焦虑：“如果环境好了，就多做一点；环境不好，就少做点；环境真不好了，比如不能如宪法所说保护私有财产，企业家就会选择用脚投票。”在接受《财经》的专访时，他更对企业家阶层在中国社会的参与能力阐述了自己的担忧，在他看来，“中国企业家是很软弱的阶层，不太可能成为改革的中坚力量……面对政府部门的不当行为，企业家没有勇气，也没有能力与政府抗衡，只能尽量少受损失。我们只想把企业做好，能够做多少事做多少事，没有‘以天下为己任’的精神”。[①]

很显然，这样的“大白话”充满了绥靖的气质，理所当然地被一些企业家和公共知识分子视为懦弱。不过，如果在2013年的企业家群体中做一个调查，恐怕大多数人会认同柳传志的观点。在一个强势政府和法治尚不完备的商业社会中，企业家在公共事务上的进取能力十分羸弱，甚至在某些时候，连合法权益的自保都岌岌可危，他们更多的是新环境的适应者，而非创造者，寄希望于他们成为体制突破的先锋力量是一种过度的妄想。

① 《财经》，“柳传志：我希望改革反对暴力革命”，2012年10月。

围绕柳传志的“在商言商”风波，实际上体现出中国商业世界复杂的真实景象，其最重要的特点是多层面的“共识瓦解”。

其一，以“发展是硬道理”为主题的改革共识，已然破局，政府与有产阶层在利益上的协调出现了裂痕，改革需要被重新定义；其二，企业家阶层内部，出现了价值观分野，很多人开始思考从事商业活动的终极目标，从而做出了各自的现实选择；其三，企业家阶层与公共知识分子阶层之间的隔膜，不是在缩小而是在持续扩大，后者显然缺乏对真实中国的解释能力和设计能力。

这一“共识瓦解”的景象，将深刻影响中国改革的进程，并在未来的前行中浮现更多的不确定性。

在今年 4 月的汉诺威工业博览会上，德国经济技术部第一次提出了工业 4.0 的全新概念，这意味着制造业的一场进化革命开始了。在德国人看

▲ 德国汉诺威电子工业展上，一位来自中国的参观者正在试用VR设备

来，过去的一百多年，工业革命经历了蒸汽机的应用、规模化生产和电气自动化的三大阶段，而眼下，随着智能技术和互联网技术的渗透，生产线的新革命正在发生。

工业 4.0 的提出，不是一个孤立性事件，它几乎是所有制造大国的共同选择。

也是在这几年，美国的奥巴马政府一直在推行“再工业化”战略，并试图实现“制造业的回归”。而日本的安倍内阁则在今年 6 月正式通过了“日本再振兴战略”，其内容涉及以促进民间投资为中心的紧急结构改革、推进以争夺科技制高点为目标的科学技术创新等六大行动计划。

作为全球制造业的第一大国，中国政府的高层正在组织拟订新的工业化战略，它将在一年后以“中国制造 2025”为主题发布。而在当下，中国的制造界却正陷在恐慌之中。在过去的两三年里，他们先是被马云的电商弄得晕头转向，又让雷军在销售模式上搞得眼花缭乱，几乎到了人人唱衰、自信全失的地步。这时候，真的需要有人挺身而出。

12 月 13 日，中央电视台如期举办年度经济人物的颁奖晚会，在所有的获奖者中，雷军无疑是风头最健的一位。小米手机在今年卖出了 1 870 万台，增长 160%，就在一个多月前的天猫双十一购物节上，小米手机仅在三分钟里就卖出一亿元，这些神话般的数据，对于所有的制造业者都如同天方夜谭。

出乎雷军预料的是，就在当晚的颁奖典礼上，他突然被人呛了一声，对方是做了 23 年制造业的“董小姐”。

董明珠不是一个一夜爆红的人，而且在很长时间里习惯在镁光灯外生活。1954 年出生的她，毕业于安徽省芜湖干部教育学院统计学专业，1975 年在南京一家化工研究所做行政管理工作。儿子两岁时，丈夫病逝。1990 年，董明珠辞去以前的工作，孤身一人来到珠海，加入格力的前身海利空调器厂，成了一名业务销售员，那一年，董明珠已经 36 岁。

格力是一家地方国企，大股东是珠海市国资委，它的崛起归功于朱江洪，一位低调而有决断力的机械工程师。正是他慧眼识珠，发现了最基层的董明珠。1993年，董明珠带领的一支销售团队，做了5 000万元的销售额，占到格力总销量的六分之一，朱江洪一把将她提拔为经营部长。朱问董明珠，你有什么要求？董说，让我管经营可以，我还要管财务。几乎所有的格力干部都觉得这位董小姐有点“过分”了，朱江洪却一口答应下来。

常年在一线鏖战的董明珠，以固执己见和不怕得罪人著称。2004年，国美、苏宁以连锁大卖场模式冲击家电产业，几乎所有品牌都屈从于渠道商的威力，唯有董明珠坚持走专卖店路线，打死不进国美、苏宁的大卖场。在全国空调市场上，格力与顺德的美的是“一时瑜亮”，打得不可开交，董明珠认定美的在技术上“抄袭”了格力，在公开场合多次炮轰对方是“小偷”，弄得美的董事长方洪波哭笑不得，只好调侃自己是“秀才遇到兵，有理说不清”。

从1993年到2013年的20年里，“朱董配”是中国家电界的一个传说。在这段激荡岁月中，各路豪杰潮起潮落，品牌变幻如南国云天，而几乎所有有国资背景的家电企业都相继凋零，偏居珠海的格力却如一个“异数”，稳健做大。就在去年5月，朱江洪退休，董明珠顺理成章地接班董事长。这一年，格力以一个空调单品，销售额居然突破1 000亿元。

在12月13日的颁奖晚会上，主办方有意无意地让雷军与董明珠同台获奖。在主持人陈伟鸿的“挑逗”下，雷布斯与董小姐突然擦枪走火了。

陈伟鸿先是在屏幕上放出了小米与格力的区别：从工厂的数量来说，小米是0，格力是9；员工数量小米是7 000，格力是7万以上；专卖店小米是0，格力是三万以上；营业总收入小米是300亿，格力是1 007亿。陈伟鸿说：“我突然发现，其实你们两人之间也许也会有一个世纪之争，也就是你们两人所代表的生产模式，对中国的企业，对我们的转型升级来说，到底谁的后劲更足。”

董明珠当即接受挑战，在她看来，小米的成功仅仅是营销意义上的胜利，而企业的可持续发展，必须有赖于技术和制造的能力，“我觉得做企业，最重要的事情是必须问一下，枝繁叶茂的底下根在哪里，绿叶可能生长三五年，但是能不能永久，还是要引起思考”。

在陈伟鸿的撺掇下，两人设下“十亿赌局”：五年后，小米的销售额能否超过格力。

董、雷两人的“赌局”既是一个即兴的玩笑桥段，又是一场严肃的路径之争。董明珠的挺身而出，让所有的制造业者在最苦恼和迷茫的时候，看到了新的希望，好好地为他们争了一口气。“赌局”之后，董明珠的知名度大大提高，俨然成了中国制造的新旗帜性人物。到第二年，这位任性的董小姐索性撤下所有的明星，亲自拍广告，为产品代言。在她的示范下，TCL的李东生、京东的刘强东，包括她的“死对头”——美的集团的方洪波纷纷效仿，大家都愉快地省下了一笔明星代言费。

▲ 雷军和董明珠

在北京的颁奖典礼上，300多亿销售额的雷军敢于挑战千亿销售额的董明珠，并不是一时的意气。在2013年，全球智能手机出货量首次突破10亿部，同比增长38.4%，而中国的智能手机更是同比增长了84%，达到3.5亿部。作为现象级的品牌商，雷军对自己的预期当然会有点爆棚。

但是此时的竞争态势，却好像要复杂得多。智能手机销量的井喷，迅速吸引了大量的新入局者，它们中有功能手机的制造商，有试图把手机当成移动互联网入口的互联网人，也有一位口才极好的前英语培训教师罗永浩。

雷军很快发现，自己陷入了扑朔迷离的混战之中。2013年7月，雷军推出了售价799元的红米手机，试图用“割喉”的方式杀死所有的“山寨机”，可是，他的对手们立即将价格杀到699元、599元，甚至在他反击性地再次降价到499元时，同样是互联网出身的周鸿祎推出了360手机，把售价定格在令人绝望的399元。

如果说罗永浩、周鸿祎等人的搅局，只是让雷军有点头疼的话，那么在2013年，他的真正对手却是一家从来不参与口水论战的沉默巨头——华为。

在中国的企业界，华为是一个不完整的存在，它的知名度非常之高，但是与公众之间似乎一直隔着一层薄薄的面纱。关于它的种种新闻，总是以出人意料的方式突然出现，比如任正非写的某一封信或某一次内部讲话、美国对华为的反垄断调查、高管的跳槽与口水战，乃至华为员工的“过劳死”等，它们都因为这家公司的神秘性而引发更多的猜测与窥视。任正非是中国企业界最不愿意见媒体的人，而华为历史上几乎没有召开过正式的新闻发布会。早在2004年，一部名为《华为真相》的图书曾畅销百万册，但作者程东升的所有资料均来自公开报道及对离职员工的采访。

在过去的2012年，有两件事情的发生让华为不得不“浮出水面”。

一件事情是它的销售额超过爱立信，成为全球最大的电信设备供应商，根据内部的资料显示，任正非一直迟迟不愿意公布这个事实，原因是“华为还没有做好当第一名”的准备。在一次战略会上，他出题让高管们讨论华为的未来方向，题目是“下一个倒下的会不会是华为”。

另一件事情是华为决定把智能手机当成下一个战略级产品，这意味着它在成立25年之后，必须进入陌生的消费零售市场。

事实上，华为早在2005年就已生产手机，不过在很长的时期里，是以定制形式为运营商生产手机，与其他3G网络设备一起，捆绑式地销售给运营商，不直接卖给消费者，业内俗称白牌机或贴牌机。

到2012年，随着电信设备业务超越爱立信，这一产业也陷入了增长饱和的窘境，华为必须要寻找到下一个万亿级的市场，否则将彻底失去成长的空间。在这一时刻，任正非选中了智能手机，华为组建新的终端业务部门，由1969年出生的余承东挂帅。

这一次进击，对华为而言是一个全新而陌生的挑战，在过去的二十多年里，它从来没有面对个体消费者出售过商品。余承东回忆说：“当华为从白牌厂商向自有品牌转型，很多人就说华为手机要死掉了，一个欧洲运营商砍掉了华为所有的订单。”

与全中国所有的智能手机品牌商相比，华为的核心优势是拥有自主开发芯片的能力，早在2008年，华为就发布了首款手机芯片K3V1，2013年，则发布了麒麟910芯片。在某种意义上，任正非在手机市场上，替董明珠的反击做出了自己的诠释。

尽管如此，华为手机的成长之路也并不顺畅，在2012年，余承东完成了75亿美元的销售额，比任正非给他的任务少了5个亿，因此被扣掉了全部的年终奖，还差点被勒令“下课”。在2013年，华为新面世的旗舰机P6在全球突破400万台的销量，成为售价在2 500元以上价格区间的高端机型中最成功的中国品牌。

余承东终于暂时坐稳了手机事业群CEO的位子，他告诉《第一财经日报》的记者：“华为手机活下来了。”也是在过去的两年里，余承东学到了之前在华为从来没有掌握过的技能，他自嘲是华为的“CHO”——首席吹牛官，“我学会了吹牛、打赌和应付口水战”。

在一次新闻发布会上，他举着即将上市的新手机，十分热情地招呼记者“用刀划一划”，来验证下是否会产生划痕，现场没有刀，他大声说，“那有戴金表的没有，可以试试”。

在2013年，恐怕没有一个商业界人士的经历像李开复那样的戏剧性，在年初，他兴奋地谋划如何让自己的微博粉丝数尽快突破3 000万，而到年底，他躺在台北的一张病床上，听医生教他该怎样“放空自己”。

今年5月，《时代》杂志票选2013年全球百大影响力人物，中国国家主席习近平、韩国总统朴槿惠、三星电子CEO权五铉等政治界、商业界领袖入选名单，而与他们并列的，还有创新工场董事长、网络红人李开复。

作为一位软件工程师出身的职业经理人，台湾人李开复大概从来没有想到，他会成为中国大陆最受欢迎的“人生导师”。

▲ 李开复

常常被昵称为“开复老师”的李开复，1961年出生于台湾的新北市，他就读于美国卡内基梅隆大学，获计算机学博士学位。1990年，李开复入职苹果电脑，历任语音组经理、多媒体实验室主任。1998年，他加入微软并在中国创建微软中国研究院。2005年，他又跳槽到谷歌，出任全球副总裁兼大中华区总裁，“谷歌”这个中文名，便出自他的创意。

这一连串的职业经理人阅历尽管颇为显赫，但并不足以让他广为人知。真正让他受欢迎的，是他对辅导青年人成长的无限热衷。在2000年，李开复陆续发表了七封《给中国学生的信》，分别从做人讲诚信、如何从优秀到卓越、选择的智慧及新世纪的人才观等方面，给予了细致的指导。2004年，李开复创立“我学网”，致力于帮助青年学生成长。

2005年，他的系列励志文章以《做最好的自己》为书名出版，迅速成为当年度最畅销的青年人读物。后来的几年里，他又连续出版《与未来同行》《世界因你不同：李开复自传》等图书，一举奠定了人生导师的社会角色。2009年9月，李开复创办创新工场，转型为一位天使投资人。

几乎就在同时，新浪微博出现了，李开复以全部的热情投注于这个新生的社交类媒体。他对台湾《商业周刊》的记者说：“很多人玩微博只是当成休闲，我是把它当成‘事业’，几乎是用百分之百的心力在经营。未来世界一定是虚拟图谱与现实世界重叠整合，提早经营非常重要！”

作为一位软件科学家，他用十分“职业”的方式经营自己的微博：每天在早上6到7点及晚上8到9点两个时段，再搭配其他零碎时间，阅读、撰写约15则信息，交由工具自动在黄金时段内，依照时效性强弱，每半小时发一则，不仅让每则帖文达到最高曝光度，半小时的轮播间隔，也不会让听众有被“洗版”的反感。

李开复为人温文谦和，对年轻人的指导具体而不偏激，因此很快成为最受欢迎的博主之一。2011年，就在微博最为火爆、几乎主宰网络舆论市场的时候，李开复出版《微博：改变一切》，在他看来，微博已经对人们的生活方式、社交方式和商业模式产生了深刻改变，情况在朝不可逆的方向奔跑。

在很多人看来，李开复这本新书的书名就是一种宣言，它预示着互联网推倒一切的勇气和可能性——在几年后看来，这似乎是一个玩笑。也是在那一段时期，一些具有公共意识的微博博主开始广泛地参与，或发起社会事件的讨论，他们被称为“大V”——在他们的微博上有新浪官方的V形认证。到2013年，在新浪和腾讯微博中，拥有百万以上粉丝的大V超过3 300个，千万以上粉丝的大V超过200个。中国人民大学舆情研究所根据监测结果认为：“关于公共事件的微博，一旦达到转发次数超过1万或评论数超过3 000的临界阈值，就可能会从微博场域‘溢出’到社会话语场域，从网络影响到现实。”大V对公共舆论的影响力在2012年前后达到顶峰。在这期间，李开复也不时地参与到社会事件的转发和评论之中。

2013年2月14日中午，李开复的微博粉丝数突破了3 000万，成为新浪微博第二大的男性公众号，仅次于影视明星陈坤，也是世界上最大的、非娱乐性个人社交账号。他在3个月后入选《时代》的全球百大影响力人物，应该是基于这一事实。

富有戏剧性的是，新浪微博的公共影响力拐点也是在这一时刻发生了。

2013年8月，网络推手“秦火火”等人因传播谣言而遭到逮捕，微博红人、在公共事件讨论中表现得非常积极的薛蛮子因涉嫌嫖娼被拘留，互联网随之掀起一场“打谣”风潮并引发连锁效应。新华社刊发《人民日报》评论《谨防大V变大谣》，呼吁大V们要“发出‘好声音’”，切勿“给谣言插上隐形的翅膀”；《求是》杂志子刊《红旗文稿》发表评论：“整治网络谣言必须出重拳，要敢于打‘老虎’、管网站。”

陷入“传谣质疑”风波的李开复，认真地搜索了自己的一万三千余条微博，又请了两家微博爬虫公司，检测是否曾转发造谣者“秦火火”的微博。《南方周末》在一篇题为《大V近黄昏？》的报道中，描述了风暴眼中的李开复——私下里，他这样表达内心的荒诞感：“对这样一个小混混，也要这样认真对待？”但接受媒体采访时，他又不忘定义自己，以求被公正对待，“我就是一株无害植物嘛”。

9月5日晚间，李开复在微博中发布消息，暗示自己患有淋巴癌。

9月9日，最高人民法院和最高人民检察院公布一则司法解释，规定“利用信息网络诽谤他人，同一诽谤信息实际被点击、浏览次数达到5 000

次以上，或者被转发次数达到500次以上的，可构成诽谤罪”。

10月底，李开复离开北京，返回台北治病，他热烈的微博生涯暂时告一段落。

2015年2月，李开复再次回到北京，管理他的创新工场。在过去的一年多里，曾经与他一起在微博世界里非常活跃的大V们，几乎已经销声匿迹。此时，主宰微博的是“90后”的“小鲜肉”吴亦凡、TFBOYS，以及天天直播卖裙子的网购达人张大奕们。

李开复的微博粉丝似乎还在增长，2017年7月达到了5 055万，他仍然是那个受人欢迎、温和谦逊的“开复老师”。他不再评论或转发任何社会新闻，发博热情也大大降低，有时候会连续半个月没有更新。在他的微博上，人们读到的内容，全数是关于人生励志和人工智能，偶尔也会推荐一家好吃的米其林餐厅。

对于很多外国人来说，今年最让他们印象深刻的是“中国大妈”。

到中国各地旅游的时候，他们惊奇地发现，在几乎所有城市的中心广场、花园或小区的空地上，到了晚上，都将聚集起十多个乃至上百位大妈。她们放起震耳欲聋、节奏强烈的音乐，舒畅地扭动起并不苗条的身体。

在她们中间偶尔也会出现几个年轻人的身影，这都是附近二手房交易店的员工或保险业务员，他们在这里随机搭讪，贩售自己的产品。

在除了中国的其他任何国家，都看不到这样的广场舞。它是城市化运动的产物。这些大妈原本住在邻里亲近的胡同，或者鸡犬相闻的农村，当她们搬进了钢铁森林般的大楼后，寂寞和无人交流成了一种“城市病”。如果说，西方人把教堂当成最大的社交场所，那么，“中国大妈”们的选择就是广场舞。有报道称，广场舞已经惊动了大洋彼岸的美国。一支华人老年舞蹈队在纽约一处公园排练时，遭到附近居民多次报警，接警前来的警员给领队开出传票，最后在法庭上，法官念其初犯做出了销案处理。

▲ 广场舞大妈们

另外一个令人吃惊的事实是，这些大妈其实是中国最具消费冲动的族群。今年4月15日，全球黄金价格一天下跌20%，数以十万计的“中国大妈”冲进最近的店铺抢购黄金制品，一买就是几公斤，她们成为抄底黄金市场的最强买手。

有人猜测，今年全球最红的词将是“中国大妈”。华尔街大鳄在美联储的授意下举起了做空黄金的屠刀，不料半路杀出一群“中国大妈”，1 000亿人民币，300吨黄金瞬间被扫，华尔街卖出多少，大妈们照单全收，她们的强劲购买力导致国际金价创下本年内最大单日涨幅。[①]多空大战中，世界五百强之一的高盛集团率先举手投降。一场金融大鳄与“中国大妈”之间的黄金阻击战，以后者的完胜告终。《华尔街日报》在一篇报

① 中国广播网，“黄金多空大战：‘中国大妈’，抢金完胜华尔街做空大鳄”，2013年5月1日。

道中，甚至专创英文单词“dama”来形容勇猛无比的“中国大妈”。

“最近你买黄金了吗？”这可能是中国百姓今年“五一”节假日的新问候语。广州友谊商场黄金柜台的售货员说，一周前黄金价格跌到每克350多元，真的是一金难求。

2013年，改革开放进入第35个年头。

有两个宏观数据证明，这已经是“另外一个国家”。在今年，中国产业结构调整取得历史性变化：第三产业增加值占国内生产总值的比重提高到46.1%，首次超过第二产业。中国的人均GDP，从1978年的384美元——全球倒数第七，飙升到6 905美元，进入中等收入国家行列，很多人开始讨论，中国能否跳出“中等收入陷阱”。①

35年，这几乎是整整一代人的岁月长度。建设与破坏，同样具有深远的意义，对于有些人，时间刚刚开始，对于另外一些人，青春只剩下一个惆怅的背影。

今年最受关注的电影是《小时代》，它的导演是身高不足一米六的畅销书作家郭敬明。这是一部由一群“80后”小女生统治一切的电影，在各种奢侈品牌的包围下，她们嗲声嗲气地打闹和争吵，流下来的泪水可以直接酿造成蜜。郭敬明用“小时代”来定义自己这一代人所处的时代，可谓是天才般的精准，他借用主人公的嘴巴宣告说：“我们依然在大大的绝望里小小地努力着。这种不想放弃的心情，它们变成无边黑暗的小小星辰。我们都是小小的星。”

---

①“中等收入陷阱”：这一概念最早由世界银行在2006年提出。一个经济体在人均GDP达到7 000美元后，经济增速会明显下降，由于难以实现发展方式的转变，往往导致经济增长动力不足，陷入经济发展的停滞期，出现贫富差距扩大、腐败突发、就业困难等一系列社会问题。目前亚洲地区只有“亚洲四小龙”和日本没有掉入“中等收入陷阱”。

▲ 电影《小时代》剧照

在这个“小时代”里，百年以来的第一批没有饥饿感和缺乏苦难意识的中产阶层子女成长起来了，他们是天生的互联网一代，是无可厚非的、精致的利己主义者，他们的消费价值观将主导商业的潮流。中国的公共社会，将进入一段漫长的、繁华喧嚣而无比平庸的中产崛起时期，在这一进程中，有些东西确乎已经死去很久了，比如摇滚和它所代表的反叛精神。

也是在今年，“一无所有”的崔健拍出了一部文艺电影《蓝色骨头》，它讲述一个地下摇滚歌手兼网络黑客的年轻人遇到默默无闻的小歌手，在陷入爱情的过程中偶然发现父辈一段藏在“文革”岁月中的凄婉爱情故事。这部电影在 11 月的第 8 届罗马国际电影节上首映并获得组委会特别提及奖，可是，它的国内票房只有区区的 330 万元，是《小时代》票房的 0.7%。

今年 12 月，比崔健年轻一辈的摇滚人张楚在上海举办了一场演唱会，“孤独的人是可耻的”，这是演唱会的主题。冒着寒风赶来的几百个中年听众气喘吁吁地跟着他唱完了这首 20 年前的老歌，有人叫喊着让他唱《无地自容》，张楚害羞地笑了一下，没有开口。

"不再相信，相信什么道理，人们已是如此冷漠，不再回忆，回忆什么过去，现在不是从前的我，曾感到过寂寞，也曾被别人冷落，却从未有感觉，我无地自容。"

商业文明扩大了这个国家的物质疆域，同时，也让很多人变得不知所措，甚至无地自容。在这个转型的时代，每一个人都让自己变得面目全非，而人被时代改变的部分，似乎大于他对时代的改变，因此，所谓进步的意义，也在不同的人生中得到迥异的评判。正如易卜生所叹息的，"每个人对于他所属于的社会都负有责任，那个社会的弊病他也有一份"。

2013年，中国卖出3.5亿部智能手机，同比增长84%，手机市场是增长最快的一个领域。3月，41岁的前英语教师罗永浩发布了自己的手机操作系统，并得到了7 000万元的风险投资。

罗永浩出过一本自传《我的奋斗》。出生于吉林省的他是朝鲜族人，继承了东北人善于讲段子和制造格言的传统，他自谓“从小就是个性格狷介的人”，初三留级一年，高二下学期退学，“在家里待着，读了三四年闲书，吃了睡，睡了读，不爱运动，读成了体重200斤的大胖子”。[①]

走上社会后，罗永浩做过很多生意，倒走私车、倒药材、做期货、卖电脑散件。2001年，他成了北京新东方学校的GRE（美国研究生入学考试）辅导老师，因为上课时净扯些富有“启迪性的题外话”，被学生偷录整理传到网上，冠以“老罗语录”，意外地成了网络名人，他最出名的一句格言是“剽悍的人生不需要解释”，像极了他的体重和行事风格。

2006年，老罗创办牛博网，两年后关掉了，其间他募集了16万元给23位黑砖窑工家庭派过年红包。他接着办了一家英语培训学校，几年下来也很不景气，他似乎并不享受创业的过程。

在做手机之前，罗永浩还干过一件很任性的事情。2011年11月20日，他来到北京西门子总部门前，手举铁锤，将3台西门子冰箱砸成一地碎片，理由是“冰箱门不易关闭”。一个月后，他又包下海淀剧院的一个舞台，一口气砸掉了20台冰箱。

手挥大锤的挑战者姿态是最迷人的。后来，他把自己的手机就叫作锤子手机。

罗永浩应该是一个很有天赋的行为艺术家，堪比安迪·沃霍尔、凯斯·哈宁或草间弥生，可惜他生错了时代、入错了行当。事实上，当他宣

① 《我的奋斗》，罗永浩著，云南人民出版社，2010年。

布做手机的时候，这里已经不再是一个属于牛仔的处女地，所有与口碑和创意有关的游戏都被乔布斯和雷军玩坏了，竞争回到了基本面：芯片速度、镜头技术、电池时间、供应链和营销渠道。

罗永浩将自己定义为“理想主义者的逆袭”。有一张流传很广的画作，在一间挂满了各种手作工具的作坊里，他坐在一缕中世纪的微弱阳光下，埋头打磨手中的产品。似乎从诞生的第一天起，锤子手机唯一的核心竞争力就是“情怀”。

▲ 锤子手机发布会上，老罗展示以本人为形象的“工匠”海报

2014 年 5 月 20 日，罗永浩发布了他的第一款手机，一万名“罗粉”从全国各地赶到北京国家会议中心捧场，据说前排的座位票被黄牛炒到了上千元。老罗讲了足足三个小时，妙语四溅，赢得掌声五十余次，一句“我不是为了输赢，我就是认真”流行天下，最后，他宣布自己的手机是“东半球最好用的智能手机”，售价 3 900 元。有数百万人津津有味地在线收看了直播，一位同样很幽默的罗粉写道：“即使昨天因为其他工作忙到很

晚，回来还坚持熬夜看了一遍罗永浩的演讲，我被老罗做事的每个细节感动着。我都已经把钱准备好了，等锤子手机一上市，就买个iPhone 6。”

智能手机盈握一掌，却由60多个精密零部件构成，从来没有过制造经验的罗永浩显然低估了难度。“认真”的锤子手机在质量上状况百出，专业测评人王自如吐槽它硬伤多多，罗永浩愤而与他在优酷直播辩论，又是引来百万关注。可惜的是，关注度并没有转化为销量，很多人抱怨价格太高了，罗永浩很生气地回复：“如果低于2 500元，我是你孙子。”到10月，锤子手机的价格下调到1 980元，罗胖子“更名”罗孙子。

尽管销售惨淡，但是罗永浩永远不缺炒作的话题。他仍然保持了自己的毒舌风格，他惋惜现在的苹果公司已沦为一家乡镇企业，嘲笑小米手机的雷军“土”、魅族手机的黄章“笨”，在他看来，“在消费品领域里，全世界范围内最成功的企业都是讲情怀，而不是产品”。

在后来的几年里，罗永浩相继推出了迭代的锤子手机，每次的发布会都人潮涌动，被称为“科技界的春晚”，可是在销量上仍然乏善可陈。2015年，锤子科技全年亏损4.62亿元；2016年，全年营收8.09亿元，净亏损4.27亿元，净资产为负2.4亿元，其间，公司还经历了严重的人事动荡，COO（首席运营官）、CTO、CFO、销售总监离职的消息纷纷被曝出，罗永浩承认“高层管理者有一半的换血，硬件部门经历了三分之二的整顿”。①

2015年8月，罗永浩举办“也许是史上最伤感的发布会”，一改之前的“高端”路线，推出899元的锤子坚果手机，其主色系为鲜嫩的水粉色，而之前他曾经坚定地认为“水粉色系是臭土鳖喜欢的颜色，有文化的人不会喜欢粉色”，他还公开向雷军道歉，承认之前的嘲讽没过脑。

事实上，罗永浩是在峰值时刻冲进了一个喧嚣的行业，他的运气似乎不太好，自2014年之后，智能手机的增幅就开始剧烈下降，2015年中国

---

① 《第一财经》，“罗永浩‘卖身’锤子的背水一战”，2017年5月10日。

市场的出货量只增长了2.5%，2016年更是只有0.6%，诱人的蓝海瞬间成惨烈的红海。缺乏资本、技术和渠道支持的罗永浩像一只被群狼环伺的活泼大黑兔。

2017年5月，锤子科技发布第五款手机坚果Pro，发布会现场仍然混乱不堪，开场时间一拖再拖，原先精心准备的PPT居然放不出来，罗永浩在演示“以图搜图”功能的时候还出现状况，无奈只好换了个备用机。他调侃自己，“感觉自己终于要成了，但又一想这种感觉已经出现过四次了”。他说把手机起一个“锤子”的名字简直是作死。他哽咽流泪：“你知道我这五年是怎么挺过来的吗？每次就是厚着脸皮再坚持一下。”

企业家是一个严肃的职业，它被数据拷问，靠理性坚持，所有言行俱有因果报应，个性散淡狷介的罗永浩显然在重新“组装”另外一个罗永浩，他有没有成为那个他喜欢的自己，是只有他才能回答的问题。

在一次接受记者访谈时，罗永浩谈到了一个细节：“过去，我要是在机场看到一个衣冠楚楚的家伙拿着一本杰克·韦尔奇在封面上‘狞笑’的《赢》①，就会觉得这个笨蛋没救了，但现在我也会拿着这样的书硬着头皮看完。”

“这种角色转变的代价，是我必须面对一个倒霉的问题：应该从此认为那些笨蛋还有救呢，还是应该相信自己也成了一个不可救药的笨蛋呢？”

---

① 《赢：韦尔奇一生的管理智慧》，［美］杰克·韦尔奇、苏茜·韦尔奇著，中信出版社，2005年。

2014 卷土重来的泡沫

越过山丘，才发现无人等候
喋喋不休，再也唤不回温柔

——李宗盛，《山丘》

宋卫平身材魁梧，走在工地上远远望过去，的确很像一个包工头。他是读历史出身的，在党校教过书，1994 年，借了 15 万元开始在杭州做房地产，公司叫绿城。1998 年地产热之后，拜温州炒房团所赐，杭州是全国第一个房价上涨的城市，绿城的发展很快，几年时间里做到了杭州第一，继而是浙江第一。

宋卫平造房子，一是会做广告，二是死磕质量，在购房客那里的口碑特别好。他的部下最怕他验房，常常发生这样的事情：明天要交房了，宋卫平赶在前一天晚上来验收，左手一指，这棵树长得不好看，右脚踱一下地，这片地砖太滑了，统统要换掉。宋卫平的业余爱好是玩牌，从麻将、围棋到纸牌，据称围棋水平足以与专业选手对弈，有的时候招一个副总，先要打一圈牌，因为“牌品即人品”。

凡是善下围棋的人，都有很好的格局观，但是商业似乎比下棋要复杂，因为黑白棋子只有一种秉性，而商业是由不同类型的细节构成的。宋卫平很会造房子，然而不太懂拿地，更要命的是，他对会计报表没有太大的兴趣，绿城的财务杠杆一向用得很足，每次宏观调控，都弄得很狼狈，2004年、2008年和2011年的几次银根紧缩，都爆出资金即将断裂、被银行列入“黑名单”的传闻。宋卫平对宏观调控和地产政策很不以为然，曾公开直言批评，“以前的住建部非常的不靠谱，前住建部长下台应该放鞭炮”。①

2013年新政府“去杠杆”，对房地产行业实行严厉的限购政策，地产界对未来局势有不同的判断，万科的郁亮认为进入了“白银时代”，而宋卫平则认定“现在是房地产最低谷的时候”。今年的5月，绿城再次喘不过气来，宋卫平试图通过降价来回笼资金，可是杭州市政府迅速出台了“限降令”。意兴阑珊之下，宋卫平决定把公司卖给孙宏斌的融创。

孙宏斌的故事在《激荡三十年》的2004年讲过，这是一个比宋卫平激进得多的“疯子”，在顺驰危机后，他东山再起，把融创打理得风生水起，2010年10月，融创在香港联交所上市。在拿地和财技运作上，没有打牌天赋的孙宏斌比宋卫平高出好几个段位，不过在造房子这件事情上，却很是佩服老宋。在喝了好几顿大酒之后，两人宣布“联姻”，融创中国以63亿港元价格收购宋卫平等人所持的绿城中国24.313%的股票，成为第一大股东。

在5月的发布会上，宋孙二人表现得如同连体兄弟，几乎把江湖豪言一次性都讲完了，孙宏斌说：“我们很像，都是性情中人，每次喝酒都喝多，都有理想主义情怀，为理想宁可头破血流；都有英雄浪漫主义，这种

---

① 2014年5月23日，宋卫平在绿城融创联合新闻发布会上的讲话。

浪漫虽然代价大，但销魂蚀骨。”宋卫平讲得稍稍平和一些，他说：“天下本一家，有德者掌之。”

▲ 宋卫平与孙宏斌

后来的事实是，天下是不是一家，未必在德，却一定在利，商业世界从来被马基雅维利主义者统治。在联姻达成的半年后，11 月 12 日，宋卫平突然公开反悔，融创收购绿城案破局，而在此前的 7 月 7 日，融创已经支付了全部 63 亿港元的收购款项。

宋、孙风波，是 2014 年中国财经界最热闹的罗生门事件。在媒体地毯式的报道中，各方都找到了捍卫自己的理由。在宋卫平看来，是他看错了孙宏斌，在融创接手绿城的一段时间里，质量问题频频出现，一些地方的业主打出了“孙宏斌滚出绿城”“保卫宋卫平、保卫绿城”的口号。而在孙宏斌及其部下看来，这是无稽之谈，在过去的半年里，融创一直忙着消化绿城的库存，根本没来得及造房子。

在法律细节层面上，似乎是喝多了酒的江湖豪气“害”了孙宏斌，在融创收购绿城的协议书里，居然没有违约惩罚性条款！江湖义气与契约精神狭路相逢，前者开了一个恶作剧式的玩笑。

宋卫平抢回了绿城，却遭到背信弃义的指责，在接受《中国企业家》记者采访时，他最关心的问题之一是："杭州的出租车司机是怎么看的？"

如果将绿城融创风波放到 2014 年的宏观环境下来看，我们似乎能够理解得更为透彻一些。

自从党的十八大之后，新一届领导人一直试图消化四万亿的货币超发后果，在银根上秉持从紧政策，基础建设投资大幅减少，两个流动性池子——楼市和股市交易低迷。在产业经济层面，实体企业的转型升级步履维艰，其难度远超想象，4 月的宏观经济数据显示，固定资产投资和房地产投资增速分别降至 17% 和 16%。在内需刺激乏力的情况下，外贸形势同时严峻，今年 2 月，出现了罕见的贸易逆差，东南沿海一带的中小民营企业屡传倒闭歇业消息。

上游的能源产业更是令人担忧。中国是世界第一钢铁生产大国，各类钢材的产量占据世界一半，但钢铁产能出现严重过剩，粗钢产量的产能过剩量超过 2 亿吨。2013 年 11 月，河北省政府统一部署，在一天时间里就拆掉了相当于南非或者荷兰一年钢铁产量的钢厂。受中国因素的影响，3 月 10 日，全球资源价格全线大跌，发往中国的基准铁矿石价格下跌了 8.3%，至 18 个月最低位，创下有纪录以来第二大单日跌幅，铁矿石价格自去年年底以来已经下跌 25%。

总体而言，转型艰难，活力不足，下行压力巨大，在很多观察家看来，中国经济已经处在"硬着陆"的危险边缘。

在这样的经济局势和政策背景下，每一个人都在做出自己的解读。宋卫平在 5 月的出售行为，既是被迫于企业资金的现实层面，似乎也更有对长期政策环境的判断。

然而，到第三季度，政策方向盘突然发生重大的转变。被刻意抑制了一年多的泡沫终于卷土重来。

9 月 30 日，央行、银监会发布一则重大通知，提出对拥有 1 套住房并已结清相应购房贷款的家庭，可享受首套房贷款政策，有机会享受“首付三成、贷款利率七折”的优惠。同时，住建部、财政部又出台配套性新政，提高首套自住住房公积金贷款额度，并允许异地贷款、取消住房公积金个人住房贷款保险等收费项目。

这意味着新一轮的楼市松绑周期突然到来。

到 12 月底，除北上广深和三亚之外，全国所有城市都正式取消或变相放松了限购。在这期间，地方政府再次掀起卖地热浪，仅北上广深四个城市的土地出让金就逼近 5 000 亿元，平均楼面单价比去年同期大涨 53%，楼市交易迅速恢复，很多省会城市——包括宋卫平所在的杭州市，相继创下 2009 年以来的交易最高纪录。

在资本市场上，同样的宽松性政策也密集出台。

6 月底，股市IPO重新开闸，7 月 7 日，证监会发布修订后的《上市公司重大资产重组管理办法》，规定除借壳上市和发行股份之外，上市公司的重大资产重组不再需要经过证监会的行政许可。这一政策直接打开了上市公司并购重组的大门，仅仅在此后的半年里，各家上市公司发布的股权并购事件就达 1 307 起，即平均每两家公司就有 1 家涉足并购，几近疯狂。11 月 17 日，上海证券交易所开通“沪港通”业务，第一次将中国资本市场和海外市场连接。

11 月 21 日，出乎绝大多数观察家的预料，央行突然宣布自 28 个月以来的第一次降息，其中，贷款基准利率下调 0.4 个百分点，是自 2008 年以来最大的一次降幅。萎靡日久的资本市场狂飙陡起。

一个接一个的“利好”，如烟花照耀夜空，在政策松绑和流动性宽松的双重刺激下，股市呼啸飞天，11 月 28 日，深沪两市居然放出 7 100 亿元的交易天量，创造了全球股市的一个历史性纪录，中国股市的交易市值更是一举超过日本。12 月 5 日，沪深两市的股票交易继续放大，突破一万亿元大关。

一个叫任泽平的宏观经济分析师似乎看见了“未来”，他在年底的分析报告中激情高呼：“如果总结即将过去一年的市场走势，就一个字：牛；两个字：任性；八个字：党给我智慧给我胆。”[①] 他把此次的股市行情定义为“国家牛市”。

到 12 月底，上证指数全年大涨 52.87%，成为全球股市之“牛冠”。

▲ 2014 年 9 月，股民在杭州一证券营业厅里关注股市行情

如果说，楼市、股市是两把“冬天里的火”，那么，真正的“火山”则是基础设施投资的再度启动。到年底，国务院批复投资总额达 1.56 万亿元的机场、铁路和公路建设项目。全国有 36 个城市的轨道交通在建项目，共完成投资 2 857 亿元，日均超过 7.8 亿元，比上一年大幅增长 33%。

在上海自贸区效应的启发下，沿海各省纷纷申报自己的自贸区工程。福建向国务院上报 3 520 个项目清单，涉及投资总额约 7 万亿元，其中，规划中的自贸区面积为上海自贸区的 19 倍。

林林总总的迹象表明，2014 年的冬季是一个燥动不安的季节，年初所设定的“去杠杆、调结构”调控目标貌似已无人再提，一个新的“泡沫周期”正如期而至。与五年前大张旗鼓的“四万亿计划”相比，这一次的“泡沫制造计划”在舆论造势上非常之低调。

面对宏观经济局面的戏剧性波动，似乎可以得出两个这样的结论：第

① 任泽平在 2014 年 12 月举办的网易经济学家年会上的发言。

一，中国经济的基本面充满了弹性，它既没有某些人想象的那么糟，也没有另外一些人想象的那么好，它仍然在一个内生式的成长通道里徘徊运行；第二，产业结构调整的复杂性和艰巨性毕现无疑，现实以无比直接的方式告诉执政者和理论界，在转型任务艰巨的中国，货币的去杠杆化与产业的结构性调整，似乎是两个难以同时达成的目标，市场化力量的激发以及其对垄断体制的冲击仍需假以时日。

在很多人的记忆中，10月之前是一个2014年，之后则是另外一个2014年。而宋卫平的戏剧性反悔，正发生在这一政策的转轨时刻。

2014年5月，中央政府提出“新常态”，认为中国GDP增速从2012年起开始回落，是经济增长阶段的根本性转换，中国已经告别过去30多年平均10%左右的高速增长，因此，需要“改变一切向钱看的增长方式”，“从中国经济发展的阶段性特征出发，适应新常态，保持战略上的平常心态”。

关于新常态，一百个人恐怕有一百种角度的解读。

在愿景的意义上，它意味着最高层对下半场改革的战略性判断，即高速成长周期已经结束，中国经济必须在中速条件下，继续生产要素的优化和结构性调整。这一时间窗口的长短，取决于实体经济的转型速度、新技术变革的洗礼，以及城市化和人民币的红利空间。

在行政绩效层面上，它宣告了GDP主义的终结。2013年12月，中央组织部印发《关于改进地方党政领导班子和领导干部政绩考核工作的通知》，第一次明确提出“不能仅仅把地区生产总值及增长率作为考核评价政绩的主要指标，不能搞地区生产总值及增长率排名”。

此后，各地纷纷出台新政，福建省取消了34个县（市）的GDP考核，实行农业优先和生态保护优先的绩效考评方式，南京市全面取消街道GDP考核和4个主城区的招商引资任务考核。到今年年底，全国有超过1 000个县市不再将GDP作为硬性考核指标，占全国县市总数的三分之一左右。

与此同时，各地政府开始加大环境保护的力度。

在过去的三十多年里，中国经济的发展在很大程度上是在漠视乃至牺牲环境的前提下完成的。曾担任中国疾病预防控制中心副主任的杨功焕认为，中国50%左右的地表水和地下水已经被污染。

杨功焕带领一支团队历时八年进行淮河流域癌症的研究，结论是，淮河流域严重的水污染，与这一地区居民消化道肿瘤（主要为肝癌、胃癌、食道癌）的严重高发，二者之间存在“时间和空间上的一致性”，且两者有“相关关系”。他绘制了一张淮河流域水质污染频度地图，其中，深红、浅红色的严重和次严重污染区覆盖河南、安徽、山东三省的40余个县。在淮河沿线，出现了一些触目惊心的“癌症村”。

即便在沿海发达地区，水污染仍然非常严重。在“鱼米之乡”的苏锡常和杭嘉湖平原，有些地方的地下水已经两百年不能饮用。据全国国土资源公报（2013）显示，全国4 778个地下水水质监测点中，水质较差的占43.9%，水质极差的占15.7%。从今年开始，这些地域的政府按照企业的用工、产值、纳税及耗能值，列出了一份“负面名单”，以末位淘汰的方式，将那些高污染且效益低下的企业实行强制性的关闭和外迁。

今年4月17日，环保部、国土资源部共同发布了《全国土壤污染状况调查公报》，公报显示，中国耕地点位超标率为19.4%，即有五分之一的耕地——约3.5亿亩到3.9亿亩，遭到不同程度的污染。其中，重金属镉是土壤的首要污染物，人体长期食用含镉食物会引起慢性镉中毒病症，2013年5月，广州市的一次餐饮抽检显示，大米及米制品中的镉含量超标率高达44.4%，由此引发了一场“反镉米风波”。

另外一个污染重点是空气污染。越来越多的人开始讨论所居住城市的PM2.5——一种直径小于等于2.5微米的颗粒物，能负载大量有害物质穿过鼻腔，直接进入肺部，甚至渗进血液，是导致黑肺和灰霾天的主要凶手。

早在2008年，一些前来参加北京奥运会的欧美运动员戴着口罩上街，遭到了人们极大的嘲笑。可是到2011年，北京居民开始对日益恶化的雾霾天气越来越难以忍受，在社交媒体上，每天的“帝都PM2.5值”——它的发布者居然是美国驻华大使馆——成了最受关注的热门话题之一。但是，有关部门似乎还是三缄其口，《京华时报》登载过一则对北京市环保局副局长的采访，记者问：“为什么北京市政府不公布PM2.5指数？”副局长答：“通俗来讲，我打个比方，打扫庭院，大石头没搬完，就不要先急着打扫灰尘。”

2013年，我国中东部地区频繁陷入雾霾之中。尤其是12月的一场大雾霾，几乎使国土“沦陷”，雾霾波及25个省份、100多个大中型城市，全国平均雾霾天数达29.9天，创52年来之最，就连以蓝天白云、空气质量高而著称的“圣城”拉萨都出现了浮尘天气。

“抗霾治霾”终于成了一场全民战争。在今年的地方两会上，很多省市把治霾列为重点政绩工程之一，北京、河北、陕西首次把PM2.5治理写入了政府工作报告。国务院发布《大气污染防治行动计划》，明确要求：到2017年，北京市细颗粒物年均浓度控制在60微克/立方米。北京市长王安顺签下了责任状，“2017年实现不了空气治理就‘提头来见’”。①

对于新常态，企业界——尤其是那些老资格的企业家的体会也许更为复杂和真切。今年5月，《中国企业家》杂志专门做了一期“1984 vs 2014：第一代大佬能否引领新时代？”的封面报道，记者在报道中设问：“他们的时代是否已经结束？”

回望三十年前的1984年，柳传志创办联想、张瑞敏创办海尔、王石创办万科、牟其中创办南德、南存辉创办正泰、潘宁创办科龙，他们的集体出现，如群星闪耀中国，堪称“企业元年”。三十年后的今天，他们中有的人已泯然众生，有的人深陷牢狱，另外一些则在困顿中坚守。商业世界里，人们更津津乐道的是那些年轻的后来者，甚至出生于1984年的马

① 《京华时报》，“2017年不能实现空气治理就提头来见”，2014年1月19日。

克·扎克伯格俨然已成为新的世界级偶像。

在今年，65 岁的张瑞敏写了一篇《海尔是云》的短文："三十年，既轻如尘芥弹指可挥去，三十年，又重如山丘难以割舍。其区别在于，你是生产产品的企业还是生产创客的平台。海尔选择的是，从一个封闭的科层制组织转型为一个开放的创业平台，从一个有围墙的花园变为万千物种自演进的生态系统。"

在 1994 年的时候，海尔创业十周年，意气风发的张瑞敏写过一篇《海尔是海》："海尔应像海，唯有海能以博大的胸怀纳百川而不嫌其细流，容污浊且能净化为碧水……汇成碧波浩渺、万世不竭、无与伦比的壮观！"在中国企业史上，这是一篇经典范文。

有人对比前后两文，问张瑞敏："海与云的区别在哪里？"

他答："海有边界，但是云没有。"

此时张瑞敏的内心可谓百味杂陈。他用了三十年的时间把一家濒临破产的小冰箱厂壮大成了全球最大的白电企业，三年前还一举收购了日本三洋的冰箱业务。在相当长的时间里，海尔是排名第一的中国品牌，张瑞敏是全国知名度最高的企业家，也是在 2014 年，海尔的营业额超过了 2 000 亿元。

可是，也是在 2014 年，受到互联网经济的冲击，海尔的家电业务陷入成长乏力的困局，产品利润"薄如刀片"，遍布全国的 20 万家海尔专卖店曾经是最锋利的营销利器，如今却可能成了"最沉重的负资产"。在这一年，拥有 8 万员工的海尔裁员 1.6 万人，并宣布将继续裁员 1 万人，引起极大的震动。

张瑞敏决定自我革命，他发明了一个新的成语——"自以为非"，即过往种种皆可断舍离，"没有成功的企业，只有时代的企业"。

海尔在管理层面的成就，在中国所有制造业企业里面是最高的。张瑞敏很有管理天赋，在他那间有二十多排书架的办公室里，排列着几乎所有他收罗得到的管理学书籍，很多人认为他到任何一家商学院里面当一个管理学教授，都是够格的。然而，在今年6月的一次演讲中，张瑞敏说，以往的很多经典管理理论也许都已“过时”，比如泰勒的科学管理理论、马克斯·韦伯的科层管理理论、法约尔的一般管理理论，事实上都已经被颠覆了。张瑞敏很感慨地说，在过去讲管理，大家讲的是定量，是边界，是线性管理，但是在今天，互联网的环境中，线性管理已经被非线性管理替代，自发秩序已经被扩展秩序替代，结构主义被解构主义替代，当组织的边界被模糊之后，原有的管理秩序就陷入了瓦解，但是关于失控和瓦解的管理学创新，在今天却是空白。

张瑞敏决定将海尔的整个管理体系推倒重来，他打破既有的科层管理制度，把偌大的海尔彻底扁平化，所有员工分为平台主、小微主和创客三种身份，划小管理单元，鼓励内部创业。未来的海尔将全部由数百家“小微公司”组成，集团公司变身为一家平台型组织，为海量的小微提供适合创业的资金、资源、机制、文化等各种支持。

从今年的6月到年底，张瑞敏一直在做一件同样的事情，他把集团内各业务条线和子公司的负责人叫到自己的办公室，一一谈话，先卸职，再任命，“给他们自由”。临离开前，张瑞敏会送他们一本美国创业家、奇点大学创始人彼得·戴曼迪斯的《创业无畏》。

这当然是一场惊世骇俗的组织革命。

敢于将一家全球最大的白电企业自我瓦解，从组织架构、产品结构乃至研发体系上进行彻底开放型、失控式革命的案例，在迄今的工业史上，还没有发生过，当然也没有人取得过成功。

有一次，张瑞敏去美国，碰到IBM的前传奇总裁郭士纳，他们都是20世纪40年代生人，相差7岁，在各自的国度里，均以善于管理创新而闻名，郭士纳的《谁说大象不能跳舞》[①]在中国曾风靡一时。

① 《谁说大象不能跳舞》，[美] 郭士纳著，中信出版社，2010年。

听完张瑞敏的介绍后，郭士纳幽幽地说，你是我们这代人中最勇敢的一个。

在今年，张瑞敏说过的最多的一句话是："我们已经大到在全世界找不到对标公司了。"这几乎是所有与他同时创业的一代人的共同感慨。

中国企业的崛起一直被看成是一次跟进战略的成功，在几乎每一家成功企业的身上都找得到国际同行的影子。然而三十多年后的今天，很多企业的规模和市场占有率都已位居世界第一——联想是全球最大的电脑制造商，华为是全球最大的电信设备商，万科是全球最大的房地产商，苏宁是全球最大的电器连锁零售企业，甚至很多当年被仰望的标杆公司都已凋零，如美国的摩托罗拉、欧洲的诺基亚，乃至日本的索尼、松下和三洋。这一景象如果被定义为"新常态"的话，便意味着中国公司必须具备领跑和自我突破的能力，这是一次极其光荣却也无比凶险的新长征。

▲ 张瑞敏

一位访者曾记录了他与张瑞敏面谈的场景。他问："你怎么看外界对你的改革的非议？"

张瑞敏的声调突然抬高了八度，坐在一米开外的来访者分明看到他眼眶陡然变红，他厉声说："如果我还在乎外界怎么看我，这场改革还搞得下去吗？"

在国有企业领域，有两位职业经理人的遭遇引发了人们的议论和唏嘘。

邓亚萍离开了工作四年之久的即刻搜索。她是近二十年来最受欢迎的“国球”运动员，曾夺得过18个世界冠军，举国老小无不喜欢这个拼劲十足的“小老虎”。可是在今年，她却成了一个遭人嘲笑的、十分失败的“国有企业创业者”。

邓亚萍退役后，先是担任申奥大使，为北京申奥立下汗马功劳，然后以公派身份赴英国读书，拿下了剑桥大学经济学博士的学位。归国后，她进入人民日报社，担任副秘书长。2009年年底，谷歌退出中国市场，人民日报社瞧准这个千载难逢的时机，推出人民搜索（后更名为即刻搜索），由敢打硬仗的“小老虎”邓亚萍出任总经理。

在邓亚萍看来，她是在为国家干一件大事，即刻搜索的目标就是成为“国家搜索”，为国有企业在互联网市场上争得一席之地。她确实非常勤勉，拿出了当年在赛场上的那股拼劲，每天第一个上班，常常到深夜一两点钟才回家。她请来原谷歌中国研究院副院长出任首席科学家，麾下一度聚集了来自谷歌、微软和百度的各路人才。

国家确乎也给予了这位前世界冠军足够的弹药。除了上亿启动资金之外，有关部门下文要求将近200家地方重点新闻网站必须加入即刻搜索的链接。邓亚萍还申请到了200个北京户口的指标，“技术人员百分百解决。民营的互联网公司都没几个留京名额，百度一年也就四五十个”。

邓亚萍和她手下的员工们都无比真诚地相信“国家”的无所不能，很多人认为，“只要国家想做的事情，没有什么做不了，即刻搜索超过百度是迟早的事”。[①]邓亚萍也对自己的工作信心满满，她曾对百度公开喊话说：“我们本身代表的是国家，最重要的不是赚钱，而是履行国家职责。你不用打败我们，你应该多帮助我们，多给我们出主意。”[②]

---

① 《Vista看天下》，“‘即刻搜索’邓亚萍，她已即刻消失?! ”，2013年11月。

② 《第一财经日报》，“邓亚萍：重要的不是赚钱，是履行国家职责”，2010年12月21日。

可是，现实却比打一场乒乓球赛要复杂得多。在三年多的时间里，即刻搜索对百度几乎没有构成任何意义上的威胁，它的市场占有率从来没有到过1%，可以忽略不计。这家国有企业的失败再次证明，在互联网市场上，所谓的国家资源、国有资本以及政策倾斜都不足以成为核心的竞争能力。到2013年10月，即刻搜索与新华社的盘古搜索合并，600多名员工裁撤大半，邓亚萍黯然离场。媒体一度传言她烧掉了20亿元，这一数字显然被放大了，不过，骄傲的邓亚萍从未正面回应。[①]

▲ 邓亚萍在参加《中国梦想秀》录制时落泪

与名满天下的邓亚萍相比，华润的董事长宋林没有任何的知名度，可是他在今年的"落马"却在整个国有企业系统引起了更大的震荡。

---

① "邓亚萍悲剧"在某种程度上改变了国有资本在技术创新产业的进入策略，2016年8月，中国国有资本风险投资基金在深圳前海组建成立，首期规模为1 000亿元。也是2016年，邓亚萍离开人民日报社，投身体育产业的风险投资。

华润在香港的总部大厦位于湾仔港湾道26号，是1983年建的双子式老建筑，在两楼之间的平台上，有一家太平洋咖啡店，很多人到华润办事，会顺手去那里买一杯咖啡。宋林见到他们，笑着说的第一句话是，“这是我的咖啡”。太平洋咖啡是华润收购的一个香港本土品牌，宋林说，亚洲人的口味偏甜，我们想调试出一些新的口感来。

宋林一直非常低调，很少在媒体上露面。每当有访客与宋林见面，他的秘书有时候会有意无意地告诉访客一些细节，以佐证他的老板的“厉害”，“宋先生当上华润集团总裁时才40岁，是国资委体系最年轻的副部级干部”。另外，“宋先生还是王石的老板”。

宋林出生于1963年，大学毕业后就以实习生的身份进入华润，可谓地道的“子弟兵”。他曾回忆说，“那时候，几个人挤在一间很小的集体宿舍里，是香港最穷的打工仔，不过心里还很骄傲，觉得我们是在资本主义世界里为国家办事”。在中国当代政经史上，华润是一家传奇性公司，它由周恩来创办于1938年，前身为中共在香港建立的地下交通站，据传创办经费为党费两根金条。在解放战争时期，华润是中共最重要的物资采购基地，它有自己的船队，在东北的大连与港岛之间建立了运输航线。朝鲜战争期间，它更是唯一的秘密通道，为国家采购了大量军需物资，号称“红色买手”。计划经济时期，华润一度承担中国几乎所有输港出口产品的总代理，成为当时国际贸易的

▲ 宋林

核心窗口。

宋林进入华润的1985年，正值华润最艰难的转型时刻，随着对外开放战略的推行，越来越多的省份和部委到香港开设“窗口公司”，华润的垄断地位被迅速冰解。作为一家政策型的贸易企业，此前数十年虽然功勋显赫，但是承担的俱为国家任务，自身并没有多少实业积累——1983年之前，华润的注册资金只有500万港币，一旦丧失管道功能，其存在价值便立即遭遇危机。在这个意义上，青年宋林进入的是“另外一个华润”。在很多研究者看来，华润是所有华资企业中最早进行业务转型的，而且是转型最彻底的外贸公司。20世纪80年代末期，华润转向内地，以外资身份进行战略投资，涉及纺织、服装、水泥、压缩机、啤酒、食品、电力、酒店、地产等诸多行业，从而奠定了由贸易向实业转型的基石。而宋林等一大批年轻大学毕业生正是以“子弟兵”的身份参与了这一全过程。

华润是极少数不靠垄断存活的“中央企业”。与其他国资委下属的一些企业不同，华润并没有靠政策壁垒形成垄断经营的优势，相反，它所实施的很多并购行动，比如控股万科、收购三九以及进入水泥和地产领域等，基本都属完全市场竞争行为。经过多年开拓，华润形成七大战略业务单元、19家一级利润中心、2 300多家实体企业，其中包括5家香港上市公司、6家内地上市公司，员工总数达40余万人。

再来看看宋林打理华润的业绩单。他于2004年出任总经理，其时华润的总资产为1 012亿元、经营利润为45亿元，到10年后的2013年，这两个数据分别为11 337亿元和563亿元，增长幅度均超过10倍。举目全球商业界，能够获得如此业绩者亦可谓彪悍，况且，宋林正当盛年，以50岁的年纪，管理万亿人民币资产和11家上市公司，在当今全球职业经理人中应该也排不出前10位。

宋林的社会身份很多重，他是“国有企业职业经理人”，他的职责是“国有资产保值增值”，而同时他又是一位中组部直管的“党管干部”，在行政上则享受副部级待遇。这都是一些具有鲜明中国特色的名词，“商人+

党员+官员”的“三位一体”，让宋林的身份变得非常模糊，在转型尚未完成的中国，“三位一体”的身份让宋林有机会获得更多的资源和政策支持，但同时也令他陷入了另外的一些困境。

很多人认为，国企经营者的成功俱得益于政府庇护，“在所有的球员中，他的父亲是教练，他的哥哥是裁判”。近年来，随着国家资本集团的畸形壮大，民营企业家与国企经理人之间的隔阂越来越大，彼此互不服气。再比如，国有企业所实现的业务增长并不能得到社会的认可，很多人认为，国有企业的存在本身就是不必要的，国企获得的成功越大，对民营企业的压抑就越大。又比如，国企经理人的收入与他的商业成功几乎没有对价关系，宋林没有一分钱的股份，也不享受分红激励，更谈不上“金色降落伞”，甚至他的职务能否保住，都需要某些灰色的权贵保护——从宋林案披露的一些信息可见，他之堕落正与此有关。

自本轮改革开放以来，国企经营者作为一个极其特殊的商业精英群体，其命运跌宕的丰富性是颇值得深研的课题。在研究者的视野中，三十多年涌现出的一些旗帜性人物，其日后际遇非常的两极化。有些人先盛后衰，最后甚至身败名裂，如第一批放权让利试点企业首都钢铁的周冠五、红塔烟草的褚时健、三九医药的赵新先等，也有一些人商而优则仕，如东风汽车的陈清泰和苗圩、中海油的卫留成等，而能够在经理人岗位上维持企业可持续发展并善始善终者，确乎寥若晨星。

在这些年份里，不少国企经营者甚至对自身的职业价值产生了怀疑。一位央企领导人曾自嘲是“三无人士”—— 无存在感，无论企业管理得多优秀，都得不到民众和社会的认可与尊重；无兑现感，无论经营业绩有多出色，都与自己的收入不匹配，与同资本等级的民营企业家相比更是判若云泥；无安全感，任何人都可以“实名举报”，坐车、吃饭、旅行、收受礼物、与异性合影，凡此等等都可能被“一票击杀”。国企当家人的此种“三无情绪”非常普遍，且有弥漫之势。

宋林式悲剧以及“三无情绪”的产生，其背后凸显出来的，其实是中国经济改革一个迄今仍未破题的重大命题：如何看待以及实施国有经济改革？早在1978年年底召开的十一届三中全会上，中央政府就意识到，“现在我国经济管理体制的一个严重缺点是权力过于集中，应该有领导地大胆下放，让地方和工农业企业在国家统一计划的指导下有更多的经营管理自主权”。1979年5月，国务院宣布，首都钢铁公司、天津自行车厂、上海柴油机厂等8家大型国企率先扩大企业自主权的试验，从此拉开了国企改革的序幕。然而，其后的改革实践并不顺利，甚至多次陷入歧路和陷阱，现今形成的国企格局仍然广为诟病。

在2013年年底的十八届三中全会上，国企改革被列为核心目标之一，可是一些基本的改革理念及路径仍然是非常模糊。比如，国有经济存在的伦理性和必要性解释，国有资本的管理模式，国有资产的处置模式，国有企业的利润上缴模式，国有企业的监督管理模式，以及对国有企业经理人阶层的奖惩制度，等等，无一条有了明确的改革诠释和预期设计。

人之哀宋林、邓亚萍，其实是哀国企，哀一代为国服务的商业精英群体。制度的创新若无破局，宋、邓式人物势必将层出不穷。

我们再来看2014年的中国互联网世界，这里无疑仍然是经济疆域中最具活力的板块，不过一个幽灵已经降临，它的名字叫“寡头”。

今年，中国的两大电商公司相继上市。5月22日，京东登陆纳斯达克，发行价为每股19美元，首日市值286亿美元。9月19日，阿里巴巴在纽交所正式上市，发行价为每股68美元，首日市值2 314亿美元。在今年《福布斯》公布的中国富豪榜上，前三名分别是马云（195亿美元）、李彦宏（147亿美元）和马化腾（144亿美元），去年的首富、商业地产商王健林降至第四名。如果对比2007年的这份榜单，你更会感叹世道的旋转，在彼时的前四名，分别为碧桂园的杨惠妍、世茂的许荣茂、复星的郭广昌和富力的张力，全数来自地产业。

11月19日，在浙江嘉兴的一座百年小镇——乌镇，举办了一场“世界互联网大会”。虽然名为“世界”，但并没有太多的国际互联网知名人物到来，它其实有另外一个含义，即中国将是世界互联网的一极，或者说，中国是一个“独立的互联网世界”。

▲ 乌镇世界互联网大会上，小米雷军、京东刘强东、新浪曹国伟三人相聚

在这次大会上，早年的梁山好汉式的草莽气质已经荡然无存，会议被完全地纳入政府部门的领导与规制之中，自BAT以下诸人，无论财富多寡，都以“被组织者”的身份与会，排位列坐，井井有条，在这个意义上，中国互联网的江湖时代渺然已远。蜂拥而来的媒体记者都成了“路边新闻爱好者”，报道的热点都放在谁与谁在哪个酒家吃饭，张朝阳穿了一件脱线的旧风衣，竟成了最为津津乐道的会场话题。

互联网领袖无疑成了当今显赫的人物之一，一言一行均足以耸动天下，他们中的一些人甚至成了成功学价值观的输出者。凯文·凯利的失控学说在互联网界被奉为“圣经”，不过现实的中国互联网早已成了寡头统治的世界，BAT的势力无人可以挑衅，其他诸君也以跻身寡头俱乐部为己任。

在此次乌镇大会上，所有的话筒时间几乎都给了八九位明星级企业家，对失控的歌咏实际上成为控制者捍卫既得利益的武器。

无论是电子商务平台还是社交化网络平台，中国互联网目前的格局是楚河汉界，各自为战，一线寡头与垂直门类里的领先者选边结盟，互为倚重，其他的中小业者则分头投靠，避免成为危石之卵。乌镇大会被非常默契地开成了寡头们的联谊会，人们几乎听不到垄断格局撕裂或被冲击的声音。

艾瑞市场咨询在今年的 4 月公布了一组手机应用数据，无比真切地证实了“寡头”的势力。中国的智能手机正处在井喷期，每个季度的销售量为 9 000 万台，是美国市场的三倍，在年轻的“80 后”“90 后”族群中，平均每人每天在手机上花去 3 个小时的时间。艾瑞统计了在过去 20 个月里，排名前 20 位手机 App 产品的使用时长、覆盖人数及覆盖人数月复合增长率。

覆盖人数最多的前五款产品：在 2012 年 8 月，分别是QQ、UC手机浏览器、微信、新浪微博和 360 手机卫士，而到今年的 4 月，前五位则更改为微信、QQ、支付宝、UC 手机浏览器和淘宝。它们全部分属于腾讯和阿里巴巴两大阵营。

若放眼于前 20 位覆盖人数最多的产品，这个态势也很明显：20 个月前的App产品分属于 13 家完全独立的公司，可谓春秋割据，天下纷乱，可是如今却只归属于“战国五雄”。其中，属于腾讯系的有 7 家，除京东商城和搜狗外均为“子弟兵”；属于阿里系的也有 7 家，其中排名第四的 UC、第六的新浪微博和第八的优酷，均为其最近的一年里巨资并购所得。除了这两大集团之外，百度系有 3 家，360 系有两家，苏宁靠收购PPTV 抢得一席——2015 年 8 月，阿里以 283 亿元战略投资苏宁，成为其第二大股东。

艾瑞的研究员还计算出一个特别有意味的数据：在所有手机用户的月使用时长中，腾讯产品的占比达到了 28%，阿里产品为 7.53%，百度产品为3.14%。BAT之和，逼近40%。这一数据尚不包括BAT所投资参股的公司，如京东、优酷、91公司等。大致通算一下，BAT所控制的公司“统治”了人们超过六成的手机时间。

也就是说，中国消费者每天打开手机，有超过一半的时间是在BAT帝国的疆域中“自由地浏览和消费”。

互联网重估了一切价值，同时，互联网的价值也正在被重估，它以无比的破坏力颠覆了既有的商业逻辑和秩序，同时它反噬自身，让颠覆在更深层的意义上自我实现。

在今年，互联网对服务产业的冲击进入到最后时刻，“百团大战”即将鸣金收兵，而另外一场更刺激的烧钱大战则在互联网打车行业开仗，经此一役，人们更清晰地看到了它的“天使与魔鬼”的两面性。

受优步模式的启发，中国的互联网打车起步于2012年的秋天。几乎就当程维在北京创办滴滴的同时，吕传伟在杭州创办了快的打车。有意思的是，这两家创业公司都与阿里巴巴有千丝万缕的关系。程维和他的投资人王刚，俱是阿里的前职员，而吕传伟的投资人李治国则更是阿里巴巴第46号员工。

2013年4月，快的打车获得阿里巴巴、经纬创投1 000万美元A轮融资，快的与支付宝打通，成为全国唯一一家可以通过在线支付打车费用的打车App。因支付的便捷，快的明显超出所有竞争对手一个身位。

“我最好的盟友，是敌人的敌人。”30岁的程维深谙竞争的法则，他很快找到了前老板的“天敌”。

对于腾讯的马化腾来说，他正为一件事情焦虑不安。在2013年，中国移动支付市场进入爆发式增长，总体交易规模突破1.3万亿元，同比增长率高达800%，其中，支付宝占到了70%的份额，而腾讯的财付通仅占3.3%。与阿里争夺移动支付的入口，无疑是当下的第一号战略任务。

程维的出现，让他突然看到了一种可能性。互联网打车具备了移动化、环境通吃和高频的特征，是绑定用户支付习惯的最佳入口，正能满足互联网平台对地面流量的饥渴。

就在阿里入股快的的同一个月，腾讯火线注资滴滴 1 500 万美元，9 月，滴滴接入微信与手机QQ，也实现了移动支付。

进入 2014 年之后，腾讯在移动支付端的发力，进入疯狂状态。

1 月初，滴滴再次得到腾讯领投的一亿美元投资。

炮弹充足的程维想出了一个补贴的点子：如果乘客和出租车司机使用滴滴打车，可以得到几元乃至十几元的补贴。这一想法，立即得到了马化腾的支持，双方约定，补贴成本由滴滴和微信共同承担。

在补贴政策推出的第一个星期里，滴滴居然发出了一亿多元的补贴，出行订单量暴涨 50 倍，原有的 40 台服务器根本撑不住了。程维连夜致电马化腾，腾讯调集一支精锐技术团队，一夜间准备了 1 000 台服务器，并重写服务端架构，程序员连续加班工作七天七夜，“到最后，有的人隐形眼镜摘不下了，有的人直接昏迷倒地”。

不甘让滴滴一家独火的快的迅速跟进，一场刺刀见红的补贴大战一触即发。

程维日后回忆说，补贴让订单量激增，烧钱速度也越来越快，从早期一天几百万到几千万，再到 3、4 月高峰期时，一天能烧进去 1 个亿，“每天真是烧得胆战心惊。如果把一亿元现金堆在一个屋子里烧，恐怕也得烧一整天吧”。

快的为了应对战事，再次融资 1.2 亿美元。双方进入拉锯战，快的补贴 10 元，滴滴补 11 元；滴滴补贴 11 元，快的补 12 元。快的宣称其打车奖励金额永远会比同行高出一元钱。滴滴迅速做出反应，宣布每单补贴额随机，10 元到 20 元不等。

这场白刃战般的补贴大战，一直从 1 月厮杀到 5 月，诱发了民众的莫名狂欢。到 5 月 16 日，在资本方的调停下，双方同时宣布补贴暂告一段落，硝烟散去，两家共计发出超过 20 亿多元的补贴，超过 700 万个出租车司机成了滴滴或快的用户，中国出租车行业的格局陡然变天。

停止补贴之后，程维又想出了一个发红包的新打法。

微信红包是今年春节期间，张小龙团队的一个新发明。在春节前后，微信支付策划出一个在微信里“发红包”的创意，从农历除夕到正月初八这9天时间，800多万中国人共领取了4 000万个红包。微信红包成为一个极具中国创意的互联网产品。程维把这个创意直接嫁接到了滴滴中。除了乘客发红包分享到朋友圈之外，程维还请国内一线明星给用户发红包，利用明星效应推广产品。年底的圣诞节到了，滴滴通过电视台综艺节目发红包，江苏卫视新春晚会“摇一摇”给用户发红包，吸引1 700万用户参与，共送出了3亿元红包。

经过一年的鏖战，滴滴、快的发放补贴、红包共计近40亿元。率先发动战事的滴滴打车成最大赢家，其用户数突破1亿，日最高订单量达521万。另外一个获益者是腾讯，它通过补贴极大地提高了自己在移动支付市场的份额，到2014年年底，腾讯在支付市场的占比已大幅逼近支付宝。

这场空前的补贴大战，在中国商业史上颇有教科书式的意味。

它表明互联网一旦实现了用户与服务的直接连接，则任何曾经被公认为是理所当然的中心和中介都将被无情地解构，这样的趋势是无法阻拦的，并不会因为所谓的主管部门、相关利益集团的抵制就真正能够回到从前。中国的出租车市场长期被地方政府和国营利益集团把持，成为效率低下、服务质量饱受批评的僵化领域，可是，在滴滴、快的等公司的攻击下，旧有格局以难以想象的速度被击溃重构。

然而，互联网公司在提高效率的同时，却绝不是一个只为了带来公平的“纯洁天使”，相反，它在把旧世界摧毁的同时，更渴求建立新的垄断秩序。

滴滴、快的不但重构了出租车行业，更是在两强相杀中，令其他的打车软件——包括初进中国市场的优步公司无地立足，接下来的事实是，这两家公司也在资本力量的推动下，完成了一体化。

2014年的12月，滴滴和快的分别完成7亿美元和6亿美元的融资，紧接着在第二年的2月14日宣布合并，新公司占有了全市场87%的份额，近乎垄断的地位。2016年，滴滴并购优步中国，进一步巩固寡头地位，其估值高达500亿美元。

很快，各个城市的市民都渐渐发现，在叫车变得方便的同时，乘坐成本却在悄无声息地上涨，而此时，你除了抱怨，已经别无选择。2017年年初，一篇《致滴滴，一个让我的出行变得不美好的互联网平台》刷爆微信朋友圈，京沪网友们在转发的同时纷纷现身说法，指出打车比过去更贵更难了。“三公里的路29.8元，也是醉了”“有一次从淞虹路打到中山公园95元，疯掉！”“往日起步价之内的路程，要加到36.5元才有人接单”……以“让出行变得更美好”为己任的共享经济平台，一朝独占了市场，往日的斩龙少年，就慢慢长出了龙鳞。

就如同革命常常会吞噬掉自己的孩子一样，互联网创新本身，充满了相生相克的悖论。无论如何，从来没有一种垄断是值得赞美的。

“中国快把整个非洲买下来了。”今年8月4日，法国《回声报》在一篇报道中这样惊呼，作为曾经的非洲最大殖民者，它的语调很有点嫉妒的意味。

在2013年，中非之间的贸易额达到了2 000亿美元，是2000年贸易额的20倍，也是美国与非洲贸易额的两倍。中国向非洲市场提供了大量价廉物美的消费品，同时还积极参与许多大型基础设施项目的建设，比如埃塞俄比亚的水坝、苏丹和乍得的输油管项目、肯尼亚的港口，以及东非一条总额达40亿美元的铁路等，就连非洲联盟在亚的斯亚贝巴的新总部也是中国人建的。

在2014年，非洲成为全球第二大移动通信市场，仅次于亚太地区，在这里，最畅销的手机品牌是来自中国的传音（Tecno），它在非洲的出货量高达4 500万台。尽管传音在母国市场毫无知名度，可是在非洲，特别是俗称“黑非洲”的撒哈拉沙漠以南地区，被认为是“中国最大的品牌”，“它价格非常便宜，能把每一位黑人朋友拍得十分清楚，而且声音特别响，来电时铃声大到恨不得让全世界听到——非洲人民热爱音乐”。

另外一个引起国际媒体广泛关注的，是中国企业在港口投资上的雄心。

▲ 一位非洲女性正在使用刚买的传音手机

彭博社发现，在新加坡、马来西亚、斯里兰卡、巴基斯坦、埃及、以色列、希腊、意大利、比利时、荷兰等地的港口背后均有中资企业的身影。以港口为主业的招商局已经在全球 13 个国家的港口进行了布局。中远集团在新加坡、比利时安特卫普、意大利那不勒斯、埃及塞德等国际重要港口都有参股投资，其持股比例在 20%~50% 之间。上港集团投资以色列海法新港的协议进入最后的确认阶段，这一港口将与一条跨越地中海和红海的高铁对接，从而绕过繁忙的苏伊士运河，成为中国至欧洲的重要贸易通道。

今年 11 月，又一条重磅新闻震动了全球政经界。中国政府提出“一带一路”的新国家倡议，发起建立亚洲基础设施投资银行和设立 400 亿美元的丝路基金。

在新加坡学者、中国问题专家郑永年看来，“一带一路”将创新出一种新的经济全球化模式。中国在 20 世纪 60 年代，曾积极参与国际政治事务，毛泽东创造性地提出了“第三世界”和“输出革命”理论，进入 20 世纪 80 年代之后，邓小平执行韬光养晦策略，专心国内发展，而此次提出的“一带一路”倡议，是半个世纪之后，中国再一次积极出击，展开的一个以经济能力输出为主题的重大国际竞争战略。

这一倡议由丝绸之路经济带和21世纪海上丝绸之路两大规划构成，将极大地重构中国与周边国家以及非洲、南美洲的经济互动关系，据估算，仅铁路建设金额就将达3 000亿到5 000亿元左右，由此所带动的亚太区域未来10年间的基础设施投资需求，将达8万亿美元。

“中国想要什么？”

《经济学人》杂志在今年下半年的一组系列封面报道中，提出了这样的问题。在它看来，“随着中国即将再次成为世界上最大的经济体，它寻求重新得到在过去千百年里所享有的尊重。但中国不知道该怎样获得这种尊重，或者说，它是否值得这样的尊重”。[①]这是一篇心情复杂的长篇评述，作者从历史的视角论证了中国崛起的必然性和内在矛盾性。

在2014年，中国替代美国成为全球第一的石油进口国，取代印度成为最大的黄金消费国，同时，它还是铁矿石、煤炭、玉米、大豆、水稻和铜的最大进口国，中国的经济总量只有美国的一半，而人民币发行量已超过美元。所以，中国当然需要谋求能源战略的安全，需要输出除了价值观以外的所有一切，从商品、技术到货币泡沫。

在《经济学人》看来，“究其野心，中国并不热衷于争夺全球霸权。中国对亚洲以外政治的兴趣不大，除非是关系到它获得尽量多的原材料和市场”。作者引用美国约翰·霍普金斯大学教授德布拉·普兰廷根的观点认为，“尽管中国的影响力越来越大，它的介入却不是霸权性的，而是交易性的”。

中国的这种对外拓展的态势，与美国所主导的亚太战略形成了对峙。

美国的全球战略从来都是围绕经济中心制定的，其核心利益是控制能源。在2012年，奥巴马政府提出“重返亚太”战略，试图以美国为主导者，形成一个横跨亚洲和美洲的“亚太自由贸易区”，其中，一个将中国

---

① “China’s Future”, *The Economist*, 2014.

排斥在外的TPP协定成为其战略重心。

TPP，原本是一个跨太平洋的多边自由贸易协定，最初于2005年由文莱、智利、新西兰和新加坡4个APEC（亚太经合组织）成员签署。2008年之后，美国、澳大利亚、秘鲁和越南等国先后加入，参与国家达到11个。2013年，美国多次督促日本加入。TPP谈判的达成，将对中国的外贸经济构成严重的挑战。

这是一个正在重新确认秩序的时代，毫无疑问，中国的崛起不再是一个理论上的概念，而是由廉价商品、高铁、港口、人民币和一个个工业园区构成。在今年，91岁高龄的基辛格出版了《世界秩序》一书，这被认为是他的“告别演讲”，这位老资格的政治家感慨说，有时候他也不太清楚“世界秩序”的真正内涵，也许，真正理想的世界秩序形成时，他已离开这个世界。

在论及亚洲时，基辛格用了一个意味深长的设问句：“通往亚洲秩序之路：对抗还是伙伴关系？”①

---

① 《世界秩序》，[美]亨利·基辛格著，中信出版社，2015年。

检察官提审褚健，问：“你知道今天是什么日子吗？”答：“不知道。”曰：“如果不是坐在这里，今天是你的中国工程院院士答辩日。”

这个场景发生在2014年的10月，浙江湖州市的一家看守所。当褚健夫人以极憔悴和细弱的声音，对人讲述这个细节时，旁听者均凄切默然。

整整一年前的2013年10月19日，浙江大学副校长、科学家、企业家褚健突然被拘捕，一些媒体迅速做出报道，褚健被指控的罪名有四大宗：掌管浙江大学校办企业8年时间里贪污国有资产数亿元、向国外转移巨额资产、乱搞男女关系、在公司产权清晰化过程中侵吞国有资产。

▲ 褚健

褚健曾是浙江大学最年轻的正教授，评上职称的时候才30岁。1992年，邓小平南方谈话一呼，天下人蠢蠢欲动，学术前途大好的褚健决定下海创办一家高科技企业。当时的新华社专门发文讨论：“少一个科学家，多一个企业家，划算吗？”

褚健的专业是化工生产过程自动化及仪表，在他看来，这是一门应用性的学科，如何将实验室里的成果转化为经济活动中的生产力是他们这一代科学家的使命。因此，他走出实验室，创办了浙江大学工业自动化公司，它后来更名为中控科技。据媒体的报道，“公司刚刚成立时，国内自动化行业基本被国外公司垄断，但中控的崛起打破了这一局面。2012年，中控集团拥有4 000多员工，产值超过30亿元，并制定了国内自动化行业的第一个国际标准”。[1]因中控的出现，将国际同类公司的产品价格降低到原来的三分之一，为国家节约起码400亿元设备引进资金。在二十年里，几乎所有的中央政治局常委到浙江考察高科技企业，中控科技都是必到的一站。

在这十多年里，褚健也没有放弃学术上的研究。从1997年到2013年，他获得过8个国家级的科学技术进步奖，其中两次获得国家科技进步二等奖，一次获得国家技术发明二等奖。甚至在被捕前的2013年7月，褚健的名字还出现在173位候选中国工程院院士名单中。在2005年，他被任命为浙江大学的副校长，分管人事、离退休、学校企业工作。他还是第十届全国人大代表。

2014年8月24日，浙江省检察院反贪局起诉褚健。在起诉意见书中，一年前媒体所报道的前三项指控均无涉及。其罪责聚焦于2003年的中控科技涉嫌掏空浙大海纳资产一案。

浙大海纳是1999年由浙江大学企业集团控股有限公司联合浙江省科技风险投资公司以及褚健等人共同发起，以社会募集方式设立的股份有限公司。根据当时的招股书，浙大海纳上市时的核心资产主要有三块，即浙江大学半导体厂、杭州浙大中控自动化公司、浙江大学快威科技产业总公司经营的业务。这三块业务，经由资本运作，先后被剥离，并试图再次包装上市。在2003年，中控科技完成了一次决定性的增资转让，褚健及其妹妹以60%的股份成为第一大股东，褚健因此一度被流传为“浙大首富”。

检察院的起诉书认为，在中控科技从浙大海纳中被剥离出来的时候，完成了一次产权私有化的动作，而褚健家族成了实际的产权所有者，也因此，犯下了“侵吞国有资产”的罪名，其犯罪涉及金额高达7 000多万元，这足以致褚健于万劫不复之地。

这是中国企业变革史上一段迄今仍然争议重大的公案：从1998年到

① 《中国青年报》，“浙江大学副校长褚健被批捕”，2013年12月25日。

2004年，中国企业界发生过一场以“国退民进”为主题的产权清晰化运动，数以百万计的国有、集体企业被出售给私人，其中，苏南及浙北地区就有97%的国有、集体企业被私有化，从客观上看，这无疑释放了中国产业经济的生产力，完成了产权私有化的“惊险一跃”，中国民营资本集团的格局是在这一时期被确定下来的。然而，在这一过程中，从中央政府到地方政府，从来没有出台过产权量化改革的政策性条例，因此，每一家企业的产权清晰改革都手法暧昧而讳言莫深。从严格的现行法律意义上，几乎所有的产权改革都可以被视为“国有资产流失”，每一个产权获益者都有“侵吞”之嫌。正如已公布的信息可知，中控科技的产权清晰，正发生在2003年。

褚健事件，在国内教育界和科技界引起巨大的震动。这一案件中颇多可讨论的地方，其中涉及体制内创业、科研经费使用、科研人员知识产权认定，以及科技型企业股权合法转让等多个命题。因此，褚健的遭遇有非常大的典型性，几乎所有在高校内从事产学研工作的人都有极强烈的共鸣。

多年以来，我国在科技成果的产业化开发上一直给予了很大的扶持力度，然而，在制度层面上却始终有着种种的漏洞。很多人问，中国有那么多的高校，有那么多的优秀科学家，可是为什么出不了一个硅谷？其最大的区别恐怕正在于：硅谷形成了人才—高校—资本—公司的生态型环境，在这一生态链中所有的资源配置都是建立在成熟、公开的法治土壤之上。

而在中国，却往往因制度建设的滞后而阻碍了创新及人才的涌现。

由此，似乎存在着一个“褚健困境”：在现行的高校科研体制下，若一个科学家欲将某一技术进行产业化开发且从中拥有个人产权，那么，产业做得越大，他的犯罪概率就越高，且犯罪金额越大。

在褚健被拘期间，民间发生了一系列的援助性行动，仅在2014年就有——

4月，四位信息安全相关领域的工程院院士联名给中央写信，为褚健事件陈情；

4月到7月间，原全国政协领导及国务院参事室专家向高层多次反映情况；

8月下旬，褚健家属和律师向检察机关提交了一份“取保候审的申请”，800多位浙大教授及中控公司员工签名愿意为褚健做保，其中包括现任学院院长、退休的党委副书记、副校长以及工程院院士等人；

9月，近十位法律界、经济界学者在杭州就褚健事件涉及的一些共性问题进行专题研讨会……

褚案延宕经年，开审时间一拖再拖。

2017年1月16日，在被关押三年零两个多月之后，浙江省湖州市中级人民法院终于一审公开审理，法官宣判褚健犯有贪污及故意销毁会计凭证、会计账簿罪，决定执行有期徒刑三年零三个月。褚健当庭表示不上诉。

两天后，褚健出狱。十天后，是这一年的春节。

2015 极端的一年

“侠之大者，为国护盘。”

——股市流行语

从开年的第一天起，2015年就充满了悲欣交集的气质。在很多国人的记忆中，这是极端的一年。疯狂、任性、踩踏、过山车、隔空撕斗，这些词如雨点一样落在这个国家不同的时间与空间上。

1月1日凌晨，上海外滩发生重大恶性事件。刚刚封顶的“中国第一楼”——上海中心大厦举办首次跨年灯光秀，因人潮汹涌发生了悲惨的踩踏事件，死亡36人，最大的37岁，最小的12岁，都是大好的年纪。

2月18日晚，中央台的春节联欢晚会上演“全民抢红包”。腾讯送出5亿现金加30亿卡券，用户打开微信“摇一摇”即可参与互动，单个红包最大金额将高达4 999元。晚会期间，微信“摇一摇”总次数72亿次，峰值8.1亿次每分钟，送出微信红包 1.2 亿个。

4 月 14 日，一封辞职信突然走红网络。河南省实验中学的一位女教师想要辞职了，她已经在这家学校教了 11 年的书，突然对现在的生活失去兴趣，于是，她勇敢地递交了辞职信，一张白白的信纸上只有短短的两行字：

“世界那么大，我想去看看。”

女教师的任性，如一根绣花针刺中了无数不安于现状的人。

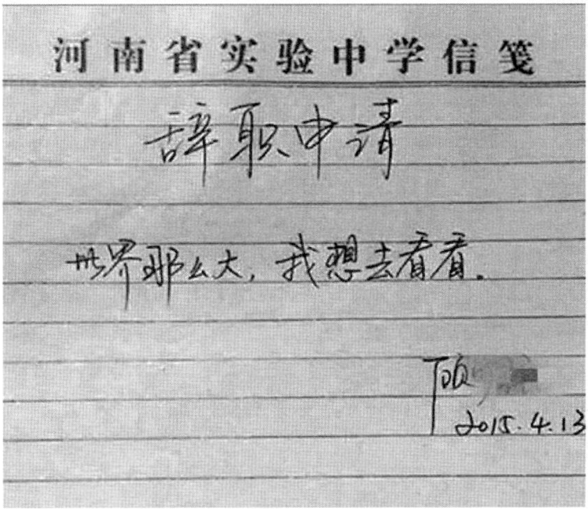
河南省实验中学信笺

辞职申请

世界那么大，我想去看看.

顾

2015.4.13

▲ 女教师的辞职信

当然，最任性、最疯狂的还是股市。

进入 2015 年之后，深沪两市仍然像一头亢奋的疯牛，几乎每天都有百股，乃至千股涨停的奇观发生。5 月 22 日，两市成交金额逼近 2 万亿元，在创出 A 股历史新高的同时，也刷新了全球股市“单日成交纪录”。创业板指数从 1 470 点连续 5 个月飙涨，到 6 月 5 日创下了 4 037 点的最高点，涨幅接近 3 倍。举国上下，几乎已经没有人安心地工作，就连家里的保姆，如果雇主不推荐一两只股票的话，都不愿意好好地去洗碗了。

一家经营基本陷入停滞的多伦股份，将企业名称改为极其古怪的“匹凸匹”，宣告“要做中国首家互联网金融上市公司”，股价居然连续两个涨停板。一家除了持续地开新闻发布会而几乎没有任何实际业绩的互联网视频公司，仅仅靠着“生态链”的概念，市值已经扶摇直上地超过了全球最大的房地产公司万科。至少有8家公司在宣布重组失败后，被市场认定“利空出尽”，而连续涨停。新浪证券报道了一则奇闻：一位入市仅一年的女股民，错把券商推荐的中文传媒听成了中文在线，用30多万元全仓买入5 000股，短短两个月里居然赚进一倍利润。

被当作神话来传诵的，还有一家叫暴风影音的公司。3月24日，这家企业以“首家登陆中国资本市场的互联网平台”为号召，在创业板上市，迅速引发涨停狂飙。事实上，在中国的互联网企业梯队中，无论是业绩还是成长性，暴风科技大概都只能排在200名以外，它的主营业务“网络播音器”产业近乎萎缩，可是，这一切都不足以阻挡它一路高歌的节奏。在后来的两个月里，暴风影音连续涨停39次，创下A股历史上最长连续涨停记录，其市值超过了最大的视频网站优酷，中国股民对它的“热爱”，根本无法用理论或模型来解释。当它的涨停板记录达到20个的时候，仍然在媒体上听得到种种商榷和质疑的声音，可是当第30个涨停板出现之后，所有的人突然变得非常寂静了。这应该是集体心理的理性防线被击穿后，由极度亢奋而导致的窒息性思维停滞症状。

这是一个“每日天上撒钱，人人都是股神”的奇妙时刻，已经很少有人再关心财富的逻辑和经济的基本面。罗伯特·希勒在《金融与好的社会》一书中写道：“金融应该帮助我们减少生活的随机性，而不是添加随机性，为了使金融体系运转得更好，我们需要进一步发展其内在逻辑，以及金融在独立自由的人之间撮合交易的能力——这些交易能使大家生活得更好。”①他的这段话在高昂的指数面前是如此的苍白。

理智——如果它还真的存在的话，已经在涨停板面前彻底晕厥倒地。这应该是近十年来最大的一次资本泡沫运动。某篇报道引用了一位资深基金经理的话，他宣布自己已放弃用大脑思考，“我决定向市场投降。在资本市场，钱是最聪明的，我们做的只是尊重市场，因此，就是‘无脑买

① 《金融与好的社会》，[美] 罗伯特·希勒著，中信出版社，2012年。

入’，也要硬着头皮买进！对于所有的投资人来说，非理性地拥抱泡沫，也许真的是眼下最理性的经济行动”。

日后来看，这个股市的表现，不但与上市公司的基本面没有关系，甚至与中国宏观经济的基本面也没有关系。所谓的交易复苏，其实都来自政策松绑的效应，以及监管当局对“新庄家”们的刻意宽容，而不是结构优化的结果。它是一个被行政权力严重操控的资本市场，它的标配不是价值挖掘、技术创新、产业升级，而是“人民日报社论+壳资源+并购题材+国企利益”。那些连涨10个乃至20多个涨停板的公司无一不得益于“题材”。而历史的经验一再告诉我们，当“题材”如小飞侠般地降临股市之时，必是投机与泡沫并生的野蛮时刻。

4月14日，国家统计局公布了最新的经济数据，一季度GDP增速为7%，创下2009年二季度以来的新低，全国工业企业实现利润同比下降4.2%，利用外资同比下降33.5%。这一天，沪深两市有15只新股上市申购，两市成交再超万亿，超百股涨停。几乎没有人听到冰山即将崩塌的撕裂声。

梦魇时刻的到来，是在6月12日——很多股民在一生中会一直记得这个日子。上证指数抵达5 178.19点，突然如一个脱水之人力竭倒地，股指掉头下坠，恐慌如瘟疫暴发，瞬间引发踩踏性事件。8月26日，股指跌到2 850.71点，广大投资者短暂地享受了牛市带来的市值增长之后，还没来得及“落袋为安”，就被屡屡发生的千股跌停击倒在地，恍如黄粱一梦。

到年底，A股市值蒸发25万亿，按1亿股民计算，人均损失约25万元，这几乎已相当于一个中产阶层家庭的年收入了。

监管当局显然对突然发生的暴跌，毫无思想准备。在2015年，最引人关注的经济人物应该是跳水运动员出身的证监会主席肖钢，在上半年，他被看成是挣脱“通缩之绳”的救市主，6月之后，他收到了最多的“臭鸡蛋”。

在一开始，“阴谋论”甚嚣尘上，据说是美国的敌对势力、不良资本集团试图搞垮中国经济，因此先是入局抬高股价，然后又迅速撤资砸盘，相关消息言之凿凿，人证、物证俱在。于是，有了“为国护盘”的壮举。

刘益谦是上海滩上最著名的“大散户”，据说靠炒股和参与定增，攒下了 20 多亿元的资产。近年来，他沉迷于拍卖收集古玩，去年 4 月，他还花了 2.81 亿港元拍下一只明朝成化年间的斗彩鸡缸杯。7 月 2 日，刘益谦突然在微信朋友圈里发出一文，宣称自己是中国资本市场发展壮大的既得利益者，“当这个市场可能发生系统风险，当中国梦可能受影响时，买入二级市场股票是我不二的选择”。他透露已经在过去的两天里，冲进去“差不多十个亿”，“明天还要继续”。他写道：“不在乎亏多少……结果不重要，等平稳了，我可以自豪地跟我孩子们说，老爸参与了维稳市场，当我老了，当我外孙长大了，我也自豪地说，人生精彩过。”

有意思的是，一直到本书出版的时候，美国敌对势力的名单还没有被挖出来。在群情恐惧之下，护盘是必需的行动，具有讽刺性的是，外敌未必有，内鬼却真的存在。

7 月初，A股市场大跌效应传导至港股，恒生指数暴跌。随后，人民币汇率、大宗商品、中概股等几乎所有与中国相关的投资标的全面下跌，市场情绪几乎崩溃。中央最高层拍板，由金融监管部门

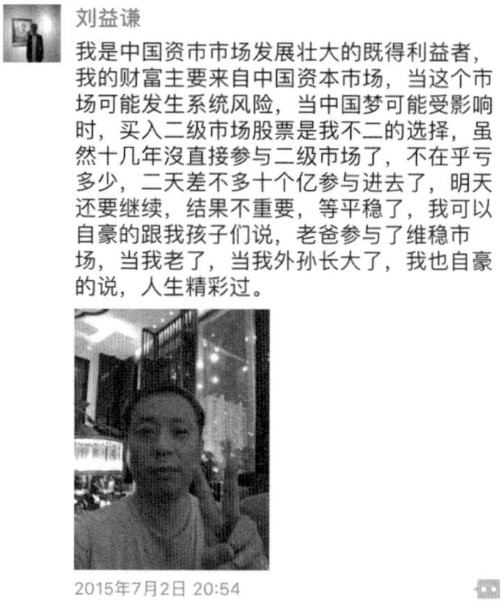

▲ 刘益谦买股票的朋友圈截图

牵头，公安部、网信办等强势部门参与，组成了一个多部委联合的救市机构。直接在一线协调救市行动的证监会主席助理张育军称，“这是一场金融保卫战”。

7 月 4 日，也就是“刘氏护盘”的两天后，真正的护盘国家队敲锣打鼓地进场了。

上午，证监会召集中信证券等 21 家国内最重要的证券公司开会，宣布这些“国家队”以 6 月底净资产的 15%出资，合计不低于 1 200 亿元，用于投资蓝筹股ETF，并规定 4 500 点之下，券商自营盘不得减持，此外，还要求上市券商大股东回购本公司股票。由于事先难以有针对性地做准备，各证券公司的董事长先在一张空白的《联合声明》上分别签字，然后补上声明内容。当日下午，基金业协会也召集 25 家公募基金开会，并达成一致，积极引导申购，新增基金积极建仓。也是在这一天，国务院会议决定暂停IPO发行。

7 月 9 日，公安部副部长孟庆丰带队进驻证监会，会同排查恶意卖空股票与股指的线索。这是公安部门历史上第一次坐镇证监会，震慑意味明显。

在接下来令人窒息的一个多月里，股价偶有企稳，但是总的下跌趋势却难以遏制。一个最惊人的事实是，参与护盘的“国家队”中，居然出现乘乱牟利的利益集团，他们利用特殊的身份、内部政策消息和几乎无限额的资本，内外勾结，上下其手，在火中取栗。

最高层终于雷霆震怒。

8 月至 9 月，“救市”的第一号主力军，也是中国最大的证券公司——中信证券被证监会立案调查，其总经理程博明、董事总经理徐刚等 11 位高管及中层，因涉嫌内幕交易、泄露内幕信息，被公安机关调查。

8 月 25 日，证监会发行部三处处长刘书帆，证监会处罚委原主任欧阳健生，也因涉嫌内幕交易、伪造公文印章，被警方查处。

9 月 16 日，此次救市战役的前线总指挥、证监会主席助理张育军涉嫌严重违纪，接受组织调查。11 月 13 日，证监会副主席姚刚被隔离审查。

这意味着，监管当局主政此次救市的核心班子几乎全军覆没。

在抓捕内鬼集团的同时，资本市场上活跃了二十多年的民间炒家也遭到“猎杀”。

11 月 1 日凌晨，一张照片不胫而走，传遍整个微信圈。一个白净微胖的 30 多岁男子戴着手铐，神情诡异地站立在沪杭甬高速公路的收费亭里，他穿着数万元一件的 2015 年春夏版阿玛尼西装，看上去却像一个沮丧的乡镇卫生所大夫。令人好奇的是：“他是谁？”“是谁拍下了这张照片，又是谁下令将它扩散发布？”

▲ 徐翔被捕

他叫徐翔，在公开媒体上几乎很难查到，不过在隐秘的股市江湖，却有一个足以吆神喝鬼的绰号——“敢死队总舵主”。出生于 1976 年的徐翔，被很多业内人视为“百年一出的奇才”，有人把他比作 20 世纪初华尔街最伟大的股市炒家威廉·江恩。1993 年，高中还没有毕业，徐翔就带着父母给的几万元本钱杀入股票市场，很快展现出异于常人的敏锐力。90 年代末期，他和几个以短线擅长的年轻人以银河证券宁波解放南路营业部为据点，在股市上短进短出，拉杀凶悍，被市场冠名“宁波涨停板敢死队”，凡是被他们看中的股票均大起大落，充满戏剧性。跟江恩一样，徐翔的核心小团队从来没有超过 25 个人。

2005 年，29 岁的徐翔从宁波转战上海，4 年后成立泽熙投资管理有限公司，注册资本 3 000 万元。在后来的 10 年里，徐翔以善于抄底著称，他参与过重庆啤酒、双汇发展和酒鬼酒的逆市抄底活动，很多突然连续涨停的股票都与泽熙有关。此外，他还参与恒星科技、康得新、莱宝高科等股票的定向增发，从中赚得盆满钵满。徐翔的才华被“有力人士”相中，泽熙先后发行多支基金，据称极盛时操盘资金规模达百亿之巨。

曾任徐翔助理的叶展这样描述徐翔的一天：每天一早，泽熙开始晨会，每位研究员汇报市场信息，开盘后进入交易室，交易时间绝不离开盘面，中午一般与卖方研究员共进午餐，下午继续交易，收盘后又是一到两场路演，晚上复盘和研究股票。“他每天研究股市超过 12 小时，几乎没有娱乐和其他爱好。”极端低调、超级勤勉，加上常常令人瞠目结舌的杀戮战绩，让徐翔戴上了“敢死队总舵主”的荆冠。

在此次股灾中，徐翔如外星人般的表现，引起了监管当局的注意。泽熙投资旗下的投资组合于 5 月准确逃顶，紧接着在 6 月 5 日反身杀入，在短短一个多月里，获得 25.52% 的高收益，其中，“华润信托–泽熙 1 号”浮盈 44.39%。再接着，在 7 月中旬又从暴跌浪潮中，全身而退。8 月中旬，大盘从 4 000 点跌到 2 850 点，泽熙投资居然空仓而待，毫发无损。

这一明显异于市场的耀眼成绩，先是被普遍怀疑是否涉及做空股指期货。8 月底，泽熙投资发表声明，表示“从未开设过股指期货账号，亦未从事过股指期货交易”。

如果排除做空股指期货的嫌疑，那么，只剩下两种可能性了：其一，徐翔真是上帝派来的威廉 · 江恩再世；其二，泽熙系涉嫌内幕交易、操纵股票交易价格。

徐翔的被捕，以及那张戏剧化照片的曝光，终于遏阻了民间炒家们的气焰。

尽管使出了种种霹雳手段，但是，在之后几年里，人们一直在争议，到底谁才是此次股灾真正的罪魁祸首，压垮市场信心的到底是哪一根稻草？

一个最根本的原因，应该是基本面的不支持。

实体经济转型艰难，去年下半年以来的固定资产投资计划和降息降准，释放了巨额的流动性，这些资金要么还没有注入实体产业，要么就不敢进入，于是在资本市场上形成空转效应，钱动局成，泡沫越吹越大。与此同时，放松私募管制之后，私募基金管理规模迅速飙升到两三万亿，私募大多数以投资中小创股票为主，迅猛地堆起了成长股泡沫。于是，私募、券商和大小散户合力构成上涨的螺旋效应，失去理智的贪婪则充当了催化剂。

即便这样，大股灾也不至于惨烈到这样的境地。事后复盘，很多人把“技术性因素”归咎于场外配资的杠杆效应。这是混业金融改革和金融互联网化的一次“擦枪走火”。

恒生电子是一家注册于杭州的财务软件公司，控股股东是阿里巴巴，在此次股灾中，它的一款叫HOMS的资产管理软件充当了杠杆化的角色。在阿里的云平台上，只要发行一个伞形信托计划，HOMS可以很方便地分成若干个子账户，这些子账户的设立、交割和清算均为单独运行。伞形信托加上HOMS系统就相当于一个互联网的券商。

伞形信托和场外配资公司主要向股票市场客户进行配资。通常，信托从银行出来的优先级资金利息是6%~8%，场外配资公司再以12%~18%的利息分配给投资者操作。信托公司发行的伞形信托一般只有两到三倍左右的杠杆，最低认购需要100万元，场外配资公司再在信托计划下通过HOMS分拆成无数子单元，不设最低门槛限制，给散户去操作，可以放到5倍杠杆。

也就是说，一个股民若有100万元的本金，就可以通过HOMS系统，从场外配资公司那里获得500万元的资金。投入股市中，如果买中一个涨停板，一天就可浮盈50万元。在风险意识从来淡薄的散户市场，有多少人可以抵抗这样的诱惑？

风险就是在杠杆和贪婪的双重吸引下，可怕而迅猛地累积了起来。从后来的披露事实可知，监管当局对场外配资的规模始终缺乏准确的判断——这可能是本次股灾最致命的技术性错误，一直到今年的三四月间，肖钢仍认为这一部分的资金规模大概在 4 000 亿到 5 000 亿之间。[①]

而实际的数据是，整个市场存在 3 万亿元的场外配资业务，加上券商融资融券 3 万亿元，以及上市公司大股东 1 万多亿元的股权质押，总的投机游资规模居然达到了 7 万亿元之巨。

从 6 月 5 日开始，监管当局着手清理场外配资。接入证券公司的恒生电子，以及从事同类业务的同花顺、铭创等具有分仓功能的软件、第三方配资公司都在清理之列，当日，创业板率先开始下跌。6 月 12 日，证监会下文，禁止证券公司为场外配资提供交易接口。正是在这一天，上证指数在 5 178.19 点上掉头下坠，噩梦如期降临。

场外配资和伞形信托止损点很高，很容易被击穿，一旦当市场上涨无法维持，高杠杆也成为压垮A股市场的最后一捆稻草，进而引发恐怖的连环抛售。

极速主义者在中国从来只有两种命运，要么天堂，要么地狱。在 2015 年的这场大股灾中，你可以读到人性的贪婪与恐惧，可以发现制度层和技术层的缺陷，可以探究金融创新的陷阱与克制。总而言之，它是多种因素叠加的产物，在某种意义上，带有深刻的不可避免性。

整个 2015 年，一直被笼罩在股市暴跌的阴影之下。但是，这并不意味着金融商业主义时代的夭折，相反，资本的力量在一次次的洗牌和重组过程中，竟变得越来越强悍和成熟。各种金融工具的渗透力和攻击力，将在不同的领域、以不同的方式让所有的人坐立不安。接下来将出场的人都非常的陌生。

---

① 杠杆监管：耶鲁大学的约翰·吉那科普诺斯教授提出的杠杆周期模型认为，资产价格不是基本面决定的，决定价格的是那些杠杆用得最大的边际买家。而资本市场的风险正在于，杠杆率的变动最难监管。

那个一边写着微博，一边举着十亿元冲进股市的刘益谦，看上去很像一个“戆大”，或者是举着炸药包去炸碉堡的“烈士”。这当然是一个幼稚的错觉。在“为国护盘”的口号背后，其实是一出新的资本阻击战。后来的事实表明，刘益谦是国华人寿的实际控制人，与他一起往股市里冲锋的是一股新的、非常隐秘的资本力量。

在过去的几年里，随着管制的放松，保险是所有金融产业中发展最快的业务模块之一，保险行业总资产从2010年的5万亿元增加到2015年的12万亿元。很多炒股大鳄、权贵人士与地产大佬都纷纷拥有了一张保险牌照。他们推出的保险服务，大多是一款万能险，它更近似于理财产品。[①]由于中国消费者保险意识的淡薄和畸形，万能险一度大行其道，几乎所有新成立的民营人寿保险公司的保费收入中，万能险占比高达七成乃至九成。

6月股灾中，凡是愿意冲入股市的“护盘者”都得到鼓励，手握巨额资金的保险公司无疑是最受欢迎的救驾力量之一。在它们看来，别人的恐惧正好为自己的贪婪挖出一个价值洼地。与大声叫嚷的刘益谦不同，在深圳，一个靠开菜场起家的潮汕人默不作声，却动用了比刘益谦多几十倍的资金。

此时的姚振华几乎不为圈外人所知晓。他毕业于华南理工大学工业管理工程专业，1996年，他与姚振坤、姚振邦等人办了一家新保康公司，在深圳建设净菜超级市场。靠着这个“菜篮子”工程，姚振华以协议价的方式，在寸土寸金的宝安区拿到了5块共计约14万平方米的土地，这成为姚振华进入地产行业的一块跳板，新保康蔬菜后来更名为宝能置业。

在地产大佬云集的深圳，宝能并不显山露水。但是，姚振华似乎是一

---

① 万能险：一种兼具保险保障和投资增值功能的险种，英文名称为Universal Life Insurance，直译为“全能、可变的寿险产品”。保单价值中有一部分是投资账户的收益，因此，其价值随利率而波动，能在一定程度上起到抗通胀的作用。

个资本运作的高手，2006 年，宝能以 1.1 亿元控制了深圳的国有企业深业物流集团，从而获得了其名下的土地和物业，完成了重要的原始积累。

2012 年 3 月，姚振华杀入保险业，他发起组建前海人寿，以万能险为主业。在保险圈内人看来，前海人寿是个可怕的“逾矩者”。在入行的第一天，宝能就以“比同行收入高三倍”为诱饵，大肆地从其他保险公司中挖人，它的业务模式就是以高现金价值保险来揽资，获得最大的现金量似乎是这家企业唯一的存在理由。在近乎疯狂的促销招揽下，前海人寿在 2013 年就实现了 143.1 亿元的保费收入，在全国人身险公司中排名第 13 位，2014 年的保费收入更冲到了 347 亿元。

万能险具有预期收益高、产品期限短、保障功能弱、资本占用大的特点，其资金成本普遍在 6%~9%，保险公司为了覆盖万能险带来的高额成本，必须将这些资金配置到收益高、期限长的另类资产上。显然，前海人寿的扩张模式背离保险本意，而蕴含了巨大的兑付风险。

2014 年 5 月，姚振华以 48.3 亿元摘得宝安中心区地块，刷新当时的深圳最高土地单价纪录，一举而为业界知。宝能宣称，“五年时间，投资 1 200 亿元，开发建设 40 个创新型购物中心，全部统一自持经营”。几乎同时，姚振华构筑了一个极其复杂的母子公司结构，旗下上百家企业相互持

▲ 姚振华

股，隐现交织，开始在资本市场秘密布局。2014年，姚氏兄弟在A股市场上控股宝诚股份，并成为深振业的第二大股东，宝能系隐然成形。

6月股灾爆发，胆大心细的姚振华逆势入局，先后举牌合肥百货、明星电力、南宁百货和万科，前海人寿在公告里解释说，“应保监会要求，保险公司要维护资本市场稳定，买入蓝筹股”。

7月10日，万科公告，前海人寿买入5.53亿股万科A股，达到5%的举牌线。在哀鸿遍野的此时，姚振华被看成是一个勇敢的“白马骑士”，王石在自己的微信朋友圈中欣慰地写道，“深圳企业，彼此知根知底”。

然而，接下来的剧情则突然峰回路转。姚振华动用百亿级资金偏执性地不断增持万科股票，先后四次举牌，到12月7日，宝能持有的万科股份提升至20.08%，逼近第一大股东的地位。顿时，托底护盘成了恶意收购，“白马骑士”成了“门口的野蛮人”。

万科之所以成为被公开狙击的对象，是因为它实在是一个千里挑一的资本猎物。自创办三十余年来，万科的股权一直非常分散，1993年到1997年之间，最大股东持股比例始终没有超过9%，前10名股东持股比例总共为24%，是一个典型的大众持股公司。2000年，华润集团以15.08%的股权份额成为万科第一大股东。除了股权极其分散，另外一个让人见猎心喜的情况是，万科的股价也是十年不涨，价值长期被低估。在资本狙击者看来，万科就好像是一座堆满了金银财宝，却几乎没有防御能力的城堡。万科是中国的一家超级明星企业，可是买了它的股票的散户朋友们却是粒米无收。所以，宝能对万科股票的公开收购，受到了股民们的热烈欢呼。

这一态势生动地证明，即便是自诩治理结构最为先进的上市公司，仍然在资本设计上处在“上半场”的原始状态，无法适应金融商业主义时代的到来。王石对此的警惕性不足，7月13日，他在上海参加一个金融论坛，主题为转型和工匠精神，他说自己从来不担心公司股价，万科账上有500亿元现金，只要股价跌破13.7元，随时可以启动股票回购计划。他没有想到，真的会有人动用300亿到400亿资金来公开掳掠。而整个企业界，对宝能式的攻击也非常陌生，潘石屹在接受采访时表示自己很疑惑，“王石跟万科为什么发展到了今天这一步，我也很纳闷”。[①]

面对宝能的持续增持，万科几乎没有任何的还手之力，中国股市没有类似“毒丸计划”这样的制度设计，王石和总裁郁亮无法像十年前曹国伟率领新浪抗击盛大恶意收购时那样的抵死防御。在这期间，刚刚发生宋林事件的华润也在大股东的角色扮演上表现得懦弱无力。

后来披露出来的事实表明，姚振华所动用的资金，除了前海人寿的保费，还得到了银行机构的暗中支持。据财新传媒的调查，浙商银行以“假股真债”的形式，向宝能旗下的钜盛华输送了200亿元的资金，平安银行、广发银行、民生银行、建设银行的资管部门也先后提供了145亿元的优先级资金。这意味着，增持万科的行动，几乎是金融资本集团对实体上市公司的一次路演式围猎。

7月末，就当宝能举牌拥有万科10%股份的时候，在冯仑的斡旋之下，王石与姚振华在北京见面，两人密谈四个小时。姚振华说自己是王石的“粉丝”，王石则明确表态，不欢迎宝能成为万科的大股东，“什么时候你的信用赶上万科了，什么时候我就欢迎你做大股东”，会面不欢而散。在后来的一些公开场合，王石屡次表示“宝能的信用值得怀疑”，“宝能不配成为万科大股东”。[②]

但是，配与不配，归根到底还是资本说了算。在接下来的几个月里，宝能铁了心地持续增持万科股票。在这个过程中，安邦人寿和恒大地产又不甘寂寞地插上一脚，戏码越加越多，市场一次次为之哗然。12月17日，王石公开宣战，他发表内部讲话，宣布“不欢迎宝能系成为万科第一大

---

① 《证券日报》，“潘石屹：王石跟万科发展到这一步我也很纳闷”，2015年12月22日。

② 新华网，“王石：不欢迎宝能系成第一大股东，你的信用不够”，2015年12月18日。

股东，不会受到资本的胁迫，将为万科的信用和品牌而战”。第二天，宝能悍然第七次举牌，以占股24.29%赫然成为万科第一大股东，当日下午，万科宣布停牌，在此前的20个交易日内，万科股价累计涨幅68.6%。

在2015年，万科创下历史上最好的销售业绩，营业收入达到2 614亿元，首次闯入世界500强——宝能集团未出现在前百大地产公司的名单上，但是，在资本市场上，它却成为“卖菜客”姚振华的篮中猎物。在大半年的时间里，经济界分成两大阵营，挺宝派与护万派互相叫骂。宝万事件到此才上演了一半，在接下来的两年里，仍将发生劲爆而出人意料的剧情。[①]

在商业的意义上，一个充满幻觉的浮华时代，必须有三个前提，一是发现了一片亟待燃烧的大荒原，二是有烧不完的热钱，三是有燃不尽热情的年轻人。很显然，2015年的某些时刻，在一些充满了冒险气质的领域，同时出现了这三个特征，所不同的是，有人烧出了新天地，有人则即将与烈火同焚。

今年1月4日，李克强总理来到深圳前海微众银行，他在一台电脑前敲下回车键，卡车司机徐军就拿到了3.5万元贷款。这是微众银行作为国内首家开业的互联网民营银行完成的第一笔放贷业务。该银行既无营业网点，也无营业柜台，更无须财产担保，而是通过人脸识别技术和大数据信用评级发放贷款。

中国的网络贷款业务试水于2007年，首家P2P平台是拍拍贷，属于纯信息中介模式。2009年，红岭创投诞生，发明了本金先行垫付模式，当时全国的P2P公司不足10家。2011年，平安集团的陆金所上线。传统金融机构开始进入互联网金融领域。在后来的两年多里，美国的

---

① 保监会的数据显示，在2015年，起码有1.5万亿保险资金投资于股票和证券基金，除了前海人寿，安邦保险、生命人寿、国华人寿、阳光人寿、百年人寿等新兴寿险公司都在资本市场纷纷举牌上市公司，它们的成立时间、业务模式和投资手法，与前海人寿非常相似。

LendingClub模式被引入——这家企业于2014年12月在美国纽交所上市，市值高达85亿美元，迅速引爆了中国的P2P产业。在2012年，中国的互联网金融公司只有110家，2013年增加到627家，到今年上半年，猛然增加到了2 600多家。

▲ 前海微众银行试营业

在这股席卷而至的互联网金融热浪中，有人寻求创新与突破，也有人试图火中取栗。

安徽蚌埠人丁宁出生于1982年，此时正值血气方刚之年。他在今年进入的领域正是P2P，一个看上去无比红火、刺激的新天地。

丁宁看上去是一个很有商业野心和发明天赋的年轻人。1999年，17岁的他还没有从安徽工贸职业学院毕业，就跑回蚌埠老家，在母亲创办的一家生产铁路铅封的小工厂当销售员，因为懂点网络营销，很快成了骨干，仅一年后，就当上了厂长。2001年，丁宁用赚到的100多万元投资了一条开罐器生产线，竟很快成为这个细分行当的全国老大。他与合肥工业大学合作，成立了“合工大金属表面处理研究中心”。在后来的几年里，这个中心连续取得6项国家发明专利和多项实用新型专利，“学术带头人”丁宁俨然成了年轻的技术发明专家，还被聘为学校的硕士研究生导师。

到2012年，丁宁尽管才满30岁，但已经是一个有13年创业经验的“老司机”了。他成立了一家融资租赁公司，开始涉足金融。在他看来，“民间资金流入实体工业生产中，这是大势所趋。而将实体经济和金融有效结合的最佳方式就是融资租赁”。2014年7月，借着P2P的热浪，e租宝平台上线，它在宣传资料中声称，“e租宝把融资租赁业务应收账款的收益权，通过平台转让给普通投资者，这种‘租赁资产证券化、债权转让与互联网金融’相结合的方式，让平台资金更加安全”。

后来被揭露出来的事实是，e租宝所提供的设备租赁“收益权”几乎都是虚构的，其业务模式是通过广告轰炸和人海战术，以年化14%为诱饵，进行大规模的民间吸储，就实质而言，是一个如假包换的庞氏骗局。

在2015年，以P2P为名义，类似e租宝这样的公司如野草疯长，其创业者大多有三个特点：一是以“80后”居多；二是绝大多数没有金融从业经验；三是以互联网金融为名，用卖保健品的方式实施毫无底线的地推战略。互联网的草根精神以及对金融业缺乏敬畏之心，使得这一批创业者从一开始就冲上不计后果的疯狂冒险之路。他们完全漠视金融风险，巧立各种标的名目，秘密自建资金池，当巨额现金被聚拢之后，他们又大肆挪用、挥霍。

e租宝在不到一年的时间里，就在全国开出150多家分公司，雇员超过2万。它先后推出“e租年享”“e租月享”“e租乐盈”“e租乐享”“e租富盈”“e租富享”等多款产品，其目的就是吸储、吸储、吸储。2015年4月，丁宁在中央电视台投放广告，包下每天《新闻联播》前的黄金时间，继而登陆湖南卫视、浙江卫视、东方卫视、河北卫视、天津卫视、江苏卫视这六大知名卫视，仅在半年时间里就投放广告近2亿元。从5月18日到6月30日，e租宝发动了一个“拼搏40天，冲刺100亿”的活动，迅速跻身百亿级平台。

截至12月初，e租宝单日、7日、30日累计的成交额跃居全国网贷行业第一名，总成交量745.68亿元，投资人数90万人，它宣称自己已经是“全世界最大的融资租赁互联网金融平台”。

也许是迷信“大而不倒”，也许是认定“收割韭菜”的游戏可以一直循环玩下去，丁宁花钱的派头越来越大。他坐着私人飞机巡游各地，对手下的美女总裁们动辄千万、上亿地赠送礼物。e租宝宣布响应“一带一路”倡议，计划投资500亿元在缅甸佤邦地区建立东南亚自贸区，丁宁甚至谋划在中缅边境建立私人武装，包揽宝石开采生意。在很多时候，野心与金钱是危机的导火索。

P2P泡沫的破灭是从2015年9月开始的，云南的泛亚有色金属交易所成为第一个被踩中的大地雷。这家号称世界最大的稀有金属交易所，以“为国收储”为名，用各种手法变态吸金，最终资金链断裂，20多个省份的22万投资者受害，430亿元资金难以讨回，引发多次抗议游行事件。

12月底，丁宁被公安部门控制，e租宝的狂欢也结束了。在接下来的一年多时间里，P2P行业遭到全国性的大整顿。①

▲ 被捕后的丁宁

① 2017年9月，北京市第一人民法院宣判丁宁非法集资诈骗罪成立，判无期徒刑，罚金一亿元。同案其他25人均受到不同程度的刑罚。

如果说丁宁的疯狂很快就会写下结局，那么，另外一个冒险家的故事则要稍稍悠长一点，他更加复杂和雄心勃勃，是一个能够把自己“骗”进梦想里的狂人。

这个叫贾跃亭的人出生于1973年，老家在山西省临汾市襄汾县，父亲是当地一名中学教师，家境平常。1995年，从山西省财政税务专科学校毕业后，他到临近的运城市垣曲县地税局当了一名普通的网络技术管理员，月薪300元左右。比较特殊的是，他娶了当地一位副县长的女儿，因而可以捧着铁饭碗搞副业，局里领导也不好说什么。

从一开始，贾跃亭就表现出极广泛的经商热情。他做过印刷和钢材贸易，办过一家双语学校，开过砖厂，做过运输，经营过一家电脑培训机构，做了几个月种子生意，他甚至还开了一家快餐店，取名麦肯基。这似乎是一个不肯放过任何机会的、精力极其充沛的人，这样的性格特质，成就了他，也即将毁灭他。

1998年前后，贾跃亭在一个饭局上偶然接触到“通信业务”，意识到这是一个大机会，便跑到太原，成立了西贝尔通信科技有限公司。一位他早年的生意伙伴后来告诉媒体记者，当时贾全部身家大约30万元左右，为了得到一个项目，他曾蹲守在山西联通一位副总家门口整整一个晚上，而他们并不相识。靠着为联通的基站生产和安装避雷器，他赚到了自己的第一个两百万。

2003年，小镇青年贾跃亭来到了北京，他得人指点，进入到互联网视频领域，成立乐视网。《财经》杂志在一篇题为“乐视命运”的报道中描述他：“贾跃亭黑瘦，身形不高，见到生人略腼腆，走路速度很慢，酒量很小，并不善于交际，但是抓关键关系的能力极强。一位与贾跃亭相熟的商人称：‘他可以把10万元钱花出100万元的效果。’该人士举例说，对方夸奖你的豪车不错，普通商人会慷慨借给你开几天，而贾可能会选择当场把车送给你。”

这种善于抓住关键人物和极其慷慨的个性，在北京这样的官商舞台上很有市场。2005 年前后，经人介绍，贾跃亭结识了网通天天在线的总裁王诚，他也是山西人，本名令完成，是时任中央高官令计划的胞弟。王诚入股乐视，正是在他的帮助下，乐视网从众多的视频网站中脱颖而出。

在中国，视频网站的创业要难于其他互联网领域，其存活需过三关：牌照关、行业资源关及资金关。而在同行眼中，乐视网一直都是“通关”高手。乐视网是第一批与新浪等少数几家民营企业拿到《信息网络传播视听节目许可证》的公司之一。国家新闻出版广电总局曾对视听内容按照手机、PC和电视终端分别核发许可证，乐视又成为民营视频企业中第一家也是唯一一家拿到手机终端内容运营牌照的公司。在与运营商的合作上，乐视网也比其他视频网站要深入。乐视网旗下的“乐视无限”为中国联通的手机流媒体业务品牌“视讯新干线”提供了超过 70%的内容，与中国移动也签订了十多个基于PDA手机的流媒体项目。

于是，乐视网成为中国视频网站中的另类，就在其他网站还在为盈利苦苦挣扎的时候，它早早地实现了盈利。2010 年 8 月，乐视网在深交所上市，彼时，它在国内网站的流量排名为 168 位，远远落后于优酷的第 10 位和土豆的第 12 位，甚至在视频网站中，也仅仅排名第 17 位。华兴资本CEO包凡很含蓄地评论说：“一个排名第 17 位的视频网站，却有业内第一的财务指标，变戏法啊。”①

贾跃亭的“戏法”其实才刚刚开始。乐视网上市之时，市值只有 7.3 亿元，由于题材独特和业绩骄人，股价一路高歌，很快踏入百亿俱乐部。在这时期，财务出身的贾跃亭表现出了极强的财技，他频繁质押自己持有的乐视网股份，从公司上市到 2014 年年初的三年多里，他和胞妹贾跃芳累计质押股票 13 次，套得资金 27.5 亿元。他拿这些钱投资组建了十多家

① 《财经》，“乐视命运”，2014 年 11 月。

关联企业。然后，再以增发的方式，由上市公司收购其中的若干家。通过这种“自产自洽”的手段，不断套取资金、推高股价，而贾氏家族在上市公司中的股权比例却没有丝毫的损减。

贾跃亭喜欢“摊大饼”的个性，在这几年里丝毫未改。他先后投资电影、体育、农业、金融等领域，还收购了一家卖酒网站。乐视旗下的高级副总裁多达30余位。对于这种多元化的做法，他别开生面地提出了“生态化反”的新概念——“价值重构、共享和全球化，最终由此形成由垂直闭环的生态链和横向开放的生态圈组成的完整生态系统”。

2013年5月7日，贾跃亭的生态战略迈出了最让人惊艳的一步。乐视举办盛大的产品发布会，推出“全球首款4核1.7G、全球速度最快的超级电视”。这款电视与互联网相连，植入了乐视的全部影视内容，贾跃亭试图将硬件（电视）与软件（内容）打通，尝试一种CP2C（众筹营销）的全新商业模式。60寸大屏的超级电视售价为6 999元，确乎是市场上同类产品中最低的，乐视几乎是卖一台亏一台，但是，贾跃亭希望通过点播收费和发展会员的方式，实现内容上的持续收入。

正当贾跃亭打算大干一场的时候，中国政坛的反腐浪潮袭来，王诚的胞兄陷入政治迷局。2014年6月，贾跃亭匆匆出走美国，引发市场无穷猜想。令人惊奇的是，8个月后，他安然无恙地回到了北京的办公室。就在此时，中国股市空前狂热，在最高峰的5月12日，乐视网市值一度摸高到1 507亿元。

贾跃亭再度回到镁光灯下。他的戏剧型人格得到极大的释放，毫无疑问，他替代雷军成为本年度最耀眼的“发布会明星”。

2015年4月14日，乐视发布超级手机。贾跃亭像乔布斯一样，穿着黑色T恤和蓝色牛仔裤，一路小跑来到舞台中央，他宣布“乐视手机多维度超越苹果，创十大全球第一，是世界上第一部超过iPhone的智能手机”。在演讲的最后，他张开双臂，像一个迎风昂立的大神，身后的PPT上适时地出现十个大字——“让我们一起，为梦想窒息”。

▲ 贾跃亭

10 月 27 日，贾跃亭再投震撼弹，他发布乐视电视、手机新品，同时宣布即将生产乐视超级汽车，乐视成为中国乃至全球唯一一家涵盖三大智能硬件产品的“超级公司”。

此时的贾跃亭，显然已经是一个娴熟而自我陶醉的PPT大师，他激情而详尽地阐述了生态化反战略，宣布将“依托全新的互联网生态模式，打破边界、生态化反、蒙眼狂奔，创立互联网生态经济这一全新的经济形态”。在他的身后，每一幅精美的画面都充斥着让人热血沸腾的辞藻：“永远无知无畏，执着蒙眼狂奔”“对不起，那些年我们吹过的牛逼，正在一一实现”“世界往东，我们往西，颠覆者从来都是孤独的，你呢？”

有好事的人做了粗略的统计，在整个 2015 年，乐视先后开了 150 多场新闻发布会，也就是两天就有一场，这应该是企业史上的一个“吉尼斯纪录”。它一方面说明这家企业有数不清的新产品要迫不及待地告诉消费者，另一方面也呈现出“化学反应”的空前无序。

超级的贾跃亭，无疑给自己出了一道超级的大难题。

在全球范围内，迄今尚没有一家公司，能够在硬件的意义上实现生态化。其最大的困难是，没有一家硬件公司能够垄断技术的迭代，从而控制消费者的购买转移，而硬件互联的技术远未成熟。即便在不远的将来，万物互联成为事实，其中的公司生存及竞合模式，仍然是一个未知数。如果生态互联不能实现，那么，乐视所有的产业布局，从电视机、手机、汽车、金融到地产和智能家居，就是一个又一个的孤岛式战场。每个战场上的对手，无论在资本、技术、人才和品牌积累等方面，都大过年轻的乐视好多个级别。

古往今来，大小英雄，皆成于野心，败于野心。几乎所有的人都好奇地注视着在悬崖边“蒙眼狂奔”的贾跃亭。

在 2015 年，并不是所有的行业都在搏命狂奔，相反，一些在过去几年火爆热烈的领域，正在发生集体的“合并同类项”。正如英特尔传奇总裁安迪·格鲁夫所提示过的一个规律，当一个行业发生大规模并购的时候，便意味着“转折点”的到来。在今年，一度无比血腥的O2O领域终于迎来了战后重组时刻。

▲ 滴滴打车与快的打车联合发布声明，宣布战略合并

2 月 14 日情人节，程维和吕传伟同时发布公开信，宣布滴滴与快的正式合并。“打则惊天动地，和则恩爱到底。”程维写道，“我们和快的走到了一起，还拉着腾讯和阿里走到一起，一定很多人惊

呼，又相信爱情了。”他声称“这次合并创造了三个纪录，中国互联网历史上最大的并购案、最快创造了一家中国前十的互联网公司、整合了两家巨头的支持”。

其实，所谓的“爱情”应该是资本的爱情。倒是吕传伟在公开信中稍坦诚一点，他承认合并的主要原因还包括“恶性的大规模持续烧钱的竞争不可持续”、“合并后可以避免更大的时间成本和机会成本”。在新的公司架构中，程维和吕传伟出任联席CEO。不过事实上，“爱情”的蜜月期确实只有一个月，吕传伟在宣布合并后的30天里就出清了全部的股份，然后退出管理层。

4月17日，分类信息行业的一对欢喜冤家——58同城与赶集网宣布合并。在过去的几年里，双方在市场营销上互不相让，杀到刺刀见红，仅在2014年，两家的广告投放总和就超过15亿元。姚劲波一直谋求合并，而杨浩涌则百般不情愿。2014年7月，赶集网完成2亿美元的融资，杨浩涌收到姚劲波的一条祝贺短信：“浩涌，人生苦短，咱们聊聊？”在接下来的大半年里，平均一两个月，杨浩涌都会收到一条请求“聊聊”的短信，姚劲波还私下约谈了赶集的每一位投资人，“每人至少两次，每次至少两个小时”。

资本的耐心似乎也到了最后时刻，为了说服杨浩涌接受合并，赶集网的战略投资人老虎基金采取了最极端的做法——他们不顾与杨浩涌签过的排他性协议，直接把自己持有的赶集股份卖给了58同城，同时，他们开始说服其他投资人一起将股票出售给姚劲波。杨浩涌只好就范，在谈判的最后时刻，他提出多增加4亿美元，姚劲波回忆说，“我当时手上有一个酒杯，差点就扔出去了”。合并完成的6个月后，杨浩涌辞职，创办瓜子二手车网。

10月8日，美团与大众点评网正式宣布合并，新公司估值达150亿美元。这也是资本在背后撮合的结果，沈南鹏的红杉资本是这两家企业的A轮投资人。王兴承认：“我们和大众点评走在一起，红杉起到了关键的

▲ 美团和大众点评合并后，张涛抱着其他几位创始人哽声痛哭

作用。”在一个月后，张涛就从管理一线撤出，一张令人嘘唏的照片流传在网络上，张涛抱着其他几位创始人哽声痛哭。合并之后的新美大，成为一家吃喝玩乐一站式服务平台，覆盖全国超过 2 800 个市县区，拥有用户近 6 亿，日订单量突破 1 300 万单，2015 年总交易额超 1 700 亿元。

10 月 25 日，国内最大的旅游在线服务商携程与百度达成交易，以股票交换的方式成为去哪儿的最大股东。在过去的几年里，去哪儿在航线业务上给携程造成了巨大的挑战。今年 5 月，携程对去哪儿发出主动收购所有流通股的要约，去哪儿的创始人庄辰超以内部公开信的方式予以拒绝，并宣称，去哪儿才是最终的领导者。不过，仅仅几个月后，不堪巨额亏损的百度做出了放弃的选择。庄辰超很快辞职创业。

除了上述四起发生在O2O领域的重量级合并案，在 2015 年的互联网世界，还有另外几起独角兽级别的并购事件：1 月 4 日，腾讯文学全资收购盛大文学；12 月 7 日，在婚恋交友领域排名第一和第三的世纪佳缘与百合网合并；12 月底，同处杭州一城的女性服装电商网站美丽说和蘑菇街合并。

2015 年，可以被看成是中国互联网的“合并之年”，这意味着三个新特征的出现：其一，移动互联网的引爆性红利即将吃完，在经历了五年的高速扩容之后，今年中国市场的手机增长已陷入停滞，出货量竟比 2013 年还下降了 10.5%，增量生意宣告结束；其二，互联网服务市场已经趋于饱和，廉价流量消失，线上新客户的获取越来越困难，合并是降低竞争成本的唯一出路；其三，这些并购案既是资本推动下的结果，也预示着在这一领域，大的投资机会的结束，焦急的资本在谋求退出并寻找下一个风口。新美大的王兴认为，互联网竞争的下半场开始了，“下半场是ARPU值（每用户平均价值）的体现，是大数据和人工智能的突破，行业竞争模式从外部竞争升级到打造企业核心竞争力”。

今年参加两会的民营企业家达到了创纪录的规模。根据计算，在胡润百富榜上的1 271位富豪中，有203位是此次全国人大代表或政协委员，比例约为七分之一，在全部5 200余位两会代表中，他们的比例则为4%。这些富豪的净资产合计达2.9万亿元，这个数字相当于1992年年底的中国广义货币总量，或当今奥地利的国内生产总值。[①]

在两会期间，李克强总理在不同的场合下，两次被媒体问及：“为什么中国的消费者喜欢到日本去买马桶盖？”

近年来，中国出境游客大增，今年全年的出国旅行达1.2亿人次，比十年前增长了4倍，日本是排名第一的最受欢迎目的地。在旅行的同时，这些游客成了疯狂的“扫货团”，让人意外的是，他们购买的并非奢侈品，而是大量的日用商品，比如电饭煲、吹风机、陶瓷菜刀、保温杯、电动牙刷、眼药水，其中，最受欢迎的居然是马桶盖。日产马桶盖一点儿也不便宜，售价在2 000元左右，它有抗菌、可冲洗和座圈瞬间加热等功能，免税店的日本营业员用难掩喜悦的神情和蹩脚的汉语说：“只要有中国游客团来，每天都会卖断货。”

“去日本买只马桶盖”——这一令人耳红面赤的新闻，在今年成为争议最为激烈的财经话题。在一开始，它被嘲笑为消费者的脑残行为，但是很快，人们把讨论聚焦在现象的核心上：为什么那么多人漂洋过海去买马桶盖？他们是谁？中国的马桶盖企业该怎么办？

---

① 吴晓波频道专栏，“吴晓波：去日本买只马桶盖”，2015年1月25日。

▲ 松下电化住宅设备机器（杭州）有限公司，工人们在电子坐便盖生产线忙碌

人们发现，无论是马桶盖，还是电饭煲、吹风机或菜刀，中国都是全球最大制造国，俱被归属于“日薄西山”的传统产业。而那些赴日游客，无疑是中国当今的中产阶层，是理性消费的中坚，他们很难被忽悠，也不容易被广告打动，他们当然喜欢价廉物美的商品，不过他们同时更是“性能偏好者”，是一群愿意为新技术和新体验买单的人。

人们开始进而讨论，中国到底有多少中产阶层，社科院的数据是2.3亿人，据《经济学人》的计算，“20世纪90年代末之前，中国几乎没有中产阶层。2000年时，中国有500万户家庭的年收入在11 500~43 000美元；而今天这一数字达到了2.25亿户。到2020年，中国的中产阶层数量可能比欧洲还要多。”[①]马云和他的阿里研究院则认为至少有3亿人。无论如何，亿级理性消费者的出现，让所有的人开始重新思考未来的中国商业逻辑。[②]

“马桶盖现象”及中产阶层的崛起，极大地刺激了中国的经济界。

在决策层和理论界看来，这意味着新的消费动能的产生，“供需错配”

---

① “The New Class War”, *The Economist*, Jul 9, 2016.

② 中产阶层的定义及人数，一直众说纷纭。2011年，社科院发布《城市蓝皮书》，将家庭年收入在4.89万~11.19万元的家庭界定为中产家庭，约2.3亿人。2015年，《当代中国中产阶层的兴起》一书作者（苏海南、王宏、常风林）以家庭年收入在8.5万~22.5万元为标准，认为全国有2亿~2.5亿人为中产阶层，占全国人口的14.7%~18.4%。

为制造业的迭代更新提供了巨大的升级空间。在3月的全国两会上，李克强提出“互联网+”，呼吁制造业直面挑战，加快与信息革命的对接。11月，在中央财经领导小组的会议上，习近平提出“在适度扩大总需求的同时，着力加强供给侧结构性改革”的新改革目标。

至此，制造业的大洗牌进入决战时间。陷入困境的企业家们被告知，与其求助于外，到陌生的战场上乱碰运气，倒不如自求突破，在熟悉的本业里，咬碎牙根，力求技术上的锐度创新，由量的扩展到质的突围。

与中产阶层崛起相关联的另外一个现象是，出生于1990年之后的“90后”——他们被视为“天生的全球化一代”“互联网的原住民”，也是千万中产家庭的子女们，以非常突兀的方式冲进了人们的视野。

早在去年2月，万科集团邀请一位叫马佳佳的“90后”女生去讲课，她对台下的叔叔阿姨们说，“你们别再忙乎了，我们‘90后’压根不买房”。一言既出，弄得大家一愣一愣的。马佳佳是云南省高考语文状元，从中国传媒大学毕业的当天，她在学校附近开了一家创意情趣用品店，她一脸萌状地举着两只振动棒的照片，传遍了互联网。与那些苦大仇深的前辈创业者相比，马佳佳们的创业动机来自于“好玩”。

▲ 马佳佳

当然，爱玩的“90后”有时候也会把自己偶尔“玩坏”一次。

出生于1990年的余佳文在高二的时候就做了一个高中生交友网站，赚到人生的第一个一百万。2012年，他推出“超级课程表”，成为一个很火爆的校园蹭课和社交产品。他对手下跟他一样年轻的小伙伴们说：“我们都是野孩子，遇到问题解决不了就吵，吵不了就打，住院了我出钱。”去年 11 月，余佳文参加中央电视台的脱口秀节目《青年中国说》，说着说着把自己说兴奋了，当场夸下海口：“明年发一亿利润给员工开心一下。”今年 8 月，他再次出现在央视上，承认没有兑现“一亿分红”承诺，然后说，那就开一场“余佳文认怂会”吧。

其实，青春年代的每一次荒唐都是闪光的，它也许经不起推敲，却没有人有资格去嘲笑它。一直泡在产品里的马化腾对此的体会也许最深，他在今年的一次演讲中感慨地说：“创新永远属于年轻人。可能你什么错都没有，最后就是错在自己太老了。”

在今年，有人发明了“小鲜肉”一词，专门形容一批新冒出来的“90后”娱乐明星，这是一个很有歧义的网络名词，与年轻、欲望、男色消费有关。与他们有关的另外一个网络名词是“二次元”，即他们的造型及行为模式与动漫世界里的虚拟人物丝丝相扣。

他们是社交运动的产物。过往的明星制造路径，基本上延续了演艺产品—大众媒体关注—话题营销的三部曲，可是“90 后”明星们则大大缩短了发酵的过程，他们首先是在社交媒体里实现精准粉丝的聚集，而其渠道则是贴吧、QQ 群、微信朋友圈、微博名人排行榜等，在形成了相当的粉丝群体后，再反向引爆于大众媒体。

年初，百度公布了 2014 年度“品牌数字资产排行榜”，在“男星数字品牌资产”一项，根据数字内容量、关注度、参与度三大维度的综合评估，一位叫鹿晗的“小鲜肉”从数以千计的明星中跑了出来，名列第一。而此时，他在报纸、电视乃至新闻门户平台上几乎少有人知。

鹿晗出生于 1990 年，是一个土生土长的北京人，2010 年赴韩国读大学，在马路上被 SM 公司的星探发现，从此步入娱乐界。2012 年，鹿晗出道，担任偶像团体 EXO 乐队的主唱，在青少年社群迅速爆红。2014 年，鹿晗与 SM 解约，归国发展。就是这位绝大多数“90 后”以前的人都不太熟悉的少年，在去年 8 月 19 日发出一条新浪微博，单条评论数达 1 361 万条，创下吉尼斯世界纪录。

从两年前的“小时代”，到此刻的“小鲜肉”崛起，商业文化的审美主导权发生转移，娱乐幼齿化、圈层消费、小众传播等新的特点开始呈现。很显然，一个属于中产阶层的、轻快明亮而不无平庸的“镀金时代”，已然在混乱中翩翩而至了。

▲ 鹿晗的这张照片让这个邮筒成为热门景点，粉丝纷纷排队拍照

“知道鹿晗的请举手。”

在中欧商学院的课堂上，教授问正在听课的50位企业家学员，他们的平均年纪在40岁左右，正是这个国家的财富拥有者。他们茫然地互相张望，没有一个人举起手。

红地毯足足有50米那么长，栏杆的一边是100多台摄影机和相机，尽头是一块硕大的LED屏，靓丽高挑的女主持人还在热情地采访刘亦菲和宋承宪。邬霞抿着嘴唇有点紧张，她的同伴挽了挽她的肩膀。

2015年6月17日，邬霞坐火车赶到上海，参加第十八届上海国际电影节，当晚有一个盛大的“互联网电影之夜”。在过去的一年里，她参与了《我的诗篇》的拍摄，这是一部关于中国工人诗人的纪录片。

▲ 邬霞

邬霞的个子非常瘦小，平时很少穿的高跟鞋更是让她走起路来一摇一摆，并不像刘亦菲们那么的优雅。她今天穿着一件深粉色的吊带裙，这应该是她最喜欢的一款，是从深圳的地摊上买来的，70多元钱。在她的家里有一个衣柜，里面有十来件吊带裙，当摄制组去拍摄时，她一件一件拿出来给导演看。其实，邬霞在平时几乎没有机会穿吊带裙，她在深圳的一家服装工厂当烫熨工，每天工作十来个小时，大多数的双休日也要加班。

但是，邬霞是一个吊带裙控。在《我的诗篇》里，她说：“下班后，劳累了一天的姐妹们都睡下了，外面的月光很好，我会悄悄爬下床，穿上吊带裙，蹑手蹑脚地溜进女厕所，月光照在铁窗玻璃上，我照玻璃，看见自己穿裙子的样子很好看。”

邬霞是一个出生于1984年的工人女诗人。

她的家乡在四川内江，从小父母就外出打工，邬霞是第一代留守儿童。13岁的时候，还没有读完初中二年级的她也来到深圳宝安，成了一个打工妹。她的日子一直非常拮据，她的父亲在几年前因患重病而试图服毒自杀。现在，她是两个孩子的妈妈，一家人住在一间不到10平方米的出租房里。

过去的十多年里，邬霞在工作之余写下了300多首诗歌，却从来没有正式发表过，其中有一首，题为《吊带裙》。

包装车间灯火通明/我手握电熨斗/集聚我所有的手温/我要先把吊带熨平/挂在你肩上才不会勒疼你/然后从腰身开始熨起

多么可爱的腰身/可以安放一只白净的手/林荫道上/轻抚一种安静的爱情/最后把裙裾展开/我要把每个皱褶的宽度熨得都相等/让你在湖边/或者在草坪上/等待风吹

你也可以奔跑/但，一定要让裙裾飘起来/带着弧度/像花儿一样/我要洗一件汗湿的厂服/我已把它折叠好/打了包装

吊带裙/它将被打包运出车间/走向某个市场/某个时尚的店面/等待唯一的你/陌生的姑娘/我爱你

多么优美而略带忧伤的诗歌，它活生生地来自苦闷的生活，却又让人从石缝中看到漏进来的光。包装车间、电熨斗、厂服、市场店面，这些充满了僵硬的制造业气质的名词，第一次生动地进入汉语诗歌的殿堂，带着劳作的汗味和工业化的蒸汽。

秦晓宇是《我的诗篇》的文字导演，也是一个身形粗犷的诗评家，正是他发现了一个十分隐秘的事实：在当今中国，起码有一万名像邬霞这样的地下工人诗人，他们在生产线、建筑工地、矿井和石油工地上劳作，同时也在默默地用诗句记录自己的喜怒哀乐。

他们写青春与出口玩具，“我青春的五年从机器的屁眼里出来/成为一个个椭圆形的塑料玩具/售卖给蓝眼睛的小孩”；

他们写劳动与死亡，“一颗螺丝掉在地上/在这个加班的夜晚/垂直降落，轻轻一响/不会引起任何人的注意/就像在此之前/某个相同的夜晚/有个人掉在地上”；

他们写矿难，“原谅我吧，兄弟们/原谅这个穷矿工，末流诗人/不会念念有词，穿墙而过/用手捧起你们温热的灰烬/与之进行长久的对话”；

他们写断指，“我写过断指/写过他们缠着带血的纱布/像早产或夭折的婴儿/躺在长三角，珠三角……/这些产床上”。[①]

那天晚上，对邬霞来说，走红地毯是一件煎熬人的事。

她和秦晓宇等人站到签名大屏前面，摄像机们象征性地举起，然后快速地放下，几分钟后即将到来的李易峰才是真正的高潮。在那个尖叫声四起的“互联网电影之夜”，《我的诗篇》无疑是最没有娱乐精神的一部冷片。

冷遇是一个已经习惯了的常态。秦晓宇曾在北京皮村举办过在线诗歌朗诵会，十多位工人诗人到场，“微吼”用出了吃奶的劲推广，也只售出200多张票。天津大剧院举办两场大型朗诵会，第一场售票30张，第二场售出10张。

在第十八届上海国际电影节上，《我的诗篇》作为唯一一部进入决赛阶段的中国影片角逐金爵奖最佳纪录片。一个值得注意的现象是，在此次入围的五部电影中，居然有三部不约而同地聚焦于工人题材，美国导演的《夜宿人》反映外来务工人员与城市资源间的矛盾，韩国导演的《工厂奏鸣曲》对韩国“血汗工厂”进行了反思。至少在这个意义上，中国的电影人没有缺席，中国工人没有缺席。

让邬霞高兴的是，《我的诗篇》最终夺得了电影节的最佳纪录片奖，这是历史上的第一次。她跟秦晓宇等一伙人去衡山路上好好涮了一顿火

---

① 《我的诗篇：当代工人诗典》，秦晓宇编，作家出版社，2015年。

锅，然后回到深圳，继续自己的打工日子。拍摄和得奖，如同她的吊带裙被微风吹拂了一下，没有留下任何的痕迹。

对于邬霞来说，人间所有的遭遇，一半是诗意，一半是苦难。你将历经沧桑，我已竭尽绵力。

2016 黑天鹅在飞翔

感觉身体被掏空
我累得像只狗
十八天没有卸妆
月抛带了两年半

——彩虹室内合唱团，《感觉身体被掏空》

很多中国网民知道特朗普这个人，是因为在视频网站上看过一档叫《学徒》（*The Apprentice*）的节目。真人秀模式刚刚引入中国的时候，《学徒》是一个常常被提及的求职类案例。

特朗普是这档真人秀节目的投资人，同时也是唯一的主角。节目组在全美招12位年轻人，到纽约跟特朗普当学徒，他们被分成两组，每集由特朗普安排一个经营项目。两队中输了的一方，由特朗普裁决谁负主要责任，然后解雇之，最后获胜者可以赢得担任特朗普集团一个公司经理一年的机会。

“You are fired.”（你被解雇了。）——这是每集

节目的最后片尾语，据说，因节目的火爆，它在当年成了一句流行北美的口头语。

在《学徒》中，特朗普就是一个夸夸其谈的商人，炫富，张扬，好色，满嘴跑火车。如果在几年前，有人悄悄告诉你，他就是以后的美国总统，你一定会认为他吃错药了。

不过，在2016年11月，这个没有任何从政阅历的地产商真的当上了总统，被“解雇”掉的，是教科书般的女政客希拉里·克林顿。

▲《新闻周刊》的两个封面

在竞选期间，特朗普扮演了一个偏执的民粹主义者角色，他宣布当选后签署的第一个法令将是宣布中国为汇率操纵国，他威胁要在美国与墨西哥之间砌一道隔离墙并遣返数以百万计的非法移民，他的执政口号是“美国利益优先”（America First），在产业政策上，他发誓要让更多制造工厂重新回到美国。

特朗普的当选是一个典型的“黑天鹅”事件，《新闻周刊》甚至早早做好了以希拉里的照片为封面的特刊，选举结果公布后，不得不尴尬地赶紧撤版。

今年发生的另外一起令人大跌眼镜的国际事件是英国脱欧。

6月24日，不顾经济学家、盟友与本国政府的不断提醒和警告，英国民众通过公投的方式，选择抛弃其已拥有40多年的欧盟成员身份。一时之间，英镑暴跌，美元和黄金大涨，亚洲股市剧烈震荡，英国首相卡梅伦宣布辞职。《经济学人》哀伤地写道："一年之前，几乎没有几个人能够想到这个事情真的能发生。尽管许多英国人对欧盟充满了抱怨，抱怨其愚蠢的规章制度、不断膨胀的预算以及华而不实的官僚体系，但欧盟毕竟是过半英国外贸出口的目的地。然而，就在今天，一切都无可挽回了。"①

"黑天鹅"的出现，固然令人意外，但是并非无迹可寻。自从 2008 年之后，全球化浪潮日渐式微，随着通货紧缩的蔓延，各个国家的保守主义和民粹势力纷纷抬头，俄罗斯的普京、日本的安倍晋三无一不是靠着本国利益第一的强硬策略赢得了民意。而在欧洲的其他国家，譬如德国、法国及意大利，右翼力量日趋强大。发生在今年夏天的两起"黑天鹅事件"，无非是这一趋势的极端化呈现。

在各个经济大国之中，中国显得十分另类，它似乎成了唯一一个全球化战略的拥趸国。在今年的 9 月，中国政府承办了本年度的 G20 峰会，这是新中国成立以来规格最高的国际政治会议，峰会的主题为"构建创新、活力、联动、包容的世界经济"。路透社在评论中认为，"2016 年的 G20，将使中国成为全球治理进程的主要协调者"。

如果说，特朗普是政治世界里的"黑天鹅"，那么，在科技世界里也出现了一只让人瞠目结舌的"黑天鹅"，它的名字叫阿尔法狗（AlphaGo）。今年 3 月，谷歌的这个智能机器人毫无悬念地击败了围棋世界冠军李世石。

机器大脑对人脑的挑战，早在 20 年前就开始了。1996 年，IBM 的超级电脑"深蓝"在一场载入史册的人机大战中，以 2 胜 1 负 3 平的战绩击败排名第一的国际象棋高手卡斯帕罗夫。2005 年，科技学者库兹韦尔出版《奇点临近》，大胆预测到 2027 年电脑将在意识上超过人脑，2045 年左右，"严格定义上的生物学上"的人类将不存在。他激情地预告道，"我们的未

① "A Tragic Split", *The Economist,* Jun 24, 2016.

来不是再经历进化，而是要经历爆炸”。[①]

库兹韦尔近乎疯狂的猜想，正在一步步地走向真实。在过去的十多年里，人工智能AI的发展速度超出所有科学家的预计，而它对人类工作的替代效应也开始清晰地呈现出来。在去年的4月，苹果公司发布2015财年第一季度财报。没过几分钟，美联社的报道《苹果第一季度营收超华尔街预测》出炉，这篇行文流畅的报道是由“机器人记者”完成的，它每个季度能写出3 000篇这样的报道，同时对美联社的写作风格了如指掌。

比新闻记者更担心自己未来饭碗的，还大有人在。摩根大通利用AI开发了一款金融合同解析软件，经测试，原先律师和贷款人员每年需要36万小时才能完成的工作，这款软件只需几秒就能干完，它的错误率非常之低，更重要的是，它还从不放假。另外一家金融机构高盛在人工智能上的试验同样令人吃惊，在2000年的时候，高盛在纽约总部的美国现金股票交易柜台雇用了600名交易员。但到去年，这里只剩下两名交易员“留守空房”。高盛宣称，自己其实是一家“科技公司”。[②]

如同特朗普的当选是反全球化浪潮的极端呈现一样，阿尔法狗与李世石的对弈，也是人工智能进步的一次公众意义上的引爆，它以不动声色的方式挑战——甚至在某些人看来是“侮辱”了人类的智力。“人会有心理上的摇摆，即使知道准确的答案，在下子那一刻还是有可能会选择另一条路，考虑其他的选择。但阿尔法狗不会有任何的动摇，这就是我所面对的最大困难。面对毫无感情的对手是非常难受的事情，这让我有种再也不想跟它比赛的感觉。”李世石的这番话道出了人类面对一个自己创造出来的，却比自己更聪明的机器时的内心恐惧，他在第二局落败时黯然落泪的镜头，让所有目睹者惊心而忐忑不安。

---

① 《奇点临近》，[美] 雷·库兹韦尔著，机械工业出版社，2011年。

② 交易大堂：2017年10月27日，香港联交所永久性地关闭了交易大堂，港剧《大时代》中的喧闹场景永不再现。

当然，这些属于人类的柔软的情感波动，在科技进步面前都不堪一击。在几乎所有的商业观察家看来，大数据与人工智能将在不远的将来颠覆几乎所有的行业。问题仅仅在于，你是颠覆者还是被颠覆者。

今年9月，李彦宏在一次演讲中认定“互联网的下一幕，就是人工智能”。在过去的几年里，这家搜索公司在移动互联网的冲击下一直找不到北，股价低迷，人心涣散。就在去年的6月，李彦宏还发誓要砸200亿元在O2O市场，全力扶持百度外卖和百度糯米。然而仅仅一年多后，他似乎突然抓到了真正的“王牌”。李彦宏宣称，百度在三年前就启动了百度大脑计划，现在它已经具备了大概三岁孩子的智力水平。在这位计算机科学硕士出身的企业家看来，“中国人可能天生就适合干这个事”[①]，在人工智能方面，很多学术论文，都是中国人写的。在他的力邀之下，微软全球执行副总裁、人工智能顶级专家陆奇加入百度，出任首席运营官。

百度的战略转向，在企业界不是孤立的现象。在2015年年初，中国的机器人公司约有260家，到2016年年底，已经超过了2 600家。科大讯飞在智能人工语音和超级大脑领域，取得了引人瞩目的成就，董事长刘庆峰宣布该公司正在研发一款“人形应答机器人”，“我们的目标是在不久的将来让它去参加高考，被重点大学录取”。[②]深圳的大疆无人机在2016年实现了100亿元的营业收入，在无人机领域的技术水平领先全球。富士康在它的郑州、成都和昆山基地新增了四万台机器人，郭台铭的“百万机器人”计划看来正在有条不紊地进行中。

在今年，最令人振奋的新闻是，广东的美的公司以292亿元的代价收购德国库卡，后者是全球领先的机器人及自动化生产设备和解决方案的供应商，在汽车工业机器人行业位列全球市场前三、欧洲第一。《纽约时报》在一篇报道中警告说：“中国在人工智能的军备竞赛上正在赶超美国。”

---

① 2017年6月29日，李彦宏在首届世界智能大会上的演讲。

② 纽约时报中文网，“中国人工智能赶超美国不是梦话”，2017年2月4日。

中国人的雄心引起了欧美列国的不安。

今年10月1日，人民币加入国际货币组织的特别提款权（SDR）货币篮子，成为继美元、欧元和日元之后的第四种储备货币，这意味着人民币国际化迈出了决定性的一步。也就在过去的一年多里，中国资本成为全球产业领域最凶猛的收购者，有媒体惊呼，“中国人正在用人民币的泡沫淹没全世界”。

在今年，有超过200家德国公司被中资收购，其中很多是有数十年乃至百年历史的“隐形冠军”，德国政经界对此惊恐不已，经济部长公开反对库卡收购案，他认为，库卡的自动化技术需要“远离中国之手”。默克尔内阁出台新规，限制非欧盟企业对德国公司的收购，其中，主要针对的就是中国资本。[①]

到2016年1月底，中国有25 461支私募股权投资基金，可投资规模4.29万亿元。这数万亿资金像饿狼一样地四处觅食，嗷嗷待哺。随着O2O狂潮的落幕，他们相继盯上了大数据、无人机、虚拟现实、人工智能、区块链、生物医疗及新材料等，但是这些领域的技术变革都尚处在黎明阶段，变现并不容易，于是，任何能够带来用户流量和现金流的项目都被认为是性感的，遭到疯狂的追捧。

在今年，这样的赛道有两个，一个是网络直播，一个是共享单车。

第一个让直播在中国火起来的是争议人物王思聪。这位出生于1988年的年轻人是首富王健林的独子，2010年从英国读书归国后，他开通了自己的新浪微博，很快以挑衅名人、辣嘴评点娱乐明星而名声大噪，成为微博世界里最受“欢迎”的博主。他从不避讳自己对女生的追求，因而落下一个“国民老公”的痞号。而实际上，首富之子是一个颇精明的生意人。

---

① 美国荣鼎咨询公司的一份海外并购报告显示，2016年，中国对德国投资增长将近10倍，从2015年的13亿美元暴增至2016年的121亿美元。

2015 年 6 月，他借鉴美国新冒出来的两款移动直播社交产品 Meerkat 和 Periscope，投资了直播平台 17，用户在线直播视频内容，与平台广告分成——平均一千人观看收入有一元钱，达到 100 美元可以提现。这款应用上线三月，就登顶中国区苹果商店免费榜的榜首，在这期间，17 直播了男生吸毒、女生洗澡，甚至做爱的全过程，9 月 30 日，17 被强行下架。

王思聪的被禁，不但没有遏制直播，反倒迅速催热了这个产业。在接下来的一年，全国先后出现了 200 多家直播公司，一时间“全民直播”“不直播无网红”。到今年的 4 月，直播注册用户超过两亿，大型直播平台每日高峰时段同时在线人数接近 400 万，同时进行直播的房间量过万。除了创业公司，几乎所有的大型互联网公司都迫不及待地推出了自己的直播产品，腾讯更是一口气开通及投资了 9 个直播平台。阿里巴巴推出淘宝直播和天猫直播，试图尝试“边看边买”的新购物模式。

▲ 上百位“网红”手持手机和环形自拍灯在现场直播发布会

平台林立的背后，当然涌动着无数的风险投资人。到11月，已经有31家公司宣称自己拿到了天使轮或A轮投资，累计融资额达108亿元，映客、花椒等更被认为是下一个“独角兽”或百亿级企业。其实，在今年3月，直播鼻祖美国的Meerkat已经轰然倒下，Periscope在去年被推特收购，直播衍变为一类插件型工具，红利转向大型平台级公司，而在中国，在投资人的鞭策下，独立的直播公司仍然希望通过烧钱杀出一片天地。

在这一过程中，直播公司之间互挖墙脚，大打口水战，用机器刷票、自己给自己撒花打赏等行为，更是成为行业公开的秘密。[①]位居行业之首的映客在今年的1月，三次被苹果应用商店下架，原因是“刷榜”，而映客投资人的解释是，“映客很委屈，其实是竞争对手在帮映客刷排名。中国互联网市场环境很恶劣，竞争不择手段”。《中国企业家》在一篇报道中，颇为讽刺地评论说：“这里有运营资本的上层大鳄，有追名逐利的直播平台和经纪公司，也有‘被现实×翻了的’草根民众，直播间的争斗、狂欢、自我催眠，俨然搭建起一个‘第三空间’。”

如果说资本在直播行业杀得人仰马翻、底线全无，那么在共享单车领域，他们已经像贾跃亭所形容的那样，只知道蒙眼狂奔了。

最早提出“共享单车”这个概念的是戴威，一个出生于1991年的北京大学前学生会主席。2015年6月17日，戴威写了一篇《这2 000名北大人要干一票大的！》的网文，呼吁2 000名北大师生贡献出自己的单车，“通过ofo公众号，可以注册消费、获取单车密码”，随后1天内，ofo收到了400多份申请。三个月后，ofo共收上来1 000多辆车，他们为这些车上

① 映客的财务数据显示，在2016年实现43.38亿元的营业收入，其中，有210个用户至少打赏了100万元，有409位打赏在50万元到100万元之间。这组数据引发很大的猜想。

了车牌、刷了漆、装了机械锁，不需要钥匙，根据密码就能打开。到2016年1月，ofo走出了北大校门，在人大、北航、北师大等15所高校同时运营，获得40余万注册用户，服务近100万高校师生，日订单量达到1万。

金沙江是第一家找到戴威的风险投资机构，在1月底，它以一亿元的估值拿到了10%的股份。投资人快速替戴威算了一笔账：如果每天每辆车的使用频率是8次，每辆车成本200元，骑一次0.5元，两个月就回本，更有意思的是，用户要支付99元的押金，因此，现金流非常之好。

这样的计算公式告诉戴威，为了增加投放量，单车未必需要来自共享，而应该自己生产。也就是说，在戴威提出"共享单车"这个概念的半年后，ofo的商业模式已经与共享无关，而衍变为分时租赁模式。这个名词一直被使用下去，大概是因为它与朗朗上口的共享经济有关。

正当ofo在北京高校流行起来的时候，在南方的上海，一位女记者出身的创业者推出了摩拜单车。

"80后"胡玮炜曾在《每日经济新闻》、《新京报》和极客公园做了将近十年的汽车记者，当她把共享单车的构想告诉她的前老板、极客公园的创始人时，后者的第一个反应是"疯了吧，这个坑太大了"。胡玮炜说："不是你教我说要相信'相信'的力量吗？"她的前导师回答说："姑娘，我其实还有一句话没有跟你说，除了要相信'相信'的力量，你还要学会计算的力量，摩拜单车的自行车肯定会全部被偷光。"

把桀骜不驯的意大利女记者法拉奇视为人生偶像的胡玮炜有着不认命的个性，她决定照自己的想法走下去。跟ofo不同的是，从第一天起，摩拜就着手自己造车，而从第一天起，它就在四处谋求资本的支持。

2016年年初，胡玮炜造出了她的第一辆车。与众不同的是，它使用了带有定位功能的智能锁和免充气轮胎，在摩拜团队看来，一辆扔在马路上的单车起码得能使用50个月，因此摩拜单车重达48斤，比普通单车重出一倍多，造价更是高达2 000元左右。

摩拜的第一家投资机构是愉悦资本，当胡玮炜还在闭门造车的时候，它就投入了近300万美元。当第200辆车试用上路的时候，熊猫资本、创新工场和祥峰中国基金入局。2016年4月，摩拜单车正式上线，并在上海投入运营，它的押金是299元。很快，资本如猎犬一样地蜂拥而至。

共享单车之所以在2016年成为投资界最大的热点，除了金沙江算的那笔账之外，还有两个重要的原因。其一，自滴滴一统江湖之后，出行市场只剩下“最后一公里”的难题，而共享单车无疑及时地填补了这个空白。其二，公共自行车早在2009年就进入了中国，但一直是一项非营利性公共配套服务，而且推行的是划定区域、有桩停放的制度，ofo和摩拜不但发明了分时租赁的商业模式，更是以无桩停放、随停随骑，为使用者提供了空前的便利性。政府机构面对这一便民的新生物种，无从判断，便任由其野蛮发展。

于是，天时地利似乎都站在共享单车这一边。一辆单车投放市场，如果能够绑定10个用户，押金收入就是1 000~3 000元，如同投放了一台流动的吸储机。很快，北京、上海等大中城市的各条人行道都被小黄车（ofo）和小橘车（摩拜）一一占领，甚至在地铁口和闹市区，密密麻麻的单车侵占了所有的公共空间，它引发了一场关于“公地悲剧”的争议。[①]

2016年9月底，滴滴宣布战略投资ofo，“市场迅速沸腾了，仅仅一个星期时间，如果你人不在北京，基本上就投不进去了”。尽管并不是所有的投资人都看懂了共享单车的模式，可是在一派沸腾的氛围中，人人都担心自己错过了这辆正在飞驰起来的小小单车。《财经》记录了一个小细节：红杉资本的沈南鹏为了投资摩拜，给相关人打了40分钟电话：“就为了一点点份额，他不断跟你说，咱这关系，咱关系这么好为什么还不给我这份额？”[②]

---

① 公地悲剧：公地作为一项资源或财产有许多拥有者，他们中的每一个都有使用权，但没有权力阻止其他人使用，而每一个人都倾向于过度使用，从而造成资源的枯竭。

② 《财经》，“共享单车的战争：中国资本局中局”，2017年4月第9期。

到今年年底，摩拜和ofo各自完成了五轮融资，它们的身后分别站着几乎所有重量级的风险投资机构，一边是高瓴资本、华平投资、腾讯、红杉资本，另一边是滴滴、经纬和金沙江等。与创业者戴威、胡玮炜相比，投资人显然更焦急地希望看到战争的结局，10月，金沙江的朱啸虎高调预言，“90天内结束战斗”。

战斗当然不可能这么快就结束，相反，有越来越多的参战者加入混战。小蓝车、小白车、小绿车相继上街，人们先是调侃“集齐七种颜色是不是可以召唤神龙”，紧接着第八种、第九种颜色出现，到年底，市场上冒出来30多家共享单车公司，人们的感慨变成“颜色好像不够用了”。

▲ 共享单车“坟地”

与风险投资领域的泡沫相呼应的是，深沪两市也在经历了不堪回首的暗黑一年后，渐渐放出了一丝明亮的曙光。去年闯下大祸的证监会主席肖钢于2月20日被调离岗位，此后再无任用。在离任之前，他还弄出了一个“熔断”闹剧。

熔断制源于美国，指在交易过程中，当价格波动幅度达到某一限定目标时，交易将暂停一段时间。这类似于保险丝在过量电流通过时会熔断，以保护电器不受到损伤。今年1月4日，上交所、深交所正式发布指数“熔断”规定：当沪深300指数涨跌超过5%时，将暂停交易15分钟，全天任何时段涨跌超过7%，将暂停交易至收市。

谁料，这一匆匆出台的舶来政策完全不适用于中国。股市一开盘，很快跌至“熔断点”，仅仅4个交易日，股民就损失了5.6万亿。到1月7日，两市紧急叫停“熔断”，它也因此成为中国证券史上最短命的股市政策。

接替肖钢的，是长期在央行工作、曾主政中国农业银行的刘士余。他一改前任政策，先是明确中止上交所战略新兴版的计划，接着暂停注册制，从而化解了股民的扩容担忧。到4月底，很多股评人士认为股市的下行态势企稳，已经进入安全区间，一些激进的股评家开始鼓吹乐观情绪，在2014年年底提出“国家牛市”的任泽平高喊“举着党章冲进A股”。

后来发生的事实是，在整个2016年度，股指仍然处在微度下滑的通道中，而个股行情则变得极其活跃。刘士余做出的最坚决的决定是，贯彻中央意志，在维持股指相对稳定的前提下，加快直接融资的力度，以吸引更多的民间资本投资于实体企业。暂停于去年4月的IPO从6月开始提速，全年共核准275家企业的首发申请，其中第四季度约占全年的一半，筹资总额1 817亿元。

市场情绪的稳定及个股活跃，终于让亿万股民平复了焦虑的情绪。

与此同时，监管当局一改躲闪态度，对资本市场的投机势力，予以了明确的打击。去年闹得满城风雨的宝万事件，在今年秋冬，突然出现戏剧性的情节反转。

为了遏阻宝能的入主，王石一边停牌，一边在焦急地寻找结盟者，他得到了深圳市政府的支持。3月12日，万科董事会宣布以定向增发的方式，引入深圳地铁集团为战略投资人，涉及金额约300亿元。第一和第二大股东宝能系、华润立即发表声明，认定此举违规。双方矛盾再度激化。

6月26日下午，宝能系公开发起罢免王石案，理由是“长期游学脱岗仍领酬5 000万”，而万科已成为被内部人实际控制的上市公司，言下之意，接着将“血洗”管理层。

按照常规的公司治理逻辑，大股东的意志几乎就代表了最后的决定。就当大家都等着王石发表辞职感言的时候，他却在微信朋友圈里发了两条意味深长的消息，一条是表达对华润的不满：“当你曾经依靠、信任的央企华润毫无遮掩地公开和你阻击的恶意收购者联手，彻底否定万科管理层时，遮羞布全撕去了。好吧，天要下雨，娘要改嫁。还能说什么？”另一条是回应姚振华的“逼宫”：“人生就是一个大舞台，出场了，就有谢幕的一天。但还不到时候，着啥子鸡（急）嘛。”

7月20日，证监会终于出手干预，一个处理宝万事件的领导小组成立，深交所同时对万科和宝能系发出监管函，批评前者向非指定媒体透露了未公开重大信息，对后者则严厉警告“经多次督促，仍未按要求上交股份权益变动书”。孰轻孰重，明眼人一看便知。

此时的宝万风波已经引起了最高决策层的密切关注，它成了实体经济与资本力量博弈的标杆性事件。

《南方都市报》在6月底刊出一则调查报道，详尽描述了宝能系对深圳另一家上市公司南玻集团的“血洗案”。同样也是在2015年，宝能在二级市场大量买进南玻A股份，经过前后5次举牌，合计拥有了21.8%的股份，成为第一大股东。紧接着管理层与资本方的矛盾空前激化，导致多名高管相继辞职，而在今年1月的董事会改选中，补选的四位董事中有三位为宝能系干部。据记者的调查，“宝能系的资本运作具有一定的套路，从资金上看，基本上都通过质押前期买入的股份再融资再扫货”。

宝能对南玻的进击基本上是宝万事件的预演版。在今年的年中，阳光人寿举牌吉林敖东，安邦人寿举牌中国建筑，险资的频频出击引起实体界巨大的恐慌。

11月中，姚振华继续故伎重演，此次的狙击对象换成了铁娘子董明珠的格力电器。在短短的8个交易日内，宝能系“暴力”买入格力股票，由第六大股东升至第三大股东。董明珠勃然大怒，12月12日，在中央电视台举办的一次财经论坛上，她以“大国重器，智造未来”为题发表演讲，怒斥：“你们还是中国人吗？很多人用经济杠杆来发财，那是对实体经济的犯罪！”

实体企业家的集体愤怒，显然构成了一股不可忽视的力量。12月3日，刘士余在一次公开活动中，罕见的情绪激动，他用前所未见的严厉口吻警告说：“我希望资产管理人，不当奢淫无度的土豪、不做兴风作浪的妖精、不做坑民害民的害人精……你用来路不当的钱从事杠杆收购，行为上从门口的陌生人变成野蛮人，最后变成行业的强盗，这是不可以的。这是在挑战国家金融法律法规的底线，也是挑战职业操守的底线，这是人性和商业道德的倒退和沦丧，根本不是金融创新。”

在证监会公开亮明立场的同时，一直态度暧昧的保监会也立即表态“保险业姓保，保监会姓监”，12月5日，保监会叫停前海人寿、恒大人寿等6家公司的互联网渠道保险业务。2017年2月，保监会发布处罚公告，判定前海人寿存在编制提供虚假资料和违规运用保险资金等6项具体违规行为，姚振华10年内不得进入保险业。

2017年1月，华润宣布将所持有的15.31%万科股份全数转让于深圳地铁，套现372亿元，告别了这段长达16年的别扭婚姻。6月，恒大也宣布将所持14.07%的股份转让于深圳地铁，对价292亿元，以浮亏70亿元灰头土脸地离场。至此，深铁一跃而成为万科第一大股东，套在王石和郁亮头上的“姚氏紧箍咒”应声跌落。

无论从任何角度看，宝万事件的发生及结局，都带有浓烈的中国特色。

因牌照制的普遍存在，以及金融混业改革对现有监管体系的政策冲撞，使得任何原教旨式的市场化立场，都无法适用于渐进改革的中国商业世界。行政干预的正当性、必要性及其边界，在过去的三十多年里，从来没有在理论或实操的层面上被设定清楚，这一景象在下一年，仍将出现在民营企业跨国投资的风波中。

在这个意义上，姚振华有他无处诉说的委屈，而王石、董明珠们的惨胜，则既是他们的侥幸，也是他们的悲哀。

从 2012 年之后，能源产业已经低迷了四年多，全国的港口堆满了铁矿石，原材料价格持续低迷。

在区域经济层面，情况最糟糕的应该是东北地区。在刚刚过去的 2015 年，吉林、黑龙江、辽宁 GDP 增速分别为 6.5%、5.7% 和 3%，在全国各省市的排名榜上，东北三省与山西包揽最后四席。

2015 年 8 月 3 日，中国一重董事长吴生富自杀身亡。这家企业始建于 1954 年，是中央管理的涉及国家安全和国民经济命脉的 53 户国有重要骨干企业之一。当年度，中国一重亏损 17.5 亿元，一位熟识吴生富的人士对《中国企业家》记者说："在他去世前不久我们还聊过，他对于中国一重在他的带领下陷入现在的困境感到十分焦虑，而且他还说未来看不到前景。"

记者在东北走访时，看到的景象是"重工产业一片哀鸿。在工业重镇辽宁省沈阳市，位于经济开发区开发大路两侧的大型重工企业几乎无一幸免"。

比工厂萧条更揪心的是，年轻人的出走和资本的不肯进入。在过去的 10 年里，东北的人口一直呈现净流出的态势，在黑龙江农垦系统，每年考上重点大学的近 2 000 人，但这些学生在毕业后几乎都不会回来。在近几年，投资界出现"投资不过山海关"的说法，对东北的政策环境表达了极大的不信任。

从 5 月 20 日起，国务院派出 9 个督查组赴北京、河北、山西、辽宁等 18 个省（区、市），对促进民间投资健康发展情况开展专项督查。据

▲ 困难的矿区

新华社报道，分赴各地的督查组主要发现了四大类问题，包括：屡遭“白眼”频“碰壁”，公平待遇未落地；抽贷、断贷现象突出，融资难仍普遍存在；“门好进、脸好看、事不办”，审批烦琐依然突出；成本高、负担重，影响企业投资意愿等等。

其中，最令人担忧的正是民间投资乏力。民间固定资产投资同比只增长了3.9%，相较于去年年底民间投资10.1%的增速，可谓断崖式下跌。作为民营经济大省的浙江，上半年民间投资增速呈现出罕见的低位，从9.2%骤降至4.5%。

70岁的曹德旺没有想到会在晚年突然出了一回名，原因是他对媒体讲了一句“大实话”：“在中国办工厂的成本，除了人便宜，什么都比美国贵。”

曹德旺的福耀玻璃是中国最大的玻璃生产商，10月26日，《华盛顿邮报》在头版刊登了他在美国俄亥俄州投巨资办厂的新闻。“这间庞大的工厂大到足以装下 41 个橄榄球场，它是福耀的最大单笔投资，满负荷运行时将有 2 500 人在此工作。此前，福耀已经在伊利诺伊州开设了一座生产原片玻璃的工厂，并在密歇根州设立了一座装配工厂。总投资额将达到约 10 亿美元。”[1]

“曹德旺跑了”，这个新闻在国内引起了不小的争论，人们拿他与“跑路的李嘉诚”相提并论，质疑他为什么要跑去帮助特朗普发展美国经济。而曹德旺则对《第一财经》的记者算了一笔账，“中国制造业的综合税务跟美国比的话，比它高 35%”。

具体的账是这样的：“美国没有增值税，我们有增值税。他只有所得税，你赚到钱，他的所得税 35%，加地方税、保险费其他的这些 5 个百分点，就是 40%，因此在美国做工厂的利润比中国高。在工业用地上，美国的土地基本不要钱。能源，电价是中国一半，天然气只有中国的五分之一。运输成本，美国的运输成本算下来，一公里还不到一元钱人民币，我们这里过路费比较高。便宜的只有劳动力成本，蓝领是中国的 8 倍，白领是中国的 2 倍多，白领便宜，蓝领贵。即便这样，中国制造业的劳工成本上升得很快，在过去的四年里，福耀工厂的工人工资涨了三倍。”

再具体到一块玻璃上，“做一片夹层玻璃，在中国要 1.2 元，在美国要 5.5 元。我们出口美国，出口是先征后退，在这基础上还要交 4%，这样，一块玻璃出口需要交 1 元多税钱，这就省去了 1 元多。那么在美国还有电价便宜，气价便宜，还有很多优惠条件，总的来说，算起来它那里比这里，总利润会差 10%”。

曹德旺的这个账算得很精细，让人无从反驳。这位心直口快的老企业家说：“整天讲明年会好，明天会好，谁不想明天好。不切实际地去做那明天会好吗？我不这样认为。我认为我们应该改变这个方式。”

似乎为了应和曹德旺的算账，在 11 月初举行的“大梅沙中国创新论

---

① “A View of The Road Ahead”, *The Washington Post,* Oct 26, 2016.

坛”上，天津财经大学教授李炜光提出了“死亡税率”这个新名词。根据统计，在2015年，我国企业的大口径宏观税负约为37%——最高的年份曾达到40%左右。在李炜光看来，如果企业的总体税负达到30%~40%之间，就有可能导致企业留利过低，失去投资和创新的能力，税费征到这个份儿上，就属于“死亡税率”了。

中国实体产业的困局与转机，还可以从一包方便面里读出来。

在2016年，你随便跑到小区的便利店买回一包康师傅“香爆脆”干脆面，袋包装，100克，零售价为1.5元，它被老板堆放在后架一个不起眼的角落，显然是一个早已被冷落的廉价食品。

如果时光倒流到1986年，在各个城市的便利店里，这包方便面一定被摆放在最为显眼的前柜，它的标价是0.35元。

三十年以来，中国城市居民的可支配收入增加了41倍。在1986年，一位上海应届大学毕业生的月薪为76元，2016年的平均月薪为4 990元，而方便面的价格却只涨了四倍。也就是说，方便面肯定是当今中国涨价幅度最小的食品，也是性价比最高的食品。

可是，在过去的2015年，方便面产业陷入了空前的危机之中。全行业销售下滑12.5%，这个行业里最大的企业康师傅净利润下降41.9%，几乎是断崖式的坠落，22家龙头企业中，已经有6家宣布退出市场。

作为一种最便捷的食品，方便面由华裔的日本人吴百福发明于1958年，当时正值日本战后重建的繁忙时代，方便面大大提高了人们进食的速度，从而有更多的时间投入于生产劳动。它进入中国的时间是20世纪80年代中期，与20世纪50年代的日本几乎处在非常类似的经济重建期，所以很快就受到了市场的欢迎。

从数据上看，方便面的巅峰时间出现在2012年，那一年，全球方便面销售突破1 000亿包，其中，中国大陆市场占到了440亿包，相当于每人每年平均吃掉34包。也就是从这一年之后，方便面的销量掉头下滑，几年之后，终于沦落为一个夕阳级品类。

一袋方便面里，藏着中国消费和产业转型的两个大秘密。

第一个秘密是消费升级。

在过去的几年里，对食品饮料行业影响最大的，不是互联网模式，而是人们的健康理念的迭代。中产阶层的崛起以及公共健康意识的觉醒，使得人们越来越关注添加剂、转基因、纯天然等概念，相对应的，以方便面为代表的强加工型、含有大量添加物的食品或油炸类食品，被一概视为了“垃圾食品”。

这一趋势是不可逆的，它直接导致了整个快消品市场的势力版图正在发生剧烈的变化。

今年一季度，康师傅除了方便面业务持续下滑之外，其饮料产品线也出现滑坡，收入同比下跌5.4%，净利润更是大跌36%，旗下的茶、果汁、水的销量悉数下跌。另外一家大型企业娃哈哈，也已经连续三年业绩下跌，特别是它的明星级产品营养快线的销量几乎腰斩。

甚至连可口可乐这样的公司都感受到了巨大的压力。7月底，可口可乐发布了2016年上半年财报，全球利润增长5.7%，但营业收入却下跌了4.57%。中国市场成为拖累可口可乐营收增长的一大原因。

相映成对照的景象则是，带有健康概念的品类及企业却处在高速成长的通道里，去年，全国酸奶类产品的销售额猛增20.6%，功能型饮料增长6%。牛奶公司伊利在2015年实现营业总收入603亿元，同比增长10.88%，今年一季度净利润同步增长19.26%，并进入了全球乳业的八强。

第二个秘密是“农民工红利”的消失。

作为独特的“中国优势”，数以亿计的农民工群体一直以来是中国制造低成本的核心能力之一，而他们也正是方便面最大的消费人群。

2011年以来，农民工总量增速持续回落。从2012年到2015年，农民工总量增速分别比上年回落0.5、1.5、0.5和0.6个百分点。2016年农民工监测调查报告显示，全国农民工总量为28 171万人，比上年增加424万人，增长速度仅为1.5%。

如果把方便面的销量下滑曲线与农民工增速的回落曲线做一个对照，就可以看到一个惊人的事实：它们几乎都是在2012年前后达到历史的峰值，然后呈现同步下滑的一致性态势。

也许没有什么理论比“曹德旺算账”和“方便面经济学”更为直观。如果把中国的产业经济转型称为“下半场改革”，那么，消费升级、劳动力优势再造和合理减税，无疑是其中最为核心的几个大主题。

自去年初，李克强总理提出“互联网+”之后，在相当长的时间里，制造业者一直在争论，到底是“+互联网”还是“互联网+”。在他们看来，这是一个主次和体用的关系，乃至关乎自尊。不过渐渐的，他们发现，这是一个无解且很无趣的话题，关键还在于，新的模式到底能不能被创新出来。

出生于1964年的李连柱毕业于华南理工大学机械系，在学校教了七年的书。90年代初，他跟两个伙伴下海，在佛山创办了一家机械软件设计公司。佛山是中国最大的建材和家具制造集散地，他们的生意渐渐地就聚焦在这一行业，为制造工厂提供“室内设计系统”服务。

到2006年，李连柱手痒了，决定从软件服务直接跳进产销领域，做定制橱柜和衣柜。他的团队收集了数千个楼盘、数万种房型的数据建立“房型库”，随后拓展到“产品库”和“空间解决方案”。花了两年多的时间，他创立的尚品宅配开发出了能满足全屋家具需求的第一套“元产品”系统。

就这样，李连柱以个性化定制的方式，重构了传统家具业的全部流程。尚品宅配并没有像其他工厂那样，把成千上万的家具生产出来，铺进各地的家具市场，而是派出设计师小组，为每个家庭入户测量，设计个性化的家具组合，在签下订单后，把图纸传回工厂，进行生产。这是一个没有铺货、没有库存、完全以销定产的全新商业模式。

进入2012年之后，随着机器人、虚拟现实云计算以及移动互联云设计技术的广泛应用，尚品宅配的生产线柔性化程度大大提高，公司进入快速成长通道。在同行陷入成本高涨和消费乏力困境的时候，尚品宅配一枝独秀，连年取得60%的复合增长，成为家具业转型升级的标杆性公司。在它的示范效应之下，个性化的“全屋定制”成为全行业的转型方向。①

在青岛，一家叫红领的西装制造企业也完成了类似的定制化试验。

西装与家具业一样，多年以来也是大规模标准化生产的典范模式，一件西装的渠道成本占到了售价的四成以上。出生于1979年的张蕴蓝从加拿大留学归国后，进入父亲的企业接班。从2013年开始，服装行业库存滞销、门店关闭、电商冲击等消息不绝于耳，张蕴蓝创办一家“魔幻工厂”，用定制化的思路再造西装业。

红领建立了一套完善的大数据信息系统，整个定制生产流程，包含20多个子系统，全部以数据驱动运营。一件西装，整个量体过程只需要5分钟，采集19个部位的数据，然后顾客对面料、花型、刺绣等几十项设计细节进行选择，细节敲定后，订单传输到数据平台后，系统自动完成版型匹配，并传输到生产部门。顾客从量体到穿上一件定制西装，只需一周时间。“魔幻工厂”每天可以生产数千件不同款式的定制西装。依靠这套新的制造流程，过去的两年里，红领在零库存的情况下实现150%的业绩增长。

“南有尚品，北有红领”，这两家中型企业在最传统的家具和服装行业蹚出了一条新路，成为今年“互联网+”潮流里的新星。在这个意义上，世上本无夕阳的产业，而只有夕阳的企业和夕阳的人。

梁建章有两个微博号，一个是“梁建章-关注人口问题”，有80多万

---

① 《尚品宅配凭什么？》，段传敏、徐军著，浙江大学出版社，2013年。

的粉丝数，另一个是“携程梁建章”，粉丝数不到10万。他觉得这样挺好的。在过去的几年里，有两个梁建章，一个是企业界的“携程董事局主席”，另一个是学术界的“知名人口学者”。

从今年1月开始，中国废止了严厉执行长达35年的计划生育，转而推行“全面二孩”政策，这其中有梁建章的一份推动之功。

▲ 梁建章

他是一个上海人，从小被视为“天才少年”，13岁在第一届全国中学生计算机竞赛上获奖，15岁进入复旦“少年班”，20岁获得佐治亚理工学院计算机硕士学位。1999年，30岁那年，与沈南鹏、季琦和范敏创办携程旅行网，他出任首席执行官兼董事长，2003年12月，携程在纳斯达克上市，成为百亿市值的公司。2007年，梁建章“百战归来再读书”，卸去全部职务，远赴斯坦福大学读经济学博士。

也就在求学时期，他关注到了人口问题，“分析了许多国家的数据后，我发现，创新、创业与人口结构有很大关系”。[①]20世纪90年代，中国每年还有大约2 000万新生人口，到21世纪，这个数字已经降到了1 500万，“如此剧烈的人口结构的变化，是世界历史上绝无仅有的”。[②]

开始于1980年的计划生育，一度被视为“基本国策”。根据计算，如果多生一亿人口，就必须多生产八百亿斤粮食，这对于陷入短缺经济困境

① 财新网，“中国‘人口禁区’的叩门者——专访梁建章”，2014年9月9日。

② 《中国人太多了吗？》，梁建章、李建新著，中国社科文献出版社，2012年。

的中国而言，确乎是巨大的包袱。因此，计划生育的执行十分严厉，号称“天下第一难”。

然而，三十多年之后，情况发生了微妙而转折性的变化。到2010年，中国的生育率下降到了1.5以下，在梁建章的家乡上海，生育率已经降到了世界最低的0.7，这意味着一代人比上一代人起码要少30%，中国人口将进入一个长期负增长的通道。根据教育部的统计，2009年全国的小学数量比上年减少了整整2万所。

博士毕业之后，梁建章继续留校从事研究工作，师从1992年诺贝尔经济学奖得主、人口问题权威加里·贝克尔（Gary Becker）。通过大量的理论和数据模型研究，他取得了几个令人吃惊的结论：中国人口将在2017年前后停止增加；如果现行政策不变，到21世纪末，中国人口将减少三分之二，剩下4.6亿；再过一百年到2200年，只剩下6 800万人；取消计划生育，不可能发生生育率的大幅度反弹，相反，鼓励生育会是一个绝不轻松的工作。[①]

梁建章变得非常焦虑，他自费拍摄了一部介绍中国人口问题的纪录片，也开通了博客和微博，呼吁更多的人关注人口政策。然而，在很长的时间里，反对计划生育——特别是在媒体上公开讨论，是一个比较敏感的行为，国内响应者寥寥无几。

2012年4月，梁建章和北大社会学系李建新教授共同出版《中国人太多了吗？》，这是中国大陆第一本正面批评计划生育政策的图书。他把这本书想方设法送给那些可能影响政策的官员、学者和媒体人。他还与茅于轼等四位知名学者联名发起了一份题为“停止计划生育政策的紧急呼吁”的建议函，向全国人大提交了“尽快启动《人口与计划生育法》全面修改的公民建议书”。

2013年2月，携程发生严重的经营性危机，梁建章临危归国，重掌

① 梁建章博客，“停止计划生育政策的紧急呼吁”。

帅印。然而，他仍然没有放弃对“基本国策”的质疑。2014 年 8 月 28 日，在他的推动下，斯坦福大学经济政策研究院和人文经济学会举办“2014 人口与城市化发展论坛”，其中，中国的人口问题是讨论焦点。

在梁建章等人的努力下，对人口政策的讨论终于不再是一个禁区。2015 年 10 月，党的十八届五中全会上正式宣布，推行“全面二孩”政策。如果说，三十多年前的中国害怕新生人口把国家吃穷，而今天，这笔账则换了一种算法，政策放宽后，未来每年平均新增的儿童规模预计在 250 万左右，这将直接产生 750 亿元的育儿费用，再加上对房屋、教育和基础设施等投资的拉动，每年总计可能增加 3 000 亿元的消费力，这相当于中国 GDP 额外增长 0.5% 左右的水平。

在放开计划生育的同时，户籍制度的改革也在快速地推进。

2016 年 9 月 19 日，北京市出台《进一步推进户籍制度改革的实施意见》，取消农业户口和非农业户口性质区分，统一登记为居民户口，并建立与统一城乡户口登记制度相适应的教育、卫生、就业、社保、住房、土地及人口统计制度。至此，全国 31 个省份均已出台各自的户改方案，且全部取消农业户口，在我国存在了半个多世纪的“城里人”和“乡下人”二元户籍制度退出历史舞台。

到今年年底，那幢在 2012 年的大暴雨后打桩开建的中国尊终于主体封顶了，它的建筑总高 528 米，即将成为北京城的第一高楼。也就在这段时间，关于中国尊的高度突然发生了讨论，原因是有人算了一下，它居然比纽约的新世贸中心矮了 13 米。

纽约是摩天大楼的标版城市。1931 年建造的帝国大厦，以 381 米的高度，在很长时间里是世界最高楼，1976 年，411 米的世贸中心取而代之，25 年后，它作为西方文明的标志遭到宗教极端分子的攻击。

到 2015 年，新世贸中心建成，原本设计的主楼高度为 417 米，为了超过芝加哥的两栋大楼，继续保持美国第一高楼的纪录，营造者硬生生地在楼顶竖了一根 408 英尺（约 124 米）高的桅杆，把大楼高度拉抬到 541 米。这种做法遭到芝加哥人的抗议，但最后还是得到了美国高层建筑与城市住宅委员会的认定。

“纽约人会‘作弊’，我们北京人为什么那么傻？难道我们不能众筹一根 15 米的桅杆吗？”很多北京人在这么半开玩笑地议论着。

北京人暗暗与纽约人斗气，已经不是一天两天的事情了。

7 月初，有一家中介机构算了一笔账，经历最近几年的地价和房价暴涨之后，中国前二十大城市的房屋总值之和，居然已经超过了美国国土面积上所有房屋的总值，其中，北京的房屋总值是纽约的五倍，西城区金融街的写字楼租金也早已超过了著名的曼哈顿。

另外两个赶超数据，是世界 500 强的总部数和超级富豪人数。

在《财富》公布的 2016 年度世界 500 强榜单上，中国上榜企业共计 110 家，再次刷新纪录，总部位于北京的企业有 58 家，远远超过了纽约的 25 家。

赶来凑热闹的还有胡润。根据百富榜的最新调查数据显示，目前居住在北京的、身价在 10 亿美元之上的超级富豪人数大概有 94 位，而纽约只有 86 位。“我想这两个数字会越拉越大。”已经在中国居住了 20 年的胡润对记者说，相比北京，他更喜欢上海，但他每年的百富榜都会在北京发布。

摩天大楼和财富，也许能证明一些什么，但一定不能证明全部。

新华社记者王军写过一本《城记》，详尽地记录了老北京城“死亡”的过程。在 20 世纪 50 年代末期，大量的明清城墙被拆毁，梁思成咬牙切齿地诅咒说，“今天，你们拆了旧的，明天你们会后悔，会再去建假的”。

今天的北京城里，不但有假的永定门城楼、假的西单牌楼、假的前门大街和五牌楼，同时更有奇装异服般的大型建筑，它们与锣鼓巷胡同等一起，不可逆转地混搭成新北京的全部特征。

就如同当今的中国社会和中国经济一样，北京充满了一言难尽的泡沫化气质，它绚丽、快速变化而显得不太真实。在经济学的意义上，北京无疑正处在进步状态，哪怕是与公认的“世界都市之王”纽约相比。而这种进步到底意味着什么，却会引起很大的争议，甚至焦虑。

对于北京的出租车司机来说，这种进步好像与他们并没有太大的关系。

▲ 北京东单三条的胡同正在拆迁

在 1986 年前后，北京是一座被“面的”统治的城市，混乱的交通，无序的胡同，在二环边上偶尔还能看到驴车在奋蹄。一位出租车司机的月收入约为 3 000 元，是一个相当体面和让人骄傲的职业，在当时，西城区的房价大概在每平方米 3 500 元左右。

三十年后的今天，北京出租车司机的平均月收入为 5 000 元，而西城区的房价没有低于 5 万元/平方米的。

在 2013 年，北京市发布限购令，宣布本市户籍成年单身人士限购一套住房，对已拥有一套及以上住房的，暂停向其出售住房。在后来的几年里，很多北京人用假离婚的方式“绕开”这条政策——这也许是人类婚姻史上最奇葩的一幕，特别是在 2015 年以后，随着房价的新一轮暴涨，各区民政局的门口更是人满为患。

在 2016 年，北京市的离婚人数达到 97 626 对，比 2014 年上涨 73%，同时，复婚数比 2014 年上涨 131%。一位房地产中介算了一笔账，同样是 300 万元贷款 30 年等额本息还清的情况下，首套住房比二套住房少出 80 万元。

而 2016 年度北京职工年均工资为 85 038 元，也就是说，一次“假离婚”，单是利息的差距就相当于一个平均工资水平的职工“不吃不喝干 10 年”。

“如果你爱他，请送他去纽约，因为那里是天堂；如果你恨他，请送他去纽约，因为那里是地狱……”很多北京人记得这句台词。

1994 年，一部名为《北京人在纽约》的电视连续剧热播全中国，大提琴家王起明和妻子郭燕逃离北京，宁可从贫民窟的地下室重新开始他们的人生。在那里他们学习端盘子、开工厂、尔虞我诈和咀嚼金钱的甘苦，在故事的最后，扮演王起明的姜文用他的大舌头狠命吼道——

“你说清楚谁是失败者。我不是失败者，我是厌倦，我讨厌，我讨厌他妈的纽约，我讨厌他妈的美国，我讨厌这儿的一切。”

其实，当王起明讨厌这一切的时候，他已经成为纽约的一部分。就如同在今天的北京，三环之内的居民，绝大多数是近二十年间冲进来的新北京人，他们讨厌北京的空气，讨厌北京的交通，讨厌北京的势利，讨厌这儿的一切，但是，他们就是北京的一部分。

在这一点上，北京与纽约非常相似，它们所有的荣耀都与摩天大楼和金钱有关，而它们的忧伤，或许也就是权势和财富本身。

一开年，陈德良就有点烦。最近总有记者堵在庙门口要采访他，而他一概回答的是七个字：“我不评论，不过问。”他有点后悔，在前年轻易地答应人当了一个什么“终身荣誉会长”。

老陈是一个沉默寡言的人，在很长时间里，他是莆田秀屿区陈靖姑祖庙的管委会主任，这是一份与信仰有关的工作，必须由当地的长老级人物担任。每天，他开着一辆深红色的电动高尔夫球车去庙里办事，显得非常的特别。陈德良生于1950年，早年是一个乡村医生，他四处拜师学艺，据说得到了一个治疗皮肤病的秘方。他靠这个治好了不少人，也收下了八个同村徒弟，其中包括他的侄子詹国团、邻居陈金秀和林志忠，还有一个叫黄德峰的“徒孙”，这些人出走莆田，用二十多年时间“统治”了中国的民营医院。

▲ 福建莆田，一名妇女从一块广告牌下路过

截至2013年年底，国内共有10 700家民营医院，这其中的80%来自

“莆田帮”，[①]而莆田人中的绝大多数，又来自陈德良的老家秀屿区东庄镇。2014年6月，莆田帮组建成立莆田（中国）健康产业总会，由陈德良出任终身荣誉会长。这家总会宣称有8 600个会员单位，涉及3 400亿元投资规模，每年创造2 600亿元营收，从业人员近200万，已获银行集体授信1 630亿元。

东庄镇位于福建省莆田市西南部，地处湄洲湾北岸的礼泉半岛，辖区面积35平方公里，总人口约8万人，在历史上是出了名的穷乡。东庄的人均耕地面积只有0.35亩，根本不够温饱，在有清一代，这里是“界外地”，因实在太穷苦，连官方都懒得去征税。陈德良在这里，几乎是“神”一样的存在，正是因为他的医术及育徒，让东庄人控制了一个介于灰色之间的领域。据莆田当地的《湄洲日报》报道，东庄镇有2.1万外出人口，在全国100多个大中城市从事医疗行业。

莆田人被称为“游医”，即身份可疑、行无定所的医生。所谓的“游”，有两层含义。

其一是治疗效果无法认定。他们所医治的疾病，以男科、妇科和皮肤病等为主，病人求医时难以启齿，所用药物功效可有可无，而正规医院又不屑收治，这便给莆田人以极大的牟利空间。

其二是治所和身份的粗鄙可疑。在早年，莆田人普遍把自己包装成“老军医”，将巴掌大小的治病小广告贴遍了全中国的电线杆和厕所的四壁，被人蔑称为“牛皮癣”。稍有积累后，他们从僻陋的民居中搬出，以科室承包的方式“挂靠”正规医院。

詹国团是陈德良的侄子和八大弟子之首，也是出名最早的莆田游医。20世纪90年代中期，他在北京黄寺的一个干休所大院内，租了两层楼作为办公室，开展他的医疗生意。据媒体报道，“干休所所长看到他开着奔

① 第一财经，“‘莆田帮’：垄断中国80%民营医院”，2014年2月21日。

驰、宝马，像赚大钱的派头，又有正经的工商注册执照，也就没多问”。[①] 1998年，卫生部纠风办第一次整治非法行医，在严查通报中称“莆田市农民游医詹国团、陈金秀以金钱开道”，对患者实行蒙骗，并将其定性为“诈骗团伙”。詹国团避居新加坡，五年后归国重操旧业，他以新加坡籍身份注册成立中屿集团，暗中控股和经营了十多家医院，其中规模最大的一家，据称是获得了卫生部批准的三甲级国际医院。

在21世纪的前十年，詹国团们告别了“牛皮癣”时代，他们投入资金，组建独立品牌的男科、妇科及美容医院，甚至不惜重金引入国际最先进的医疗仪器，同时近乎疯狂地在广告投入上狂轰滥炸，成为全国各大都市报纸和公交车站、车体的最大金主。在互联网上，他们是百度竞价排名最重要的合作伙伴，每年要交给这家搜索公司上百亿元的推广费用，以致当人们在百度搜索栏中输入男科、妇科疾病时，刷出来的第一屏，几乎清一色是莆田系医院。

到2010年前后，莆田行医者形成了詹、黄、林、陈四大家族，他们以十分强悍的执行能力，构建了中国医疗行业最具吸金力的神秘组织，同时也因夸大宣传、过度医疗及乱收费等问题，一直广受诟病。

与莆田医生颇有接触的冯仑曾评论说：“这四大家族像一串葡萄一样——大哥带兄弟、兄弟带子侄、子侄带旁系亲属——形成了一种利益纽带。他们的经营模式和传统连接得过于紧密，因此无论莆田人在哪里工作，他们的文化、习俗、观念都不会改变，也就无法衍生出一套适合现代公司的治理体系——一旦遇到问题，他们都会回到村里解决。”

2015年年初，百度宣布将提高莆田系医院的推广费用，从过去的最低500万元提升至最低1 000万元，还要求以后每年同比提升40%。[②] 这一政策当然遭到了莆田人的集体抵制，莆田总会宣布所有会员单位暂停与

① 《中国经营报》，“莆田帮：从街头游医到资本大亨”，2009年9月21日。

② 财新网专题，“莆田大战百度一周年”。

百度的合作。这一抵制行动导致百度股价大跌，同时，也将这一行业的丑陋彻底地暴露在民众面前。

来自摩根大通的分析报告估计，医疗相关广告主在百度2014年的490亿元总营收中约占15%~25%，其中主要由莆田系贡献。据莆田医院的人介绍，一般百度竞价关键词或长尾关键词的点击费用在300元左右，比如“某某整形美容医院”，但有些产品的点击费非常贵，“从客户点击到进店，有些产品的点击费高达2 000元，还有高达4 000元、5 000元的”。[①]

这样平均算下来，意味着每位顾客人均消费至少2 000元才能将推广成本打平。莆田人对记者抱怨说，市场上很大一部分的私营医院60%~80%的利润都花费在百度竞价上，几乎沦为百度的打工仔。为了把钱赚回来，他们采取提高药价、检查费用、治疗费用等方式，将成本转嫁给消费者。

由此，一条充满恶意的产业链便赫然生成了。

莆田系对百度的抗争只持续了不到一个月，随后双方达成“和解”，莆田人向百度“妥协”，百度方面也在个别地方增加了返点，同时“双方都希望低调处理”。

对网络医疗搜索广告的整顿，发生在接下来的2016年。

2016年4月12日，21岁的大学生魏则西因滑膜肉瘤病逝。他得病后在百度上搜索出武警北京第二医院的生物免疫疗法，随后在这家医院治疗花费近20万元，此后了解到，该技术在美国已被淘汰。后经查实，魏则西看病的诊疗中心为莆田人承包。

魏则西事件引起全民的愤怒。国家有关部门成立联合调查组入驻百度，在调查期间，百度对全部医疗类机构的资质进行了重新审核，对2 518家医疗机构、1.26亿条推广信息实行了下线处理。

---

① 财新网，“百度与莆田再陷‘虚假广告’争议，二者为何难解难分？”，2016年5月1日。

在相当长的时间里，莆田系赚得盆满钵满，但是在外界乃至新闻界，都是一个非常低调的存在。如果不是发生了抵制百度涨价和魏则西事件，他们也许愿意像过往十多年那样，永远潜伏在公共视野的水面之下。

2017 新中产时代到来

“你有freestyle[①]吗？”

——《中国有嘻哈》

保罗·莫祖尔是《纽约时报》报道亚洲科技新闻的记者，今年年初从香港搬到上海居住。在最初的几个星期里，他发现，自己“在这个拥有2 400多万人口的大都市里，是被撕裂在体系之外的”。原因很简单，由于银行的问题，保罗的私人账户不能立即与微信或支付宝绑定，而绝大多数的上海店铺更愿意接受手机支付。每一次，当他递出红色的百元钞票的时候，对方的眼光好像在看一个来自上世纪的人，保罗在上海突然有了一种落伍感。

似乎是为了印证保罗的观察，今年3月，杭州的地方报纸刊登了一条新闻。一对“90后”兄弟从云南坐飞机到杭州，策划实施抢劫。27日凌晨，

① freestyle意为即兴说唱。

两人持刀连抢 3 家 24 小时便利店，只抢到 2 000 多元，连来回路费都不够，在被现场抓获后，两人非常沮丧：你们杭州人怎么回事，出门都不带现金！

在 7 月发表的一篇报道中，保罗 · 莫祖尔写道："在中国城市，现金正变得过时。如今，手机支付已成为人们日常生活中不可缺少的部分，在中国的每一个商家和品牌都接入了这个生态系统。那些希望卖东西给中国消费者的外国公司，如今必须与阿里巴巴和腾讯打交道，否则有可能无法收款。"① 他还引用了艾瑞调查的数据，在刚刚过去的 2016 年，中国的移动支付达到 5.5 万亿美元，约为美国的 50 倍，这大概是互联网或零售经济领域，中美之间差距最大的一对数据。

移动支付的普及速度，甚至已经引起了系统性的危机感。在今年的 8 月 1 日，支付宝宣布启动全球首个"无现金城市周"活动，预计将有超过 1 000 万线下商家参与，阿里巴巴计划在五年内推动中国进入无现金社会，同时覆盖 100 个国家。数日后，央行约谈该公司，以"干扰人民币流通"为理由，要求去掉"无现金"字眼，并公开告知参与商户不得拒收人民币现金、尊重消费者支付手段的选择权。

在今年，"新零售"成为财经界最炙手可热的名词。去年 10 月，马云在杭州的一次活动中第一次提出了这个概念，很快引起不小的争议。有人认为，零售行业每天都在变化，只有零售，没有新零售。还有人认为，这是互联网流量穷尽的结果，马云要到线下来抢流量了，"谁都有资格谈新零售，除了马云"。

更确切地说，新零售是一次"体验革命"和"品类革命"。它基于两个前提。其一，新技术的持续出现，为线上与线下的交互融合创造了新的可能性，工具创新成为空间再造和消费者关系重建的重要手段，它让沉闷

① 《纽约时报》，"在中国城市，现金正迅速变得过时"，2017 年 7 月 17 日。

的零售业突然变得性感起来。其二，年轻的中产消费者不再满足于网上的廉价商品，他们开始愿意为高性价比的、具有个性的商品买单，同时更愿意回到真实的场景中，即买即得。由独特内容构成的场景成为新流量入口，成为在移动互联网时代人们与世界的连接方式，进而成为新的商业生态。商业观察家吴声提出“场景革命”的新概念，“打动人心的场景成为商业的胜负手。人们喜欢的往往不是商品本身而是产品所处的场景，以及场景中人们浸润的情感体验”。[①]

在去年的12月，亚马逊开出了全球第一家无人值守的线下全自动智能便利店Amazon Go，它采用了计算机视觉、传感器和深度学习等技术，顾客在店中的每一次行为都被追踪记录，离开时也无须去收银台排队结账。事实上，在中国地区的新零售创新，远远多于亚马逊所在的美国。

今年7月，阿里巴巴开出了无人超市“淘咖啡”，消费者第一次进店时，打开“手机淘宝”，扫一扫店门口的二维码，获得一张电子入场券，进入店内就可以购物，其技术和体验与Amazon Go相似。9月，阿里巴巴再在它参与投资的肯德基快餐店试验了刷脸技术，消费者在自助点餐机上选好餐，进入“刷脸支付”的页面，然后进行人脸识别，再输入与支付宝账号绑定的手机号，确认后即可支付，全过程不到10秒。此外，阿里还内部孵化了一家叫盒马鲜生的生鲜超市，全店只接受支付宝，其最大的特点之一就是快速配送——门店附近3公里范围内，30分钟送货上门。

网易的严选是近年来突然火爆起来的新电商平台，丁磊探索出了一条与淘宝不同的选货模式，他找到广东和浙江的外销企业，鼓动它们把同款商品以更低的直销价格放到严选来销售。在严选的合作名单中，不乏Coach、无印良品、双立人、Levi's等各类知名中高端品牌的中国制造商。到今年年底，严选卖货突破70亿元，赶超了无印良品在中国的销售额。与此同时，严选迅速地开出了自己的线下体验店和精品酒店。

---

① 《场景革命》，吴声著，机械工业出版社，2015年。

▲ 淘宝造物节上，“淘咖啡”的无人零售快闪店人气爆棚，顾客排队两小时才能体验到

这些新零售业态的试验，都处在试水阶段，甚至在交互、成本及用户体验上有很多亟待改进之处。可是，它们所呈现出来的新业态和咄咄逼人的进取姿态，却让人看到了一个陌生的未来。

当互联网人在技术上寻求突破点之际，另外一个新的变化是书店的复兴和新匠人产品的涌现。

在近年，日本茑屋书店和台湾诚品书店成为新的效仿偶像，它们以书为介质，把咖啡、匠人商品、日用杂货乃至家电跨界混搭在一起，形成了一个与生活方式有关的新空间。言几又、钟书阁等新的书店品类流行于大中城市。

在十多年前，“匠人”是一个略带贬义的古旧称谓，而今天它成了个性化、本土创新的代名词。美国、日本等国家的现代化历程表明，当一个国家进入中产社会之后，主流消费者的本土意识必然觉醒，伴随着审美能力的提高及分化，他们更钟情于具有本国文化属性的商品提供者和设计师，由此，将极大地推动商业文明的再次蝶变。在今年，北京和上海的姑娘不再关心纽约或伦敦姑娘穿什么样的裙子，一水大众化的奢侈品也不再是唯一的流行风标，她们开始追逐中国自己的时尚设计师，“中国风”和“匠人产品”成了新的潮流。所谓的“新匠人”，不完全是艺术家，而更是“有艺术才技的创业者”。

曾德钧是一个年过半百的“50后”，他从小对收音机就非常痴迷，1992年，曾德钧设计出中国第一台Hi-Fi放大器和电子管多媒体音响。尽管技术很好，可是收音机实在是一个彻底没落的行当，很多年里，曾德钧就像是一具沾满灰尘的老古董，蜷居在深圳的一个小圈子里，被岁月撕啃得没有一点脾气。三年前，随着中产消费的崛起以及互联网音频的爆发，上帝突然把一缕阳光打到了老曾的身上。在一帮“80后”小伙伴的撺掇下，曾德钧推出了带有蓝牙功能的猫王音响，他学会了路演和众筹，尝试着做在线直播，他的公司融到了京东和腾讯产业基金的天使投资。

1989年出生的崔怀宇是一位漆艺师。漆艺是一种古老的工艺，中国是世界上最早使用漆的国家，兵马俑便是最著名的漆器。在崔怀宇看来，传统漆器虽精良，但颜色深褐沉闷，远离现代人的审美和使用场景。他多次尝试，通过对工艺步骤的调整和材料的比对，调制出明快亮眼的马卡龙色，他据此做出了新茶具、新果盘、新咖啡垫。崔怀宇的这个试验，遭到了老师的指责。在老师看来，改变漆的颜色是对漆的一种不尊重，师徒因此分道诀别。

林依轮是一个已经过气的歌手，从小爱吃的他推出了“饭爷”辣酱。在这个行业，已经有了传奇的老干妈，林依轮的辣酱售价是它的4倍，不过却因热烈的互联网传播和口味独特而受到年轻人的欢迎，在一次在线促销中，两个小时卖出了三万瓶。

他们不是人们以前所非常熟悉的大企业家，也不是站立在风口之巅的互联网人，而是一些守在宁静的角落里，打磨一个个平凡物件的匠人。没有光打在他们身上，他们自己就在发光。传统在被继承的同时，更在被颠覆和超越，在当代，技术创新让这一切成为可能。新的材料、冶炼技艺和设计理念已经成熟，甚至蓝牙、芯片和人工智能也被植入到最传统的产品里。而移动互联网的工具普及，让审美相近的人更容易互相找到。

新审美、新技艺、新的连接方式——曾德钧、崔怀宇和林依轮们代表着中国新匠人产品的方向，他们与阿里巴巴、网易等大型互联网公司的试验，一同构成了零售产业的变革路径。在某种意义上，中国的新零售实验，代表了世界新零售的未来。

如果说，新零售是真实的，那么，仍然有一些疯狂的泡沫让人啼笑皆非，它们的此起彼伏意味着这依然是一个被财富焦虑困扰的国家。

李笑来是一个口才很好的东北人，与罗永浩曾同为新东方的英语辅导老师。据说李笑来是中国的“比特币首富”，还在知识付费平台“得到”上卖过“通往财富自由之路”的课件。在今年，他决定发行自己的“货币”。

自 2008 年中本聪发明比特币之后，这一“电子现金系统”就独立地形成了一个“挖矿”、炒卖的闭环市场，其中很大一部分的炒家和交易额来自中国，2013 年曾高达九成。比特币的底层技术是区块链，又称分布式记账（DLT），有人预言，区块链技术是继电力、蒸汽机和互联网之后的又一个技术浪潮。在过去的几年里，基于这一技术，市场上又冒出来很多“货币”，如以太坊、瑞波币和莱特币等，有 600 种之多。在今年上半年，比特币的价格突然暴涨，从 4 月到 7 月间居然涨了三倍。

正是在这股狂潮之下，有人开始在中国发行自己的“货币”。他们类比股票市场的IPO，提出了ICO（Initial Coin Offering，首次代币发行）的概念，云币网、聚币网、比特儿等交易所应运而生。2017 年以前，中国境内ICO项目只有 5 宗，2017 年上半年就出现了 65 宗，募资金额超过 26 亿元。于是，在“一个月翻几番”的暴富诱惑下，区块链、ICO这些原本只在科技圈耳语的新名词，几乎在一夜之间飞入寻常百姓家。

6月底，李笑来发布了一个名叫EOS的区块链项目，开盘价为5.87元，两天后涨到30元，5天内完成1.85亿美元的融资，到7月初，这一项目在二级市场的市值冲到了不可思议的50亿美元，有人戏称这是“价值50亿美元的空气”。

▲ 李笑来和他的《通往财富自由之路》

7月10日，春风得意的李笑来宣布再启动一个ICO项目——Press.One币的融资。这一次，他索性连项目白皮书也懒得写了，仅在官网放了几百个字的介绍。他给出的理由是：“不提供那个，即使提供了也没多少人看得懂，甚至没几个人看那东西。”[①]他将要众筹的金额为两亿美元。

很显然，李笑来仅仅是这场疯狂游戏中的一个明星演员，在今年的前三个季度，数以百计的类似项目在互联网上打通了一条又一条通往财富自由之路。

3月，一个名为“量子链”的项目开始众筹，初始价格不到3元，一

① 《新京报》，“失控ICO：项目造假，投资者赌新手接盘”，2017年8月28日。

个多月后，被炒到接近60元；一个叫“小蚁币”的项目在4月21日的价格是1.21元，到6月19日竟涨到了72元；5月，一个号称要“与世界各地的黄金存储机构达成合作，对每一克黄金进行实名确权”的“黄金链”项目开始ICO，在工作日下午的半小时内被抢完。

7月，投资界的“老顽童”薛蛮子突然也冲进了区块链市场，他在短短八天时间里像扫货一样地投资了12个区块链项目。他与李笑来搭肩狂笑的照片，传遍了朋友圈。有意思的是，两人还联手投了一个“很有前途”的项目，它的核心创业团队的名字均以英文呈现，其中有“北美物理学博士”“人类第一颗BTC/LBC双控芯片公司创始人”“国内收入最高的游戏公司CTO兼创始人”等，他们发行的货币叫“马勒戈币”。

这个国家所有投机者的成功，都因为的确存在着一块无比肥沃的盲众土壤。在ICO这个近似股票交易的虚拟市场，既没有规则制定人，也没有监管部门，更没有惩罚制度，“货币”发行人几乎不用承担任何后果，但交易平台却要直接面对上百万的不理智散户。

9月4日，中国人民银行等七部委联合发布《关于防范代币发行融资风险的公告》，措辞空前严厉，把ICO定位于“本质上是一种未经批准非法公开融资的行为”。按照公告要求，即日起停止各类ICO融资活动，对已经融资完毕的项目也应当做出清退。这次监管出手之快、力度之大，令李笑来们措手不及，区块链泡沫瞬间破灭。

这个世界上的很多戏剧，你看懂了开头，却每每猜不中结尾，不过，无论如何，所有的戏剧都有落幕的时刻。2015年企业界最耀眼的明星贾跃亭终于走到了职业生涯的“谢幕时间”，他的发布会再也开不下去了。

7月4日，贾跃亭飞抵旧金山国际机场，有网民戏称他终于闯过了人生最大的难关——中国海关。就在前一天，媒体曝光贾跃亭夫妇及乐视系公司的12.37亿资产被司法冻结。

没有证据表明，贾跃亭从一开始就想做一出庞氏骗局。他是全公司最勤勉的人，几乎每天，他都在乐视大厦不同楼层的办公室里开会，他的眼袋越来越明显，应该是操劳过度的原因。为了乐视生态线上的各项业务，他不惜重金挖来重量级人才，有中国银行的副行长、上海通用汽车总经理，以及众多的大牌媒体人。

可是，百般的勤奋都无法掩盖战略的空虚，乐视的局实在太大了，而且没有一只能够源源不断产生现金的奶牛。在乐视股价高企的时候，贾跃亭和他的姐姐先后套现117亿元，他承诺所有资金全部借给上市公司用于经营，时间为五年，并且免息。在一次采访中，他叹着气对记者说，“我是世界上最穷的CEO，没有之一，一家八口在北京的住房不足200平方米”。[①]

贾跃亭把最大的赌注押在汽车上。在去年的北京汽车展上，乐视的LeSEE电动概念跑车粉墨亮相，贾跃亭用乔布斯式的口吻对路透社记者说：“我们用全新的方式来定义汽车。我们希望超越特斯拉，引领产业跳入到新时代。”[②]他宣布LeSEE将在美国内华达州的法拉第工厂生产，还与阿斯顿·马丁达成了合作。

危机端倪的出现，是在去年的11月6日。贾跃亭突然发布了一封致全体员工的信，承认公司的资金供应链出现了问题，他正在全力解决，并表示本人自愿永远只领取公司1元年薪，同时发誓仍然会“把海洋煮沸”。几天后，他在长江商学院总裁班的50多位同学伸出了援手，他们筹集6亿美元支持贾同学的梦想。

不过看上去，贾跃亭需要更多的“血液”，新的援助者在今年的1月及时出现，他是山西老乡孙宏斌。1月13日，融创中国宣布以150.41亿元入股乐视，成为其第二大股东。新闻发布会上，三年前在绿城事件中吃过苦

① 《21世纪经济报道》，“贾跃亭：我是全世界最穷CEO，没有之一”，2016年11月9日。

② 凤凰科技，“贾跃亭的汽车梦：超越特斯拉最终走向免费”，2016年4月25日。

头的孙宏斌依然表现得十分的江湖气。他说：“双方合作时，我们基本上没有谈价，老贾说就这么定个价就完了，老贾一定就完了，就特别简单。”

接下来发生的情节不但很江湖，而且很“糨糊”。乐视的窟窿显然比想象中的还要大，种种迹象表明，贾跃亭似乎一直在努力“做大”自己的营收和利润。根据乐视网的年报，2015 年年底公司的应收账款为 33.5 亿元，但是到了 2016 年年底，暴增为 86.8 亿元，而这期间乐视的营收只增加了 80 亿元，多出来的应收款大部分来自乐视系企业。显然这是压货的结果，是上市公司与关联企业之间的一次财务游戏。更要命的是，乐视的实际销售额也遭到质疑。据贾跃亭的自述，乐视超级电视在 2016 年的销售台数为 600 万台，可是根据奥维云网的数据推算，它的年销量应该小于 100 万台，而 2 000 万部乐视手机的销售数据同样可疑。

从今年 1 月开始，乐视大厦的门口就出现了讨债人，一开始是几个人，后来多达数十人，他们举着“乐视欠债乐视还”的纸牌，在各个楼层四处追逐看上去像是管事的人，到了晚上，有的人索性摊开铺盖，彻夜露宿。

▲“讨债人”举牌讨债

那些被贾跃亭重金请来的大咖及明星媒体人都悄无声息地撤了。上百名乐视员工因被欠薪到朝阳区劳动人事仲裁院讨说法。几乎每隔一段时间就会曝出新闻，又有银行或证券机构冻结了乐视的抵押资产。在很长的一段时间，人们仍然愿意相信贾跃亭的诚意。财经人士秦朔评论说："贾跃亭的梦想听起来比贝佐斯的还要大，他敢于挑战一切的姿态是令人尊敬的，即使失败，也会拓宽后来者的想象力。"可是，渐渐地，所有人都开始失去耐心。

在抵达洛杉矶的第二天，贾跃亭发了一条微博，宣称"乐视至今日之巨大挑战，我会承担全部的责任，会对乐视的员工、用户、客户和投资者尽责到底"。就在当晚，乐视网公告称，贾跃亭先生已辞去乐视网董事长一职，退出董事会，将不再在乐视网担任任何职务。

《财经》杂志派记者专赴乐视在内华达州的汽车工厂，结果发现，这是一片茫茫沙漠中的荒地，"目前整个厂区只有两栋很小的白色建筑和一个蓝色的大型集装箱，现场显得冷清"。

有人在网上曝光，贾跃亭在加州的一个滨海小镇拥有5套别墅，市值4 000万美元，他当即在微博上予以否认，"感谢又'被富贵'了，呵呵。变革百年汽车产业的梦想，只有懂得的人才懂"。可是接着就有人展示证据，这些房子的购买者虽然是一家公司，但是它的唯一控制人是贾跃亭。8月，又有媒体披露，他和姐姐套现的上百亿资金只有少部分借给了乐视，而到他出国的时候，已全数提回。

9月27日，乐视更名新乐视，一字之别，完成了与贾跃亭的切割。10月31日，媒体曝光乐视网在上市的时候涉嫌财务造假，多名发审委委员已被警方采取强制性措施，一旦罪名成立，乐视将被勒令退市。

这是一个扑朔迷离的创业故事，介乎梦想和骗局之间。谬误与真理一样，都需要时间来证明。自乐视2010年上市以来，贾跃亭通过定增、发债、股权质押、风险投资等多种手法，累积筹资超725亿元。他不断地召开新闻发布会，宣称自己有一个别人无法想象的梦想，最终，确实如他在那封致员工的信中所写，成则征服海洋，败则被巨浪卷走。

他唯一没有言明的是，当巨浪灭顶之际，他本人身在何处。

在今年，首富王健林有点“流年不利”，私底下，他一直觉得自己很委屈。

他的名字第一次出现在胡润富豪榜的前十人名单上是 2009 年，排名第九，资产 290 亿元，到 2013 年跃居首富，2014 年被马云超越，2015 年再次夺回，2016 年蝉联，资产已达 2 150 亿元，简单算一下，八年间，资产增加了 7.4 倍。

▲ 王健林

万达的模式是大商业地产，业界称为城市综合体，王健林虽然不是这个名词的发明者，却是最成功的实践者。他常年坐着私人飞机奔赴各地，说服正在为城市扩容雄心勃勃的市长们以极其低廉的价格拿出一块地，营建面积在 40 万到 200 万平方米的万达广场。万达出售一部分店铺、办公楼及配套的住宅，基本可收回成本，然后将自持物业抵押给银行，继续滚向下一个目标。万达模式被视为中国式城市化运动的最佳标本。

2013 年，就当老首富李嘉诚抛售内地物业的时候，王首富也开始转型。他的战略有两个：第一，从重资产企业转型为轻资产企业；第二，从国内企业转型为跨国企业。

轻资产的方向是电影院线。在数以百计的万达广场中，电影院是标配，王健林以此为支点坚决切入：在国内收购了一批中小院线和票务网站；在国际市场上，他以26亿美元收购美国第二大院线AMC，以9.21亿英镑并购欧洲第一大院线欧典，以35亿美元购入美国传奇影业。2015年1月，万达院线在深交所上市。到2016年年底，万达共拥有影院401家、3 564块银幕，其中国内影院348家，3 127块银幕，总计约占全球12%的票房市场份额。

跨国公司的战略实施，除了收购欧美院线，王健林将更多的资金投入其他的文化领域和不动产。万达以3.2亿英镑收购了英国的一家游艇俱乐部，以6.5亿美元收购美国铁人公司WTC，还入股了马德里竞技足球队。他宣布以9亿美元建芝加哥第三高楼，以12亿美元拿下洛杉矶的一块土地，以20亿到30亿英镑在伦敦建一个城市综合体，与法国欧尚集团联手以30亿欧元在巴黎建娱乐城。金额最大的项目在印度的哈里亚纳邦，王健林宣布将投资100亿美元建设一个"世界级的产业园区"。

万达的高调国际化，在王健林看来是理所当然的事情。在牛津大学的一次演讲中，他引用了那位任性的郑州中学女教师的名言，"世界那么大，我想去看看"。

2015年11月，在哈佛大学的另外一次演讲时，他更直率地承认，我就是在"转移资产"。

他说："你问海外投资是不是转移资产？确实是转移资产，但关键要看是合法还是非法，这才有对错。万达的钱既不是偷的抢的，也不是自己印的，完全是我们自己辛辛苦苦赚出来的。我们自己辛苦赚的钱，爱往哪儿投就往哪儿投。企业的投资自由或者资本流动自由本身，就是国家法治水平的基本衡量标准。企业如果没有投资自由权，这个社会也就无所谓自由和公平了。"

但是，他的这番话在另外一些人听来，却是"可圈可点"的。首先，中国国内的经济建设仍然需要大量的资金，而民营企业家的投资热情下降让决策层头痛不已，如果"王健林效应"发酵，那一定不是一件愉快的事情。其次，万达涉嫌"内贷外投"，今年年初，有媒体统计万达的海外投资额已达 2 250 亿元，与此同时，万达在国内金融体系的贷款额也达到 2 000 亿元的规模。这一景象很难说是正常的，从金融安全的角度看，王健林投出去的钱既是他的，也是银行的。

万达现象在国内并非孤例，据经济合作与发展组织统计，中国的对外直接投资从 2005 年的 137 亿美元激增至 2015 年的 1 878 亿美元，增长了 1 294%。在刚刚过去的 2016 年，中国企业的海外投资并购交易达到 438 笔，累计宣布交易金额为 2 158 亿美元，较 2015 年又大幅增长了 148%。相对应，中国的外汇储备在过去的一年半里缩水近 1 万亿美元，伴随海外并购而来的资本外流景象成为各方关注的焦点。

在这一波以民营资本为主力的对外投资潮中，也分实体资产和轻资产两部分。以美的为代表的制造业，实施的并购对象为拥有核心技术和制造能力的欧美工厂。而另外一部分资本集团则聚焦于房地产和影院、俱乐部等文娱产业，它们的价值标的非常模糊，涉嫌资产转移。

2015 年 2 月，安邦保险以 19.5 亿美元收购纽约曼哈顿的华尔道夫酒店，创下美国酒店交易最高金额，此外，安邦还以 16 亿美元买下了伦敦 Heron 大厦和曼哈顿美林金融中心；2015 年 3 月，复星集团以 9.7 亿欧元收购处于亏损境地的法国地中海俱乐部；2016 年 4 月，海航以 40 亿美元全资收购卡尔森酒店集团，在过去一年多里，海航完成了 35 项、总额 270 亿美元的收购案。

2016 年 6 月，苏宁集团以 2.7 亿欧元购买意大利国际米兰足球俱乐部约 70% 的股份。今年 4 月，一名叫李勇鸿的广东商人以 7.4 亿欧元全资收购 AC 米兰足球俱乐部，在一场球赛的看台上，有人扯出一条“骄傲”的横幅——“We are so rich”（我们是多么的有钱）。

中国人的“一掷千金”让世界瞠目结舌。

6 月中旬，银监会紧急电话要求各银行，对海航、安邦、万达、复星和浙江罗森这 5 家公司的境内外融资支持情况及可能存在的风险进行摸底排查，重点关注所涉及并购贷款、“内保外贷”等跨境业务风险情况。海

▲ 中国球迷打出“炫富横幅”

航、万达和复星的股价应声暴跌。

正是在这一背景之下，7 月 19 日，王健林举办新闻发布会，宣布将总值 637.5 亿元的资产打包出售给孙宏斌的融创中国和李思廉的富力地产，其中包括 13 个文旅项目和 77 家酒店。

富有戏剧性的是，这一消息在 10 天前已经披露，而购买人仅为融创一方。7 月 19 日的发布会上，记者们意外地发现，背景板成了“万达商业、融创中国、富力地产战略合作签约仪式”，而过了一个小时，主办方匆忙更换背景板，富力消失了。又过了一个多小时，再换板，富力又回来了。《中国企业家》在一篇报道中描写了一个细节：“突然，贵宾室里传出比较大的声响，据一位靠近的记者说，听到了大声争吵和摔杯子的声音。”

万达的此次巨额出售，创下民营企业史上的新纪录。但它显然非深思熟虑之举，也与万达既定的战略目标不符，仅在两个月前，王健林仍公开宣布文化旅游产业是未来的核心业务之一。他的匆忙出售更像是为了应对银行断贷的“储血应急”之举。

▲ 2017年7月19日，万达商业、融创中国、富力地产在北京举行战略合作签约仪式

监管当局对海外投资的新态度，对那些“走出去”的企业造成了巨大的影响。7月21日，王健林对媒体表态：“积极响应国家号召，我们决定把主要投资放在国内。”7月29日，郭广昌在从法国返回的飞机上给复星的员工写了一封信，他写道：“我始终相信走出去是为了更好地回来，整合全球资源是为了让我们更好地在中国发展。”

今年2月28日，小米发布松果芯片，成为全球继苹果、三星和华为之后，第四家拥有芯片能力的手机公司。细心的记者发现，雷军没有像以往那样，穿着乔布斯式的黑色圆领T恤，而是换上了一件崭新的蓝色衬衫。

在过去的两年里，小米陷入了始料未及的低潮，乔布斯式的互联网思维造就了雷军，却也让他掉进了“偶像的陷阱”。因为对线上营销和口碑传播的极端迷信，小米在地面渠道上几乎毫无作为，这给予了OPPO、vivo和华为赶超的空间。

从2013年中期开始，雷军决意把小米模式向更广的产品领域扩展，“从零开始，孵化生态链企业，每家公司只做一个产品，最终形成一支舰队”。

这是一个极富想象力的构想。在企业组织上，这是典型的蜂窝型架构，以资本和流量为纽带，各自为战，失控发展。小米确乎也打出了几款颇有标杆意义的产品，比如它的移动电源和AC路由器，都仅用短短一年多时间，就击垮所有对手，做到了全球第一，小米手环的销量比苹果手环还多。

可是，小米的生态链战略也许打赢了一场又一场的战斗，却在战役的意义上陷入了始料未及的空心化危机。

雷军比贾跃亭更早提出“互联网硬件生态闭环”的构想——准确地说，后者是前者的积极效仿者。一度，他把小米的下一个战略目标设定为“智能家居”，他设想在手机上做一个超级App，开发通用智能模块和专业云服务系统，然后，以小米手机为连接设备，把小米生态链产品全部打通，将电视机、空气净化器、家用智能监控头、移动电源甚至灯泡都连成一体，从而“覆盖到人们的衣食住行”。2015年1月，小米联手金地，宣布将打造“中国首个互联网住宅”项目。

这一激进而危险的战略差点要了雷军的命。随着智能手机的技术迭代周期终结，厂家之间的竞争完全地聚焦于性价比和渠道能力。OPPO和vivo在三四线城市广布网点，截取了大量年轻消费者，而在高端手机市场上，小米则遭到苹果和华为的阻击，从而陷入进退两难的窘境。也就是说，小米的“启蒙红利”吃光，陷入肉搏式的苦战。2016年，小米手机全年出货量下跌36%，市场份额从15.9%下降到了8.9%，在国产手机中也落到了第四位。

如果小米生态链是一支舰队，那么，旗舰的危机就是全部的危机了。

比贾跃亭幸运的是，雷军有清醒的自我纠错能力，他迅速调整了战略。2016年年底，小米宣布将全力加大地面渠道的建设，在三年内开出1 000家“小米之家”。雷军甚至跑到河南农村的鸡毛小店去“取经”。

原本为“智能家居”而投资的小米生态链企业，也改变了策略，不再刻意谋求产品之间的互联互通，而是在销售平台上予以赋能和整合，除了原有的小米商城之外，又独立开出米家有品，专注于新兴的中产消费。

战略简单化之后的小米，花了一年多时间渐渐走出了低迷期，2017年9月，小米手机创下月销1 000万部的历史最好纪录。在新闻发布会上，雷军很侥幸地说："世界上没有任何一家手机公司销量下滑后，能够成功逆转的，除了小米。"

雷军的侥幸是有道理的，因为就在他说这句话的时候，昔日的偶像苹果也已经暮气沉沉。

自2007年乔布斯发布iPhone以来，苹果是全世界最成功的企业。10年间，苹果卖出了11.7亿部手机，创造营收7 750亿美元和2 500亿美元的利润，一跃而成为全球市值最高的公司，在2015年，苹果一家的利润占到了全部手机企业利润的91%。

可是，拐点便在这时出现。除了"最赚钱的公司"之外，苹果在科技创新上乏善可陈，它似乎不再是那个让人尖叫的品牌。在过去的一年多里，苹果在全球各市场的表现都不尽人意，iOS的市场占有率从22.2%一路下滑至13.2%。在中国市场，苹果更是遭到了中国军团的围剿，2016年第二季度以来，业绩持续下滑，2017年第二季度的营收相比去年四季度暴跌34%，排名落在四家中国公司之后。9月，库克发布iPhone 8，销量惨不忍睹，居然在淘宝上出现自降500元的现货手机。

在这部企业史上，一个又一个的企业起落故事告诉人们，成功是多么不可靠的一件事，如历史学家汤因比所发出的那个著名的设问："对一次挑战做出了成功应战的创造性的少数人，需多长时间才能经过一种精神上的重生，使自己有资格应对下一次、再下一次的挑战？"

在今年，徘徊多时的国有企业产权改革终于实现了颇有象征意义的突破。1月，云南白药的产权试验轰动全国，而到10月，央企中国联通的股权增发方案获得通过。

云药改革可谓一波三折。早在2009年8月，"福建首富"陈发树以22亿元从云南红塔烟草手中购得云药6 581万股的股票。可是这笔交易在红塔的上级公司中烟集团那里被搁浅了，理由是“为确保国有资产保值增值，防止国有资产流失”。2012 年，这笔股票的价值已上升到 40 亿元，陈发树愤而向法院起诉红塔，而后者表现得无能为力。

这一官司体现了国企产权改革的内在冲突性：如果是一笔烂资产，没有人会接手，而如果是一笔好资产，则“必然”涉嫌国有资产流失。在 2013 年年底的中共十八届三中全会上，中央首次提出“以管资本为主加强国有资产监管”，国有企业的混合所有制改革提上日程，可是“陈发树悖论”却始终让人视之为畏途，因此在过去的几年里，混改一直雷声大雨点小。《财经》杂志在一篇题为《对症国企改制》的时评中写道：“细查究竟，就会发现热潮之下，其间有着明显的改革错位和顶层设计缺失，迫切需要当局者自省和补救。混合所有制构想遇冷，外界对国企治理结构充满疑虑。”

2014 年，云南省在全国率先推进国有股权开放性市场化重组试验，一次性拿出 33 家国有企业进行试点。2016 年 12 月，云药混改方案获得省政府批复，陈发树以 253.7 亿元取得白药控股的 50% 股权。这是国企改革史上单笔交易额最大的控股式民营化方案。

▲ 漫画：中国联通 780 亿混改方案出炉

与云药改制相比，中国联通则在“国家队”的改革层面上更进了一步。

在中国通信业有“两王一常”之称，在过去的十多年里，王建宙、王晓初和常小兵三人轮番执掌中国移动、中国电信和中国联通的帅印，可谓影响这一产业发展的“三巨头”。到今年，王建宙退休，常小兵因贪腐入狱，只有王晓初推动了联通的决定性改革。

联通被获准改革，还是因为它的体量不大，且在寡头竞争中落入下风。今年上半年，它的净利润只有 24.2 亿元，不到中国移动的 4% 和中国电信的 20%，随着 5G 将在 2020 年商用，如果没有充沛的资金和灵活的机制，它似乎已没有任何翻盘的生机。王晓初提出的改革方案非常大胆，即参照云药模式，把整个联通集团——而不是某一块资产，拿出来进行混合所有制改革，同时允许联通内部的高管持有公司股票。在他看来，要让联通像“猎豹”一样地奔跑，必须改变“猪”一样的生理结构。

联通混改得到了最高层的支持，中央财经领导小组办公室主任刘鹤亲自主抓，国家发改委牵头协调，在大半年时间里，王晓初奔波于十多个部委。但是，即便这样，也在最后时刻闹出了一个乌龙事件。

8 月 16 日，王晓初在香港的业绩发布会上宣布了联通的改革方案，以中国联通 A 股为平台，通过“发行新股+转让老股”方式，引入腾讯、阿里巴巴、百度、京东等 14 家外部投资人，同时对核心员工施行持股计划，总共募集资金 779.14 亿元。完成股改后，这家央企基本形成了中国联通、投资人和公众股东的“三三开”混合多元股权结构。

这个方案发布三个小时后，中国联通突然从它的官网上撤下了相关公告。原因仍然是不符合现行规定和“涉嫌国有资产流失”。根据证监会的现行制度，上市公司的发行股份数量不得超过本次发行前总股本的 20%。但中国联通方案这一比例已达到 42.63%。此外，定向发行价低于停牌时的股价——核心员工的购买价格更是只有公开市场价格的一半左右，让参与混改的投资人“平白赚了钱”。

博弈在水面下进行。三天后，证监会发布公告，称在认真学习中央精神之后，将对联通的股票定增“作为个案处理”。两个月后，联通方案以“豁免”的方式得到了批复。

云药和联通的混改成功，分别在地方国企和中央企业两个层面蹚出了新的天地，它们体现了从“管企业为主”向“管资本为主”的改革思路转变。然而，这一改革的扩大化和普遍化，仍然在观念、路径和制度上，充满了种种盲点和障碍。

“中国经济是否进入了改革开放以来的第五个大周期？”在这一年夏天，经济界突然对这个问题展开了激烈的争论。

从数据上看，今年的宏观经济形势波澜不惊，然而，在具体的呈现上，却是暗流涌动，仍然处在极大的不确定性中。

核心经济指数的表现比想象中要好。首先是GDP，上半年同比增长了6.9%，好于去年同期，一到7月，国有企业利润增长更是高达23.1%。其次是人民币的陡然强势，在年初，几乎所有重量级的金融机构都认为贬值态势难以逆转，人民币兑美元破七指日可待。可是谁料到10月初，人民币竟逆势大涨5.76%，企稳在1美元兑人民币6.6元的水平上，让做空集团付出了惨重的代价。

在7月国务院召集的经济形势座谈会上，经济学家贾康展示了一个“挖掘机指数”，它由中国最大的机械装备企业三一重工提供，包括了混凝土、挖掘、吊装、路面、港口、桩工等20余万台工程机械的实时大数据。依据这套系统提供的指数，上半年，全国26家主机制造企业的挖掘机销量翻番，已经超过去年的全年销量，全年可实现200%~250%的增长。

对于这个另类指数，专家们得出的结论不太一样。

有人认为这意味着产业经济步入复苏轨道。今年上半年，房地产投资增长8.5%，出口增长8.5%，消费增长10.4%，基建投资增长17.5%。“当一台台设备成为屏幕上跳动的亮点时，这不就是基础建设行业的活力图吗？”

有人则担忧“挖掘机”有可能让制造业掉进成本抬高的大坑里。随着基建投资的高昂增长，钢材、焦炭及铁矿石的价格也开始水涨船高。最夸张的是螺纹钢，从去年年初的1 500元/吨，一路上涨到今年8月的4 000元/吨。一家叫华菱钢铁的企业，去年上半年巨亏7亿元，几乎陷入绝境，而在今年上半年，居然获利15亿元，猛然间咸鱼翻身。与此同时，家电、汽车企业的价格却不可能同步涨价，因此叫苦不迭。上游企业的利润回暖其实是利润在不同行业间的再分配，这可能导致下游行业的利润受到进一步的侵蚀。

8月，一个“新周期”的论点横空出世，它的提出者正是两年半前高呼“国家牛市”“党给我智慧给我胆”的宏观分析师任泽平。在他看来，2017年是第五个大周期的开始之年，“经过长达六年多的去产能、通缩和资产负债表调整，从来没有像今天这样深信，我们正站在新周期的起点上”。据此他提出，旧产能已经出清，应放松能源业的去产能政策。

任泽平的“新周期”论在业界引起激烈的纷议，大部分经济学家对此并不认同，有人认为“仅靠供给侧约束是不能带动需求的，无需求就无周期。而目前国内消费仍显不足，要增加消费需求，需要提高中低收入群体的收入水平，这不是一蹴而就的事情”。[①]更有学者嘲讽说，“高呼中国经济走出‘新周期’的人，不是无知就是投机”。[②]

2017年，唯一一个让世界惊艳的新人，可能是“索菲娅”。

她是一个女性机器人，拥有仿生橡胶皮肤，会做鬼脸和抛媚眼，脸上甚至有4—40毫微米的毛孔，几乎跟人类一模一样。10月底，沙特阿拉伯授予“她”公民

▲ 第一位“机器人公民”索菲娅

① 李迅雷，“不要用显微镜来寻找经济周期拐点”，2017年10月11日。

② 《北京晨报》，“任泽平提‘新周期’被怼”，2017年8月4日。

身份，这是世界上第一位“机器人公民”。

除了性感的“索菲娅”，今年的全球政坛和企业界都没有出现一张新鲜的面孔。

美国的特朗普干得并不顺利，他因为一番种族主义言论把自己弄得灰头土脸，特斯拉、迪士尼、优步以及默克医药等多位大公司的CEO辞去白宫的委员会顾问职务。不过，在9月，他发布了一项幅度惊人的减税计划，迅速扳回了民意，11月，特朗普访华，签下2 535亿美元的经贸协议大单，创下了世界贸易史上的新纪录。

今年10月，北京召开了中共第十九次全国代表大会，再次确认了习近平的领导核心地位。他提出：“我国社会主要矛盾已经转化为人民日益增长的美好生活需要和不平衡不充分的发展之间的矛盾。”[①]

德国的默克尔第四次当选总理，她超过“铁娘子”撒切尔夫人，成为欧洲在任时间最长的女性国家领导人。俄罗斯的普京在忙着筹备明年的足球世界杯，他的一位中将在叙利亚战场阵亡了，这让他很愤怒。日本的安倍晋三不出意外地赢得了“国政选举五连胜”。英国正在有条不紊地脱欧，最初的震撼期已经度过，今年英镑兑美元暴涨12%，做空的巴克莱银行总裁公开检讨，“我们错了”。

在经济界，所有的企业都挣扎在产业变革的“空窗期”。在今年的汉诺威工业展和拉斯韦加斯消费电子展（CES）上，人机协作、机器人和工业云服务亮点频现，不过大多仍处在概念型产品阶段，汽车厂家纷纷推出了自己的新能源汽车，而它们的量产时间被集体地定在2020年。

高科技公司的势力空前壮大，如果把美国五强——苹果、谷歌、微软、亚马逊、脸书和中国双雄——腾讯、阿里巴巴的市值加在一起，将达

---

① 主要矛盾：1981年召开的党的十一届六中全会，提出了“社会主义初级阶段主要矛盾”的说法，认为这一主要矛盾是“人民日益增长的物质文化需要同落后的社会生产之间的矛盾”。

到3万亿美元，超过了英国的GDP。但是，越来越多的人开始担忧，互联网以无比开放的姿态，正在形成绝对的垄断，科技巨头的过度集中将成为经济的最大顽疾。

▲ 2017年的汉诺威电子工业展上，中国的年轻企业家们“包围”了参展的机器人

在中国，BAT的势力无远弗届，它们在社交媒体、电商和搜索市场形成了垄断性的优势。在今年上半年，中国有98家“独角兽”公司，其中八成与BAT有关。[①]

在美国，谷歌占据搜索广告市场约77%的营收，亚马逊占据电商销售额的38%，脸书的移动社交媒体流量占比更高达75%。而且美国五强过去10年共进行了436笔收购，总价值高达1 310亿美元。[②]经济学教授特普林在《谁能让科技巨头停步？》的论文中警告，顶尖科技公司借助资本和互联网的触角排挤对手，成为赢家通吃的“超级明星”，这在“很大范围上”限制了创新的出现。

于是，对于2017年的人们来说，“活在当下”也许是沉闷的，不过，如果想认真地展望一下未来，却又令人莫名地焦虑不安。

今年全球最畅销的非虚构图书，是以色列人尤瓦尔·赫拉利写的

---

① 独角兽：据德勤发布的《中美独角兽研究报告》，截至2017年6月，全球共有252家非上市公司的估值大于10亿美元。这些“独角兽”分布在全球22个国家和地区，其中，美国和中国的数量分别达到106家和98家，占到了81%的比重。

② 彭博社，“美国科技巨头规模过大，再扩张可能被拆分”，2017年7月24日。

▲《未来简史》作者尤瓦尔·赫拉利

《未来简史》[1]。在他看来，几千年来，人类面临过的三大重要的生存课题——饥荒、瘟疫和战争，在未来都将不再是最重要的挑战，甚至在不远的时间里，克服死亡也仅仅是技术的问题。人类面临的新议题是人工智能革命，它将造成个人价值的终结，除了极少数的精英，99%的人将成为“无用之人”。

今年4月27日，在北京的移动互联网大会上，史蒂芬·霍金发表了视频演讲。这位只能动三根手指却拥有人类最杰出大脑的物理学家警告说：“我认为生物大脑能实现的东西和计算机能实现的东西之间没有真正的区别，人工智能的崛起，要么是人类历史上最好的事，要么是最糟的。”

李开复也在今年出版了他的新书《人工智能》。他的预测是，“人工智能将在未来十年取代一半人的工作。在需要考虑少于5秒的领域，人根本不是机器的对手，它们不喊累、不闹情绪、犯错率极低”。[2]他提醒中国的父母，必须让孩子慎重地选择大学的专业，因为弄不好，等他们毕业的时候，工作已经消失了。

作为一个普通人，一而再，再而三地听到这些“最强大脑”的预测、

① 《未来简史》，[以色列] 尤瓦尔·赫拉利著，中信出版社，2017年。

② 《人工智能》，李开复著，文化发展出版社，2017年。

警告和提醒，内心一定爬过成千上万只蚂蚁。大概在人类历史上，从来没有一个时刻像此时这样，对即将如期而至的未来有如此热烈的好奇和明确的集体无力感。当然，预言家们永远会在宿命论的最后留出一扇可以窥见阳光的小窗，尤瓦尔·赫拉利便写道，“认可人类过去的努力，其实传达出了希望和责任的信息，鼓励我们在未来更加努力”。

还是让我们再回到现实的世界。

在今年的文化产业出现了三个现象级的产品。腾讯出品的一款即时对战手游《王者荣耀》开启了“全民疯玩”模式，它的日活跃人数达到5 000万，相当于韩国总人口。腾讯不得不在7月发布“限时令”，规定12周岁以下未成年人每天限玩1小时，12周岁以上未成年人每天限玩2小时。根据苹果应用商店的统计，在全球十大最吸金手机游戏排名中，中国企业出品的游戏占到了9个。如果有一顶荆冠，中华民族可以被封为当之无愧的“游戏民族”。

7月上映的电影《战狼2》创下56亿元的票房纪录，这已超过2008年的全国电影总票房。这部电影描述的是一位被开除军籍的前军人在非洲卷入一场叛乱，他孤身一人带领身陷屠杀中的同胞，展开生死逃亡。它十分应景地响应了正在国人内心燃起的“大国心态”。在影片的最后有一个场景，男主角把国旗插进受伤的右臂，高举风中，穿过正在交战的战场。

一档叫《中国有嘻哈》的真人秀，意外地走红网络，前9期点播量突破15亿。谁也没有料到Hip-Hop这一发源于黑人贫民窟的小众音乐会有那么大的爆发力。“你有freestyle吗？”成为一句年轻人互相调侃的口头禅。它的观众以“95后”为主，基本与《王者荣耀》的玩家重叠。今年，快手、哔哩哔哩、抖音等互联网产品炙手可热，似乎代表着下一个急躁而碎片化的潮流。

41岁的政经作家许知远一向对大众狂欢不屑一顾，他曾用“庸众的胜利”形容当年的韩寒现象。今年，他在自己的人物访谈节目《十三邀》

▲《中国有嘻哈》总决赛录制红毯，吴亦凡被疯狂的粉丝拦截

里访问了马东，后者的《奇葩说》也是这两年很火的网络综艺节目。许知远问马东："你喜欢这个时代吗？还是说一点抵触的情绪都没有？"马东说："我喜欢，我喜欢，我喜欢。"

"好吧。"许知远的身子重重地砸在椅背上。

李玉琢是华为早期的一名副总裁，因为与爱人常年两地分居，他向任正非提出辞职。任正非听到这个理由后，觉得非常不可思议，他脱口而出：“为什么要离职，你可以离婚啊！”

2016年4月的一个晚上，有人在虹桥机场拍到一张照片，72岁的任正非独自一人拖着拉杆箱，排队等出租车，身边没有助理和专车。过了两个月，又有人在深圳机场的摆渡大巴上，拍到几乎同样的场景。

这一年的5月30日，北京召开全国科技大会——1978年，33岁的任正非参加过这个大会，当时他是6 000名与会者中最年轻的人之一——习近平主席和李克强总理俱到场讲话。轮到任正非发言时，他说：“华为已感到前途茫茫，找不到方向。华为已前进在迷航中。”熟悉他言行的人都知道，在过去的二十多年里，他一直表现得忧心忡忡，随时准备迎接“大限”的到来。

▲ 任正非

事实上，华为是四十年企业史上最成功的民营企业。在2012年，华为取代爱立信，成为世界上最大的通信设备生产者。2014年，华为的国际专利申请件数超过多年盘踞第一的美国高通，跃居全球公司之首。在2017年的世界500强榜单中，华为以785.1亿美元营业收入名列中国民营公司第一名，全球第83名。

任正非似乎是一个笛卡儿式的怀疑主义者，他们承认知识的有限程度，对人类行为的正面动机缺乏信心，因而更愿意以系统性的怀疑和不断的勇猛考验，达到求知求实的目的。放置于中国，他则类似于商鞅、曹操这样的人物。

多年以来，他一直拒绝与媒体直接见面，只在2014年的6月，接受过一次并非事先安排的、短暂的记者群访。外界对他的思想的了解，全部来自那些有意无意“泄露”出来的内部讲话或信件。

2000年，华为跃居全国电子百强首位，他发表《华为的冬天》，提出“磨难是一笔财富，而我们没有经过磨难，这是我们最大的弱点。我们完全没有适应不发展的心理准备与技能准备”。2002年，他写下《北国之春》，认为：“什么叫成功？是像日本那些企业那样，经九死一生还能好好地活着，这才是真正的成功。华为没有成功，只是在成长。”

2012年，他发表《一江春水向东流》，其中透露：“2002年，公司差点崩溃了，IT泡沫的破灭，公司内外矛盾的交集，我却无能为力控制这个公司，有半年时间都是噩梦，梦醒时常常哭。我的身体就是那时累垮的。身体有多项疾病，动过两次癌症手术。”对于危机，他仍然保持了极大的警惕：“我们对未来的无知是无法解决的问题，但我们可以通过归纳找到方向，并使自己处在合理组织结构及优良的进取状态，以此来预防未来。”

在一份内部讲话中，他更直率地说：“十年来我天天思考的都是失败，对成功视而不见，也没有什么荣誉感、自豪感，而是危机感。也许是这样才存活了十年。我们大家要一起来想，怎样才能活下去，也许才能存活得久一些。失败这一天一定会到来，大家要准备迎接，这是我从不动摇的看法，这是历史规律。”

“向死而生”是当代存在主义哲学的元命题之一，死亡在存在论上不是一个事件，而是存在本身，因此萨特才说，“我不是为着死而是自由的，而是一个要死的自由的人”。在任正非的所有传世文本中，均未见他言及任何哲学家思想，这只能说，是生命的苦难和磨砺让他成了一个悲观的勇敢者。

华为是一家非常独特而神秘的企业，在资本架构的设计上有两个特点。其一，任正非本人在华为的持股比例只有1.01%，其余的98.99%属于华为技术有限公司工会委员会，10多万名华为员工在服务期间享有股息分红权，离职之后则再无瓜葛。任正非说这一制度设计是当年他与老父亲讨论的结果。其二，华为是资本市场的“绝缘体”。在2013年4月的一封内部邮件中，任正非明确表示：“未来五到十年内，公司不考虑整体上市，不考虑分拆上市，不考虑通过合并、兼并、收购的方式，进入资本游戏。”

在某种意义上，华为更像一个内向繁衍的“种族部队”，自生胚胎，外拒通婚，因而保持了强大而纯粹的文化聚合力，同时也容易引发外界的好奇和猜测。2012年，当华为超越爱立信之际，《经济学人》曾发表《谁在害怕华为？》一文，质疑华为的崛起，引起了关于网络间谍活动的恐慌，“有人认为中国政府在帮助华为赢取海外合约，以便让谍报人员利用其网络来进一步窥探全球电子通信网络”。①

在企业文化上，华为的全部管理制度和政策强调“以客户为中心，以奋斗者为本”，让听得见炮声的人来呼唤炮火。正是这种对前进的不容置疑的拥抱，造就了一个很难被击垮，却又有着种种内在纠结的战斗型组织。

在华为，有两个10%的制度。

其一，公司每年拿出营业收入的10%投入科研。这一制度坚持了二十多年，使得华为成为中国乃至全球最具研发冲击力的科技公司。2015年，华为的研发经费为596亿元，这个数字超过了全国25个省市的研发投入。

其二，每个层级不合格干部的末位淘汰率要达到10%，这使得华为内部的岗位竞争空前激烈。在1996年和2007年，华为曾发起过“集体大辞职”的运动，每次均有7 000人递交辞职报告，在接受组织的评审后，再行签约上岗。为了保持公司的年轻态，华为还规定45岁即可申请退休。

---

① “Who’s Afraid of Huawei?”, *The Economist*, Aug 4, 2012.

在任正非的价值观里，“企业的意义”是一个非常简单的东西。活着是至高无上的信条。华为对国家的责任是合法纳税、多纳税，而公司与员工的关系则只与契约有关。有一次，管理学教授陈春花与任正非对话，谈及员工与公司的关系时，她用到了“感恩”这个词，任正非当即表示不接受，他说：“在华为，我们不需要员工感恩，如果有员工觉得要感恩公司了，那一定是公司给他的东西多了，给予他的多过他所贡献的。”

到2017年，任正非创业满三十周年。如果不是在1987年以2.1万元资金创办了一家叫华为的小公司，他现在应该是一个疾病缠身的退伍老军人，每天郁郁寡欢，偶尔写一点不咸不淡的回忆小文，以翻阅《读者》杂志为乐。

2018 改革的“不惑之年”

这个时代从不辜负人，它只是磨炼我们，磨炼每一个试图改变自己命运的平凡人。

——本书作者

到今年年底，孙中伦将完成硕士学业，他出生于1994年，在剑桥大学的人类社会学系就读。在过去的几年里，每当暑假期间，孙中伦就会回国参与不同的社会实践。他在北京的单向街书店当过店员，去甘肃定西做过支教老师，在成都漆器厂当过学徒工。2015年的时候，他孤身南下东莞，在一家电子厂当了两个月的打工仔。

在这个国家最简陋的教室及那些被机器轰鸣声淹没的车间里，孙中伦遇到了他的同龄人和一个陌生的当代中国。“那里有打铁声，塑胶味，一群忙碌无言的人和一堆日夜不休的机器。”孙中伦说，“我真无能为力，为他们做不了什么，我就是想把他们的故事记录下来。”

距离他打工的工厂300米远，是亚洲最大的观澜湖高尔夫球场，那里出没着这个时代的成功者，当然也包括他们那如南国阳光般明亮的子女。根据中欧商学院的一份调查报告，一半左右的企业家二代表示对继承他们父辈的产业兴趣不大。[①]孙中伦的家乡在江苏江阴，那里是改革开放以来最早富裕起来的乡镇，与他的祖父年纪相近的吴仁宝是第一代著名农民企业家，他领导的华西村一度号称“天下第一村”。如今，吴仁宝已经去世，由他的三个儿子领导的华西村集团正面临严峻的转型压力。

四十年来，一切已经出现的、正在发生的，都无可厚非。每一个人的生活都如同一粒被糖衣包裹着的巧克力，它也许是甜腻的，也许是苦涩的，但是，其内心却是一致的焦虑。

焦虑也许正是这个时代唯一的特征。

在这轮经济变革开始的1978年，全体国民并不知道未来之路通往何处，他们所能够告诉自己的是，必须从贫瘠中逃离出来，无论用怎样的手段，在金钱的意义上改变自己的命运。那是一个混乱而野蛮的年代，一切秩序都被破坏，一切坚硬的都烟消云散。

到2008年的时候，广袤疆域中的每一寸土地都被翻耕，每一堵围墙都被冲击和推倒，每一个城镇、街道和家庭都面目全非，经济的高速成长以及奥运会的盛大举办，给全民留下了一段激荡的岁月记忆。

再过了十年，当中国成为全球第二大经济体，当孙中伦们也成熟起来的时候，新的国民命题开始出现了。人们发现，旧有的机遇、经验和能力消失了，贫富悬殊、阶层固化替代物质发展成为新的挑战，甚至连互联网也形成了让人畏惧的垄断性力量。

---

① 接班：我国民营企业中约有90%为家族式经营，未来五到十年内，将有300万家企业面临接班换代的问题。《中国家族企业传承报告》（2015）显示，明确表示愿意接班的二代仅占调查样本的40%，而有15%明确表示不愿意接班，另有45%态度尚不明确。

从1978年的徘徊苦闷，到2008年的激越亢奋，再到此时此刻的群体焦虑，四十年的中国以空前的破坏性创造，向世界证明了自己的勇气和格局。同时，也让这个国家在巨大的不确定性中，迈向更辽阔的未来。

对抗焦虑的最好手段，也许仍然是不甘现状和剑及履及的进步。

美国心理学家罗洛·梅（Rollo May）发现，20世纪中期，美国中产阶层中弥漫着焦虑的情绪。在《焦虑的意义》一书中，他挑战了“精神健康就是没有焦虑”的流行观念，相反，“适度的焦虑与人的活力以及创造性成就，存在密切的内在关系”。许多时候，解药与毒药并行交织，而减缓焦虑的手段之一，便是从事疯狂的活动，“对工作的大力强调，已经成为缓和焦虑的一种心灵功能”。[①]

在这个意义上，当今中国既有自身成长的转型特征，同时，它也越来越融入全球现代化的普世性进程。从年广久、吴仁宝，到张瑞敏、柳传志，再到马云、马化腾，以及正在剑桥深造的孙中伦们，中国在不同的时代给出不同的机遇和使命，让一代代人用自己的方式承担和解答。

中国现代化的动力源到底是什么，这一直是容易引发争论的、让人无不焦虑的话题。

早在1948年，青年费正清在《美国与中国》一书中，用“冲击—反应”模式解释中国的现代化之旅。在他看来，“西方是中国近代转型的推动者，是西方规定了中国近代史的全部主题”。[②]面对这一冲击，中国做出的回应是在逐渐引进引起“永久性变化”的要素的同时，背弃传统的“周期性变化”模式，走上现代化道路。

到了半个多世纪之后，当费正清编完厚厚十五卷《剑桥中国史》之后，他却部分地修正了自己的观点。在《中国新史》中他承认，中国的现

---

① 《焦虑的意义》，［美］罗洛·梅著，广西师范大学出版社，2010年。

② 《美国与中国》，［美］费正清著，世界知识出版社，1999年。

代化尽管受到西方的影响，但是，主要仍是基于中国自身的内在生命和动力。不过，直到去世，费正清仍然没有解释清楚，中国变革的内在动力与西方制度创新之间的互融与冲突关系。

就如同在文化思想界发生的情景一样，关于本轮经济改革的制度对标体以及它的动力源，从改革的第一天起就出现了分歧，一度竟表现得十分激烈。直到进入第四十个年头的今天，这一悬疑的课题变得越来越重要和迷人。

罗纳德·科斯在《变革中国》一书中，曾用“人类行为的意外后果”来形容中国的本轮经济变革运动，“引领中国走向现代市场经济的一系列事件并非有目的的人为计划，其结果完全出人意料”。当他在2008年写下这段文字时，也许已经预见到接下来的十年，中国改革的独特性仍将让人在好奇中忐忑不安。

从四十年的历史来俯瞰，科斯的判断也许只对了一半。

在中国，经济改革的成功并非国家治理的唯一目标，它从来被置于稳固执政地位和维护国家安全的两大前提之下，因此，有着高于经济发展的“人为计划性”和别于他国的中国特色。对这一现状的漠视，造成了很多中外学院派学者的长期误判。

2015年9月，曾因出版《历史的终结与最后的人》而名声大噪的弗朗西斯·福山，出版了他的新书《政治秩序与政治衰败》。他修正了十多年前的“历史终结论”，提出一个国家的成功发展离不开三块基石：国家能力、法治与民主责任制。在他看来，中国与美国分别处于这一政治秩序的两端：中国拥有强大的政府，能够有效快速地落实各种民生政策，但它需要在法治和民主上继续努力；而美国虽有法治和民主，但由于制衡体系过于庞杂繁复，“制衡效率太高”，导致联邦政府的施政能力低下。[①]

---

① 《政治秩序与政治衰败：从工业革命到民主全球化》，[美] 弗朗西斯·福山著，广西师范大学出版社，2015年。

福山的现实主义修正，对解读中国改革提供了新的视角。

在一开始，看到中国的城乡变化，很多经济学家都吓出了一身冷汗，现象的复杂性难以用既有的理论予以解释，因为它们暗示着诸多“意外”的协调一致。最后，人们终于克服了这个问题，办法是回到人的欲望本身。

透过本部企业史所描述的无数细节，我们可以发现，在缺乏长期性顶层设计的前提下，中国经济变革的动力来自四个方面。

制度创新——四十年来，恢复及确立市场在资源配置中的角色与作用，一直是中国治理者在持续探索的方向，其间的稚嫩、反复及彷徨，构成了改革的所有戏剧性。与其他市场经济国家不同的是，中国政府始终没有放弃国有资本集团在国民经济中的控制力，这也成为制度创新的最大不确定因素。

容忍非均衡——中国改革的非均衡特征和“灰度治理”，是打破计划经济体制的独特秘诀。它包括“让一部分人先富起来”、东南沿海优先发展、给予外资集团的超国民待遇，甚至还有对环境破坏的长期容忍、对农民工群体的利益剥夺，以及民营企业家对现行法律的突破。

规模效应——庞大的人口规模为中国的创业者提供了巨大的成长红利，这使得每一个产业的进入者都有机会以粗放的方式完成自己的原始积累，然后在此基础上，建立核心竞争力。“巨国效应”及规模可能形成的势能，无论是产能、消费力，还是资本能力，往往会以出其不意的方式创造出新的可能性和模式突变。

技术破壁——相对于制度创新的反复性，技术的不可逆性打破了既得利益集团的准入性壁垒，从而重构产业范式，并倒逼体制内改革。这一特征在改革的前三十年并不突出，然而，随着互联网的崛起，很多产业的原有基础设施遭到毁灭性破坏，带来了竞争格局的焕然一新。在可以预见的未来，技术的破壁能力将在更多的领域中持续发酵。

中国的整体国家能力的形成，带有鲜明的集权体制特征和代价性，同时也呈现出基层组织创新和人民创造历史的热情。从费正清到罗纳德·科斯，以及所有现世的中外学者，都试图破解“中国之谜”，这个任务仍有巨大的解释空间。

在2018年的某个时刻，从柳传志和马化腾的办公室往下眺望，你可以清晰地看见他们的来路去途。

联想控股大厦位于北京中关村。26岁那年，柳传志从珠海白藤农场被抽调入京，进入中科院计算机研究所当一名助理研究员。14年后的1984年，他在中科院的一个门卫室创办联想公司，从此展开了一段别样的人生。十多年前，中科院把计算所的土地拿出来，交给柳传志开发，今天的联想控股大厦正是盖在这块地上。站在幕墙大玻璃前，年过七旬的柳传志会饶有兴趣地指给访客看，这排红砖老楼是中科院的宿舍区，那边绕一个弯，就是当年创业的门卫室。

▲ 本书作者吴晓波与柳传志

腾讯大厦位于深圳华侨城，从马化腾的办公室望下去，便是被一片绿意环绕的深圳大学。1990 年，长相清秀的小马哥在这所学校的计算机系就读，他平日不善社交，没有加入任何社团组织，却是计算机房里的病毒高手。如今，他从那里的一位青葱懵懂的学生，成长为互联网界最有权势的人之一。

就如同这两个场景所隐喻的那样，在过去的很多年里，每一个中国人都在自己的生命道路上，彻底地刷新着全部的记忆。但是同时，他们的人生轨迹并非不可捉摸，甚至在某些细节上，隐含着时代变革的延续性和命运的神秘感。

未来从来不会自动地发生，它诞生在一片被击碎的旧世界的废墟上。这个地球上，总会莫名其妙地冒出一群偏执狂，他们破坏旧秩序，创造新物种，然后自己又在历史中变得不合时宜。

你很难说，2018 年的中国属于哪一代人。

在今年，698 万名出生于 1995 年的大学毕业生将进入各自的职场，而

▲ 未来中国会怎样?

2000 年出生的人则将参加全国高考。作为顶级轿车品牌的奥迪车，全年销量中的 54% 为“80 后”。在去年年底的电商年货节上，“80 后”“90 后”成为线上囤年货的主力军，其消费金额占比接近八成。而全国的每一栋百货大楼，每一个服装、饮料、文化品牌，如果与这些年轻人无关，则几乎意味着死亡。根据麦肯锡的财富报告，中国千万富翁的平均年龄为 39 岁，比美国至少年轻 15 岁，在这个全球最大的奢侈品市场上，约有 45%的购买者年龄在 35 岁以下。

也是在今年，从万科董事长位置上退休的王石，仍频繁地参与种种公益和商务活动，他每天在一张蹦床上健身一个小时，并决意在三年后 70 周岁的时候，再次攀登珠峰。今年的 1 月 14 日，是褚时健的 90 岁生日，他在云南龙陵县和陇川县征得 36 000 亩山林地，开始营建多品种水果基地，到秋天，第一批挂果的甜橙和水蜜桃就将可以采摘。

“这是现代中国的第一代人，他们被允许对其未来做出真正的选择。”《时代》周刊曾用这样的口吻描述当代中国人，换而言之，这也应该是四十年改革的最大成就。这个时代从不辜负人，它只是磨炼我们，磨炼每一个试图改变自己命运的平凡人。

在 2017 年中国企业 500 强排行榜上，排名前五的分别是国家电网、中石化、中石油、中国工商银行和中国建筑。这是一个以营业收入为指标的榜单，排名前三十的企业中，来自民营资本集团的只有华为控股和饱受争议的安邦保险。从这个角度来看，可以清晰地看到数十年来，国有企业的强势和控制力并未削弱。

如果换一个角度，从市值来比较的话，你会看见另外一个真相。

在 2007 年，全球市值最高的十大公司分别是：埃克森美孚、通用电气、微软、中国工商银行、花旗集团、AT&T、荷兰皇家壳牌、美国银行、中石油和中国移动。

而十年后的 2017 年，榜单赫然已面目全非，十家公司分别是：苹果、谷歌母公司、微软、脸书、亚马逊、伯克希尔-哈撒韦、腾讯、美国强生、埃克森美孚和阿里巴巴。

在全球商业界，七位爱穿牛仔裤的高科技企业家取代了传统的能源大亨和银行家，而在中国，两位姓马的互联网人取代了三个“国家队”队员。你终于发现，世界真的变了，中国也真的变了。

在十年前，如果讲国民经济的基础设施，它们是电力、银行、能源、通信运营商等，基本完全被国有资本集团控制。可是在2018年，你必须要提及社交平台、电子商务平台、移动支付平台、新物流平台及新媒体平台，而它们的控制人几乎全数为民营资本集团。

在决定未来十年的新兴高科技产业中，人工智能、生物基因、新材料、新能源等领域，民营企业的领跑现象似乎也难以更改。

这种因技术破壁而带来的资本竞合格局，不得不让人开始重新思考国有资本在国民经济中的角色、功能及存在方式。而这个课题，其实正是1978年改革开放的启兆点。

由此，你惊奇地发现，貌似毫无路线预设的中国改革，实则一直有一条强大的市场化内在逻辑。如同大江之浩荡东流，其间曲折百回，冲决无碍，惊涛与礁石搏斗，旧水与新流争势，时而江平潮阔，时而床高岸低，但是，趋势之顽强，目的之确然，却非任何人可以抵挡。

同时，你也必须看到，中国改革及企业成长的复杂性，一点也不会因为趋势的存在而稍有减缓。

数十年前，中国改革的“假想敌”是僵化的计划经济体系，大破必能带来大立。对既有秩序的破坏本身具有天然的道德性，甚至“时间就是金钱”，“所有的改革都是从违法开始的”。然而，时至今日，“假想敌”变得越来越模糊，全民共识近乎瓦解，破坏的成本越来越高、代价越来越大，甚而改革成了一个需要被重新界定的名词。

数十年前，市场开放、产业创新可以采用“进口替代”和跟进战略，我们以“市场换技术”“以时间换空间”，通过成本和规模优势实现弯道超越。然而，时至今日，越来越多的中国公司成为全球同行业中的规模冠军，它们的前面不再有领跑者，创新的叵测与压力成为新的挑战。

数十年前，全世界都乐于看到中国的崛起。在世界银行的名单上，它是一个亟待被援助的落后国家；在欧美企业家的认知中，它是一个商品倾销和技术输出的二线伙伴；甚至在某些意识形态者眼中，它是下一场“颜色革命”的发生地。然而，时至今日，中国成为最大的外汇储备国和第二大对外投资国，至少有127个国家视中国为最大的贸易伙伴，甚至连《时代》杂志都献媚似的以“中国赢了”为封面报道的标题。与此同时，中国资本的购买能力引起了西方国家的警惕，并予以政策性的遏制，而中国的制度特征也时时引发意味深长的猜想。

▲《时代》杂志封面

于是，当改革进入下半场之后，中国的自我认知亟待刷新，世界与中国的互相了解和彼此心态，也面临新的调整。这不是一个会轻易达成的过程。英国历史学家尼尔·弗格森在《巨人》一书中，如此评论美国：“我认为世界需要一个富有成效的自由帝国，而美国就是这个工作的最佳候选人。美国完全有理由扮演自由帝国的角色。”[①]而当中国在经济的意义上崛起为一个足以与美国抗衡的“帝国”的时候，所有的历史学家都还没有找到适当的评价用词。

“中国是一只沉睡中的东方雄狮，最好它永远不要醒来。”两百多年前，拿破仑曾用小心翼翼的口吻如此说道。今天，当这只东方雄狮真的苏

① 《巨人》，[英] 尼尔·弗格森著，中信出版社，2013年。

醒过来的时候，它的每一次啸叫和迈出的每一个步伐，都让全世界屏气注目，各自揣度。

1978 年，万物开泰；

2008 年，三十而立；

2018 年，四十不惑。

此时此刻，中国以新兴大国的姿态站立在历史的临界线上。回望来途，自可以在百感交集中对酒当歌，慨当以慷。瞭望未来，洪波涌动，日月之行，若出其中。

回望整整一百年的中国现代化，你会发现这是一个十分漫长而曲折的历程。1918 年 1 月，《新青年》实行改版，改为白话文，使用新式标点，由此掀起了白话文运动的热潮。在这一年的杂志上，可以读到陈独秀、胡适、鲁迅等人的名字，这些风华正茂的年轻人以激扬的文字指点江山。正是在他们的呐喊下，1919 年爆发五四运动。可是，在而后的岁月中，中国往何处去，“娜拉为什么要出走”，什么是中国式的现代化道路，却一直没有达成共识，那些《新青年》上的年轻人分道扬镳，有些成为彼此终生的敌人。

从 1918 年到 2018 年，我们的国家就是一艘驶往未来的大船，途经无数险滩、渡口，很难有人可以自始至终随行到终点。每一代人离去之时，均心怀不甘和不舍，而下一代人则感念前辈却又注定反叛，总是试图以自己的方式掌控和改造行程。

一百年后的今天，《新青年》上激辩过的议题，有些已成历史公案，有些仍然鲜活地存在着。一个最大的进步是，当年的救亡焦虑不再困扰当代人，而大国的和平崛起则成为新的主题。在今天，所有的人，都在预测国家的未来。

有一些事情的发生是大概率事件。

经济学家林毅夫认为，“按照市场汇率计算，中国的经济规模最慢到

2025年会超过美国。若是按照购买力平价计算，2025年中国经济的规模可能是美国的1.5倍或者是更高”。尽管他是经济学家中最乐观的一位，不过在未来的十到十二年内，中国在经济规模上超过美国，恐怕是一个共识。①

到2030年前后，中国的城市化将进入尾声，届时有9.4亿人口居住在城市里，由此将可能出现6~10个3 000万人口级的巨型城市群。在那一年，中国的老龄化人口将超过30%。而步入中老年的“60后”“70后”一代将成为全球规模最大的高净值群体，养老产业替代房地产成为第一大消费产业。

也是在未来的这十来年里，“第四次浪潮”所形成的科技进步将颠覆既有的产业秩序，甚至挑战人类的伦理。随着奇点时刻的临近，机器人智力逼近人脑；生物革命将可能让人类寿命达到100岁；中心化的互联网消失，万物联网时代到来；新能源革命，将宣告石油时代的正式终结。没有人知道，今天出现在全球市值前十大名单上的公司，在十年后还会幸存几家。

在科技进步的意义上，“四十不惑”的中国，正处在大变革的前夜。而技术的非线性突变又会对中国社会造成哪些制度性的破壁，更是让人难以预测。

有人叹息青春散场，历史已经结束，也有人吟唱“世界如此之新，一切尚未命名”。

对于这一段未尚结束的当代史，必须摆脱历史宿命论，承认历史发展的戏剧性和人的主动性。我们更应该相信科学史家伯纳德·科恩的看法是对的，他说：“对那些与事先设计的模式不相吻合的事实，要予以特殊的注意。”②创造意味着背叛和分离，也就是说，新的发生总是伴随着不适感和不确定的可能性。

---

① 《新结构经济学》，林毅夫著，北京大学出版社，2012年。

② 《新物理学的诞生》，[美] 伯纳德·科恩著，商务印书馆，2016年。

▲ 87 岁的世界杂交水稻之父、中国工程院院士袁隆平来到灌阳黄关镇联德村的超级稻攻关示范基地查看水稻生产

从今年起，袁隆平决定启动“中华拓荒人计划”，开发一亿亩荒滩，实现多养活一亿人的目标。

袁隆平出生于 1930 年，1949 年在重庆北碚夏坝的相辉学院农学系读书，其间迎来了新中国的诞生。1953 年，他被分配到偏远落后的湘西雪峰山麓安江农校教书，7 年后，他在农校试验田中意外发现一株特殊性状的水稻，暗中尝试水稻杂交试验。

1966 年，36 岁的袁隆平发表第一篇学术论文，随即，“文化大革命”爆发，试验数度中止，他遭批斗、被迫写检讨。1978 年，他出席首届全国科学大会并获奖，袁氏杂交水稻在全国大面积普及试种。1999 年，“超级杂交水稻”创下亩产 1 137.5 公斤的世界高产纪录，推广面积达到 3 000

万亩。二十余年间，因他的努力，中国粮食增收 3 000 亿公斤，[①]袁隆平被称为“杂交水稻之父”。

2000 年，隆平高科在深交所上市，在农业上市公司中长期排名前三，作为第五大股东的袁隆平成为“亿万富翁”。

2012 年，82 岁的袁隆平，来到山东东营的一块盐碱地，历时五年，经过 1 162 次试验，成功筛选出优质耐盐碱生稻，他决心在余生改造亿亩千年荒滩。

在袁隆平身上，一切价值都还原为时间，而时间演绎出种种的苦难、不堪与执着，然后与一个动荡而宏大的时代“杂交”为传奇。

只要时间还在行走，它就未尝完成，从袁隆平到每一个中国人，就可以学习和尝试更多的东西。

---

① 环球网转载，“马媒：‘袁隆平式财富’值得省思”，2011 年 10 月 7 日。

中国企业家谱系（1978—2018）

我一直在潜心观察这一切，但我感兴趣的是大潮，而不是潮水所裹挟着的鱼虾。

——安德烈·纪德

本文所定义的企业家是指从事商业活动的私人资本经营者。2013年，全国在册私营企业数量突破1 000万家，约占全国企业总数的80%。到2017年，这一数字约为2 000万家。北京师范大学的一份《2015劳动力市场研究报告》显示，中国每天新增私营企业约一万家。①

企业家作为一个阶层，在1956年曾经被制度性

① 私营经济规模：私营企业指的是年营业收入500万元以上的经营体，此外，全国还有5 700万家个体工商户(2017)。这两部分相加，几乎相当于全球第四大经济体德国的总人口数。

地清除。[①]从 1978 年之后，企业家从无到有的出现过程，可谓本轮改革开放最为重大的事件之一，因而具备了创世纪般的特征。四十年间，企业家第一次替代政府成了解决就业和摆脱经济危机的领导力量，富有创新的企业家精神深刻地影响了社会的各个领域，并重新塑造了一代中国青年。

1978—1983：农村能人草创时期

历时四十年的中国经济崛起运动——改革开放，启兆于对计划经济和阶级斗争理论的告别，它开始得非常匆忙且充满了争议，因而并无“蓝图”可言。不过，其发起的路径则是清晰的：所谓改革，是从农村发动，以“包田到户”承包制为突破口，解放农民的劳动生产积极性；所谓开放，则是试图以特区和沿海城市搞活的方式，引进国际资本，实现制造业的进口替代。

因而，企业家的萌芽，便是在这两大领域中率先出现，并以“农村能人”的广泛涌现为最重要的特征。

在广袤的农村地区，企业家的诞生分为三类族群，一是政经合一的村级带头人，二是社队作坊或小工厂的厂长，三是县村个体劳动者。

社队企业的历史非常悠长，几乎与人民公社同步。它在资产归属权上具备集体所有制的性质，同时还带有“强人经济”和家族世袭的特征。

社队企业的代表人物：

禹作敏——天津，静海大邱庄；

吴仁宝——江苏，江阴华西村；

王宏斌——河南，临颍南街村；

徐文荣——浙江，东阳横店村。

---

① 参见《跌荡一百年：中国企业 1870—1977》（下卷），吴晓波著，中信出版社，2017 年。

上述“一庄三村”，是20世纪80年代早期的农村工业经济改革典范，此四人均为村级组织的党支部书记，同时又是企业的法人代表，兼具地方行政治理和经营赢利的双重职责。

除了这一特殊模式之外，还有一些人并不具有行政身份，是村级或县级工厂的负责人：

鲁冠球——浙江，萧山万向节总厂；

沈文荣——江苏，张家港锦丰轧花剥绒厂；

步鑫生——浙江，海盐衬衫总厂；

何享健——广东，顺德北街办塑料生产组。

尽管这些人所创办的企业被统称为“乡镇企业”，不过在创建模式上还是有很微妙的差别，后者更符合经典意义上的企业组织。进入90年代之后，后者中的大多数完成了产权改制，而前者迄今仍在所有制上模糊不清。

第三类人是个体劳动者，他们大多出身于社会最底层的拾荒者、失地农民或“坏分子”家庭，具备草根创业的特征。在早期，因为鲜明的私人资本特征，遭到激烈的公共争论，受到了最大限度的制度性打击：

年广久——安徽，芜湖“傻子瓜子”；

温州“八大王”——浙江，温州的生产或贸易从业者；

刘永行、刘永好四兄弟——四川，新津鹌鹑养殖。

在对外开放领域中，率先出现的是香港商人，这与深圳特区的创建和华南地区的开明治理有关。一个非常隐秘的事实是，这些进入内地发展的香港商人中，有相当比例是20世纪六七十年代的逃港者回归。

1984—1991：工厂管理启蒙时期

从1984年起，城市体制改革拉开帷幕，经济改革的主战场从农村向城市转移，承包制被大规模引进——即所谓的“包字进城”，城市经济中的边缘青年、大型国营工厂的下岗人员、找不到工作的退役军人，以及不甘于平庸生活的基层官员，成为新的创业者族群。

1984 年，可以被视为“中国企业元年”。在这一年，一批极富个性的城市创业者集体出现在历史的舞台上，其中名气最大的四个人，分别代表了四种不同的经营模式：

柳传志——北京，联想公司，“贸工技”模式的代表；

张瑞敏——山东，青岛海尔冰箱厂，“工贸技”模式的代表；

王石——广东，深圳万科公司，贸易及专业化经营的代表；

牟其中——四川，南德公司，中国最早的资本运营模式的代表。

这四位企业家的早期历史，都与全球化有关。无论是联想、万科的进出口贸易，海尔的德国生产线引进，还是南德的“罐头换飞机”，均展现出新的产业变革生态，是进口替代战略的获益者。其中，张瑞敏的实践最具时代的先进性，海尔的质量管理模式启蒙了一代实业者。

随着东南沿海优先发展战略的执行，企业创新的主流区域集中于沿海各省，由此出现了不同的地域性流派。

苏南模式：以乡镇及县市集体经济为特征，包括了江苏南部（苏州、无锡、常州）和浙江东北部（杭州、宁波、绍兴）的主流企业发展路径。代表人物有：

周耀庭——江苏，无锡红豆，服装；

蒋锡培——江苏，无锡远东，电缆；

李如成——浙江，宁波雅戈尔，服装；

郑永刚——浙江，宁波杉杉，服装；

宗庆后——浙江，杭州娃哈哈，饮料。

温州模式：以私营经济为特征，代表了最早期的私人资本创业路径。与苏南模式相比，在整个 80 年代，温州模式一直饱受争议，也是最勇敢和野蛮成长的一支。代表人物有：

南存辉——浙江，温州柳市正泰，低压电器；

胡成中——浙江，温州柳市德力西，低压电器；

王振滔——浙江，温州永嘉奥康，皮鞋。

珠三角模式：这一模式介于苏南模式和温州模式之间，部分地呈现为混合所有制的特征，因地方政府的开明，这一流派的企业非常显赫和引人瞩目，其产业较集中于食品饮料市场，有“珠江水、广东粮，北伐全中国”的说法。代表人物有：

李经纬——广东，三水健力宝，饮料；

潘宁——广东，顺德科龙，电器；

何伯权——广东，中山乐百氏，饮料；

李东生——广东，惠州TCL，电器。

除了上述三大地域性流派之外，这一时期还零星地出现了大学生及科技人员下海经商的现象，他们中的一些人创造性地改变了一个行业的中国式成长模式。代表人物有：

任正非——广东，深圳华为，通信设备；

段永平——广东，中山小霸王，学习机；

王文京——北京，用友，财务软件服务。

这一时期的企业发展有两个显著的特征：

其一，为了满足短缺的消费市场，从国外引进大量的生产线。质量管理和商品意识成为企业的核心竞争能力，日本式的管理思想得到极大的普及，几乎所有的成功者都是车间管理能手。

其二，民营企业的成功集中地发生在“吃穿用”——饮料食品、纺织服装和家用电器——三大领域。它们的出现，彻底改变了以重工业和军工产业为主的计划经济模型，推动了民生产业的快速扩张。

1992—1997：品牌营销狂飙时期

1992年邓小平南方谈话之后，中国真正进入“发展才是硬道理”、用金钱重估一切价值的世俗狂欢时代，下海经商成为人们的主流生存选择。企业家作为一个社会阶层，开始整体出现。在某种意义上，中国社会主流人群的创业经商运动，是从 1992 年开始的。

“92 派”：特指那些在大学院校、中央及省级党政机构就职的知识分子，在 20 世纪 80 年代末期，他们积极参与了经济体制改革的顶层设计，1992 年之后纷纷下海经商，其内心均有浓烈的社会改造情结。他们后来发起创办了亚布力论坛。代表人物有：

陈东升——国务院发展研究中心研究人员，泰康人寿，保险；

田源——国务院经济改革方案办公室价格组副组长，中国国际期货公司，金融；

冯仑——中央党校政治学博士，万通，房地产；

郭凡生——中国体制改革研究所联络室主任，慧聪网，电子商务。

大学生下海派：与出生于 20 世纪 50 年代的“92 派”不同，这一部分创业者均是 60 年代生人，他们更带有经商的主动性和纯粹性，并没有政治上的抱负。代表人物有：

史玉柱——广东，珠海巨人，电脑汉卡；上海健特生物，保健品；

求伯君——广东，珠海金山，软件开发；

郭广昌——上海，复星，市场调查、房地产；

王传福——广东，深圳比亚迪，充电电池。

整个 90 年代的中后期，是民族品牌大规模崛起的阶段。经历了十多年的产能扩张之后，短缺经济迅速向过剩经济转化，企业家的核心竞争力从生产能力向营销能力和公司治理能力迭代。在前两个时期出现的企业家群体中，凡是在市场化运营上出色的人，都成了“英雄”。他们惯用的“武器”有两个，一是倡导国人用国货，二是价格战。到 1996 年前后，他们在家电、服装和饮料等领域都取得了非凡的成功。

在这一趋势的推动下，出现了一批非常激进的营销型企业家。他们围猎中央电视台的“广告标王”，实施广告轰炸和人海战术，一度主导了中国消费市场的潮流。他们又被称为“营销狂飙派”。代表人物有：

吴炳新——山东，济南三株，保健品；

倪润峰——四川，绵阳长虹，电视机；

胡志标——广东，中山爱多，VCD；

姬长孔——山东，临朐秦池，白酒。

如果说上述企业家在商品营销上大放异彩的话，那么，还有一些创业者开始通过渠道模式的创新变革，成为他们的“革命者”。这些人在本时期并不引人注目，但是在接下来的十年里，他们将成为新的主导型力量。代表人物有：

黄光裕——北京，国美，家电连锁；

张近东——江苏，南京苏宁，家电连锁；

袁亚非——江苏，南京宏图三胞，IT连锁；

车建新——江苏，红星美凯龙，家居连锁；

王卫——广东，深圳顺丰，快递配送；

“桐庐帮”——浙江，桐庐申通、圆通、中通、韵达，快递配送。

1998—2008：资本外延扩张时期

在经历了1998年的东亚金融危机之后，中国宏观经济发生了三个重大的战略性转变：其一，制造业由内需主导向外贸主导转变；其二，商品房制度诱发地产热；其三，城市化建设推动能源及重化产业蓬勃发展。

在这一时期，影响中国企业界的主流治理思想，从日本模式向美国模式迭代。

在景气红利的陡变之下，制造业面向内需市场的创新变得乏力，“利润如刀片一样薄”（张瑞敏语）。与此同时，渠道商的力量爆发，进一步剥夺了制造业品牌商的利润空间，黄光裕曾在2004年、2005年和2008年三度问鼎胡润百富榜的大陆首富。依靠成本和规模优势的“中国制造”(Made in China)，迎来黄金十年。

“中国制造”派：

郭台铭（台）——富士康，电子产品组装；

“义乌帮”——浙江，义乌，小商品；

“绍兴帮”——浙江，绍兴，纺织印染；

“东莞帮”——广东，东莞，服装及电子产品；

“泉州帮”——福建，泉州，运动休闲装。

随着城市化的推进，房地产和涉足钢铁、机械装备业的企业家迎来了自己的春天。在这十年里，越是激进、越敢于反周期投资的企业家都获得了惊人的回报，除王石、沈文荣等人之外，下述企业家在未来的表现值得关注：

许家印——广东，广州恒大，地产；

杨国强——广东，顺德碧桂园，地产；

孙宏斌——天津，顺驰、融创，地产；

梁稳根——湖南，长沙三一重工，机械装备。

这十年，同时是中国资本市场大幅扩容和极度扭曲的十年。一些冒险家通过充满灰色气质的操作，攫取了巨额的利益，他们以“影子人”的方式同时控制了多家上市公司，形成了极具中国特色的资本系：

唐万新——新疆，德隆系；

魏东 ——北京，涌金系；

肖建华——北京，明天系。

在文化传媒产业，由于管制的存在，民营资本的成就乏善可陈。不过仍然出现了一些创业者，他们的资本规模也许并不大，但是却在塑造国民的新审美趣味。代表人物有：

王中军、王中磊——北京，华谊兄弟，电影；

邵忠——广东，深圳周末画报，杂志；

刘长乐——香港，凤凰卫视，电视。

互联网经济的从无到有，是这一时期最重要的中国现象。与之前所有创业者不同的是，他们从一开始就得到了国际风险投资及资本市场的支持，因此被看成是“原罪”色彩最小的“阳光创业”典范。与1984年的“企业元年”类似，中国互联网公司的创建及模式雏形定型，均发生在1998年到1999年之间——这一时期可以被定义为中国互联网的元年。最早引起关注的是三家新闻门户公司：

王志东——北京，新浪，新闻门户；

张朝阳——北京，搜狐，新闻门户；

丁磊——广东，广州网易，新闻门户和邮箱。

与三大门户几乎同时创业，但在影响力上稍稍落后的企业还包括后来的BAT（百度、阿里巴巴、腾讯）及其他一些公司。代表人物有：

马化腾——广东，深圳腾讯，即时通信；

马云——浙江，杭州阿里巴巴，电子商务；

李彦宏——北京，百度，搜索；

陈天桥——上海，盛大，网络游戏；

梁建章、沈南鹏、季琦、范敏——上海，携程，旅游票务服务；

刘强东——北京，京东，电子商务；

周鸿祎——北京，3721，搜索。

这些创业者的年纪，最大的是出生于1964年的张朝阳和马云，最年轻的刘强东出生于1974年，且全数是大学本科及以上学历。他们在这一时期的集体出现，极大地改变了中国商业潮流的走向。

2002年，浙江传化的徐冠巨当选浙江省工商联会长。这是私营企业家出任该职务的第一人，它被认为是企业家政治地位提高的标志性事件。到2017年，浙江、重庆、广东和海南的工商联均由民营企业家出任主席。

2009—2018：产业迭代创新时期

在过去的十多年里，有一批人非常活跃，正是他们的存在，极大地推进了中国新经济产业的萌芽与创新，这便是风险投资家。VC、PE这两个舶来概念，在1998年进入中国，到2016年，全国已有1.2万家风险投资公司，是继美国之后的全球第二大风险投资市场。代表人物有：

熊晓鸽——北京，IDG中国；

沈南鹏——上海，红杉中国；

徐小平——北京，真格资本；

张磊——北京，高瓴资本。

2009年，中国的汽车产销量超过美国，这在世界工业史上是一个标志性事件。在长期由外资和国有企业把持的汽车产业，出现了一批草根出身的创业者，其中李书福于2010年“以蛇吞象”，通过成功并购沃尔沃把企业送进了世界500强。

李书福——浙江，台州吉利，汽车；

王传福——广东，深圳比亚迪，汽车；

魏建军——河北，保定长城，汽车。

中国在2016年，由资本输入国一变而为资本输出国。在这期间，出现了一大批参与国际并购的企业家，海尔的张瑞敏收购了三洋的白电业务，联想的杨元庆收购了摩托罗拉手机业务，美的集团的何享健收购了德国的机器人公司库卡。

在制造业领域，转型升级的客观需求与“互联网+”的新潮流合二为一，涌现了一批在商业模式和技术创新上都颇有作为的企业家，以及“蒙眼狂奔”的超级冒险家。代表人物有：

雷军——北京，小米，手机及其他电子产品；

董明珠——广东，珠海格力，空调；

贾跃亭——北京，乐视，视频网站及智能硬件。

雷军是第一个由互联网转向制造业的“降维打击者”，小米手机的速胜引起极大的思维震撼。他与董明珠在2013年年底的一次颁奖盛典上，打下10亿大赌，看看谁在五年后的营业额更高。事实是，在后来的五年里，他们各自向对方学习了更多。

在互联网领域，出现了两股大的冲击波：其一，发生在消费服务市场——O2O；其二是互联网金融——P2P，或科技金融。

一批以“80后”为主力的创业者在消费服务市场上，实现了一次线上对线下的逆袭。他们可以被看作是互联网经济继新闻信息服务、商品贩售服务之后的，第三次以消费服务为主题的冲击波。代表人物有：

王兴——北京，美团点评，餐饮服务；

姚劲波——北京，58公司，分类信息；

程维——北京，滴滴，打车服务；

胡玮炜、王晓峰——上海，摩拜，互联网自行车租赁；

戴威——北京，ofo，互联网自行车租赁。

互联网金融的冲击波表现得更富有戏剧性。在2015年前后，全国出现了6 000多家P2P公司，鱼龙混杂，沉渣泛起，最终以e租宝事件为标志，遭到监管部门的严厉整顿。在随后，阿里巴巴、腾讯、平安及京东等公司，成了实际的获益者。

在资讯服务领域，曾出现数以百计的视频网站，不过最终被BAT全部控制，形成优酷、爱奇艺和腾讯视频三分天下的格局。唯一例外的是新闻手机客户端，今日头条以算法技术杀出血路：

张一鸣——北京，今日头条，手机新闻门户。

互联网在中国的二十年，始终扮演着颠覆者和重建者的角色。它对这个国家的产业经济和消费业态产生了深刻的影响，腾讯和阿里巴巴联袂成为亚洲市值最高的企业。与此同时，还有一些企业家，进入新能源、人工智能及基因科学等产业，其成败得失，迄今难以言断，不过无论如何，他们代表了中国产业探索的另外一个方向。代表人物有：

施正荣——江苏，无锡尚德，光伏；

李河君——北京，汉能，清洁能源；

汪韬——广东，深圳大疆，无人机；

汪建——广东，深圳华大基因，基因检测；

刘庆峰——安徽，合肥科大讯飞，语音技术。

胡润富豪榜：一条另类线索

英国人胡润从1999年起发布中国富豪榜，在一开始，由于财富的灰色和数据的空缺，这份榜单看上去像是一个笑话，一度还被戏称为“杀猪榜”，不过时间最终宽恕和成全了他。

在19年的榜单上，先后出现了13位中国首富，这在其他任何国家都是不可思议的，证明了财富的剧烈爆炸和不确定性。出现在1999年第一份榜单上的前十大富豪，到2017年，只有一位还留在前一百的名单中。

第一个首富荣毅仁的财富为80亿元，而2017年首富许家印的财富为2 900亿元，增加了36倍。相比之下，美国1999年首富比尔·盖茨的资产为600亿美元，19年后他仍然蝉联首富，资产为890亿美元。

当过首富的13人，分别来自商贸（荣毅仁、荣智健）、农业（刘永行兄弟）、连锁商业（黄光裕）、制造（王传福、梁稳根、张茵）、饮料（宗庆后）、地产（王健林、杨惠妍、许家印）和互联网（丁磊、马云），从行业的速变，可以梳理出财富波动与产业经济的强关联性。

在所有的行业中，房地产和互联网最具财富增值能力。在2009年的榜单上，前十大富豪中，有8位是地产开发商，而到2017年，4位来自互联网，4位与房地产有关，其他两位来自物流和制造业。相比之下，美国十大富豪（2016年），除了巴菲特（投资）和布隆博格（媒体）之外，其余均出自互联网。

中国女性在创富方面的作为，是全球独一无二的景象，有两人当过首富（其中一位是二代继承者）。在2017年的一份“全球白手起家女富豪”榜单上，中国女性（含华裔）占了8席，其他两位分别来自美国和英国。

财富向金字塔尖聚集的效应也非常明显，自2008年之后的十年里，中国亿万富豪（1亿美元资产）人数增加了6倍，首富（王健林）资产增加5倍，而同时期，北京大学应届毕业生的平均薪资增加不到一倍。

从全球范围观察，中国企业家成为最显赫的一个新兴群体，到2017年，10亿美元富豪人数为647位[①]。在“亿万富豪最多的全球城市”名单上，北京超越纽约位居第一，深圳名列第四，上海和杭州分别与伦敦和巴黎相当。不过，在慈善公益领域，中国富豪的表现并不与他们的财富增长速度相匹配。联合国开发计划署（UNDP）的一份报告（2016）发现，中国人的慈善捐款只有美国或欧洲的大约4%。

经济学家约瑟夫·熊彼特把现代商业革命描写为以“永不停止的狂风”和“创造性的破坏”为特征的经济系统。[②]一代中国企业家由无产走向财富巅峰的过程，正符合熊彼特式的定义，他们在改变自己命运的同时，参与了这个国家经济崛起的全部历程，它壮观、曲折，也充满了种种的争议。

---

① 如果加上港澳台华人102位，大中华区现在有749位10亿美元华人富豪，而全球10亿美元华人富豪已经达到797位，占全球10亿美元富豪的36%。（据胡润研究院发布的《36计·胡润百富榜2017》，2017年10月12日）

② 《经济发展理论》，[美] 约瑟夫·熊彼特著，1912年。

人物索引

J

K

L

M

X

Y

Z